CINEMA DE SEDUÇÕES

CINEMA DE SEDUÇÕES
OS FILMES DA MINHA VIDA 2
LEON CAKOFF / organizador

MOSTRA | imprensaoficial

Apresentação / Cinema de seduções 7
RENATA ALMEIDA E LEON CAKOFF

Genial em 10 minutos 11
ISAY WEINFELD

Filmes a ver com o momento histórico 39
SERGINHO GROISMAN

O cinema cria laços comuns 57
SERGIO MACHADO

Eu falo e as imagens me vêm inteiras 75
LUIZ CARLOS MERTEN

Filmes com idade certa para ver 101
ELIANE CAFFÉ

Cabeça, mente, imaginação 125
SUZANA AMARAL

No fundo, você busca a si mesmo no filme 141
UGO GIORGETTI

Cinema como poesia do cotidiano 173
MARCELO GOMES

Meus melhores filmes do mundo 199
GILBERTO DIMENSTEIN

Sobre os autores 215
Filmografia citada 221

APRESENTAÇÃO
RENATA ALMEIDA
LEON CAKOFF

CINEMA
DE SEDUÇÕES

Os filmes da minha vida chega ao seu segundo volume com o título *Cinema de seduções*. O projeto nasceu na 32ª Mostra Internacional de Cinema em São Paulo e com a imediata adesão da Imprensa Oficial, tornou-se um grande sucesso editorial.

De tanto nos perguntarmos quais eram os filmes de nossas vidas, percebemos enfim que estas lembranças prazerosas não cabem em apenas um título. E que esses filmes podem ser vistos de uma nova maneira, de acordo com o encadeamento de nossas lembranças. Ou que não precisam ser, obrigatoriamente, referências de clássicos inquestionáveis da história do cinema. O desafio de revisitar nossa memória é sempre surpreendente.

O registro deste ciclo de encontros de pessoas apaixonadas por cinema começou em 2008. Foram escolhidos para dar seu testemunho não apenas profissionais ligados diretamente ao cinema, como diretores, cenógrafos, mas também críticos, jornalistas, professores, cinéfilos, enfim. O público reagiu muito bem aos primeiros encontros que ocorreram nas salas de cinema integram o calendário e agenda da Mostra. O primeiro livro, lançado no ano passado, contou com a participação de Hubert Alquéres, Rubens Ewald Filho, Carlos Reichenbach, Daniela Thomas, Bruno Barreto, Inácio Araújo, Helena Ignez, Marco Bechis, Hector Babenco, além de nosso depoimento.

Em 2010, publicamos este segundo volume que certamente voltará a encantar os leitores com revelações sinceras, comoventes, surpreendentes. E que tratará o cinema como gerador de emoções, referencial carismático, elemento terapêutico, nutriente de sonhos, sedutor do imaginário.

É com prazer e grande curiosidade que veremos neste volume como o cinema ocupa a mente e traz à tona lembranças de personalidades como os cineastas Suzana Amaral, Eliane Caffé, Sérgio Machado, Ugo Giorgetti e Marcelo Gomes; também dos jornalistas Serginho Groisman, Luis Carlos Merten e Gilberto Dimenstein; e do arquiteto e também cineasta Isay Weinfeld.

Suas revelações (ou confissões, como sugerimos no primeiro volume) são no mínimo encorajadoras para este que é o fim último de todas as atividades que desenvolvemos na da Mostra Internacional de Cinema: o estímulo ao diálogo que cada filme sugere, para que ele seja duradouro em nosso imaginário.

Esta é a nossa contribuição para a sobrevivência e a propagação de tudo isso que resume com simplicidade a vitalidade do cinema: a cinefilia. Sem o diálogo e a fertilização da memória, os filmes não seriam eternos.

"GENIAL EM 10 MINUTOS"

—WEINFELD, ISAY

Quando o Leon me chamou, perguntei se não poderia passar umas cenas dos filmes para exemplificar, e ele disse que não, a ideia não era essa; era cinema falado mesmo, deixar que as pessoas fiquem curiosas e que imaginem a respeito dos filmes que você está falando.

Então separei aqui dez tópicos e falarei rapidamente sobre cada um deles. Acho que a primeira coisa que me ocorre da minha formação, quando falo sobre cinema, é o tríptico Bergman, Fellini e Buñuel, que não são os três maiores diretores para mim, mas são pessoas que me influenciaram bastante – principalmente Ingmar Bergman.

Toda a minha paixão pelo cinema começou quando aos 14 anos eu estudava em um colégio chamado Rio Branco, aqui em São Paulo, e eu tinha um professor de português muito ousado na época, chamado Haroldo, que era fanático por cinema. Ele geralmente parava as aulas de português e alugava sozinho um filme e levava os alunos da classe inteira para um auditório para assistir a alguma coisa que ele achava relevante. E foi assim, com 14 anos, que eu vi *Morangos Silvestres* (*Smultronstället*, 1957), do Bergman, pela primeira vez, um filme que mudou a minha vida inteira. É incrível saber que um filme pode fazer isso com uma pessoa, isso realmente aconteceu comigo. Comecei a me identificar violentamente com o trabalho dele, assistir ao que ele fazia por trás dos filmes. E era um pouco peculiar eu ter visto e conhecido muita coisa do Bergman, porque não era muito natural para um rapaz de 18 anos este tema, que é tão soturno, tão emblemático, tão "difícil", como era esse cinema do Bergman.

Mas esse era um mundo com o qual eu me identificava. Eu era fanático por toda a simbologia que o cinema dele carregava, todos os detalhes, a colocação da música, o trabalho dos atores – pois ele foi um grande diretor de ator. Todos os atores que passaram por ele nunca mais deixaram de fazer parte da minha vida, são nomes que eu vou lembrar para sempre. A solidão, o tique-taque dos relógios, aqueles relógios sem ponteiros na cena quase inicial do sonho de *Morangos Silvestres*,

quando ele está sonhando e anda por uma rua deserta e vê uma loja que tem um relógio redondo sem ponteiros na fachada... Aí ele pega o relógio dele e vê que também está sem ponteiros... Isso é uma coisa marcante na minha vida.

Depois, comecei a me interessar por fazer cinema também. Era a época do Super 8, que estava bombando no mundo inteiro, e comecei a fazer curtas. O primeiro filme que fiz, com 18, 19 anos, chamado *Espelhos*, era tão carregado de simbologia, tão cheio de signos, que eu jamais entendi o filme e nem nada do que eu fazia, era simbólico demais (risos). Nem eu nem ninguém, evidentemente. Infelizmente eu perdi esse filme, mas era bacana.

Por causa de Bergman, que foi essa grande paixão, resolvi conhecer a Suécia nessa idade. E fiquei um pouco desapontado quando cheguei a Estocolmo, porque tinha a impressão de que a Suécia era toda em branco e preto, e esse foi o primeiro desapontamento, ao ver que a cidade não era assim (risos). O segundo desapontamento foi quando entrei no hotel e peguei uma lista telefônica para achar o senhor Bergman – eu tinha ido para lá com essa finalidade – e tinha uns 7.827 Bergmans na lista, que, como vocês podem imaginar, é quase um "da Silva" aqui. Demorei quase dois dias para achar, achei outro Ingmar, que era o filho dele, com o mesmo nome dele. Liguei e falei com a nora do Bergman, que, muito gentil, me falou que ele estava dirigindo uma peça de teatro no momento, e que por essa razão eu não poderia ir até ele e conhecê-lo. Se ele estivesse fazendo um filme, eles teriam o maior prazer, ela foi supergentil... Enfim, eu não o conheci, mas conheci a cidade, muitos anos depois voltei para lá e pude conhecer com amigos de lá alguns locais, algumas salas nas quais ele trabalhou. Essas pessoas já sabiam que viria um brasileiro fanático pelo Bergman, então o programa de turismo era me levar aos lugares por onde ele tinha passado.

Tenho uma palestra que dou nas faculdades de arquitetura, na qual exponho minhas referências, músicas, filmes, trabalhos de artes plásticas, tudo o que me inspira como arquiteto. E uma das coisas que mostro nessas palestras é uma cena inacreditável do filme *Fanny e Alexandre* (*Fanny och Alexander, 1982*) – um velório, sempre com a câmera fixa, muito simétrica, com uma porta entreaberta, e você só vê numa fresta da porta o caixão com a pessoa, e de vez em quando uma mulher passando e chorando. Ela passa, some e só fica a fresta com o caixão em primeiro plano. Depois ela volta chorando e assim vai indo por um tempo. É uma das cenas mais impressionantes que eu já vi no cinema. Ela não tem nada, mas até isso, essa simetria tem a ver comigo, o enquadramento da câmera tem a ver com o meu trabalho, são coisas muito referenciais para mim.

 Há pouco tempo, não sei se vocês puderam ver, há alguns anos, a Mostra passou um documentário do Bergman (*Ingmar Bergman Completo, 2004*) que é dividido em três partes, feito por uma diretora que se tornou amiga dele (*Marie Nyreröd*). Cada parte tem uma hora: a primeira é Bergman e o Teatro; a segunda Bergman e o Cinema e a terceira é Bergman e a Ilha de Faro, que é onde ele tinha aquela casa inacreditável, onde ele se retirava, onde ele começou a filmar no início da carreira obras como *Persona* (*Naisen naamio, 1966*)... Ele se apaixonou quando jovem por aquele local, que, aliás, tem a cara dele, coisa mais isolada e linda. Acabou comprando uma casa lá e lá morreu, inclusive. Para quem gosta dele como eu, o filme é de chorar o tempo inteiro. Essa terceira parte, que é muito pessoal, dele com a ilha, ele e a casa, ele falando das mulheres que passaram pela vida dele e as coisas mais íntimas... É um documentário imperdível para quem gosta de qualquer coisa, não só de cinema. Ele é um gênio total, daqueles gênios que eu ficava esperando sair a próxima obra. Há muitos anos não tenho um ídolo novo no cinema, que me dê essa sensação tão agradável de ficar esperando uma obra nova, seguir quando vai sair uma nova produção, acompanhar a execução do filme inteiro e esperar o lançamento, indo atrás do filme como acontecia com Bergman, Fellini, Buñuel e Kubrick. E a última relação que eu tive

com o Bergman, relação enviesada, foi um dia em que eu entrei em um site de leilões, se não me engano da Sotheby's, e lá estava à venda a casa da Ilha de Faro. Aquilo me deu realmente um aperto no coração.

Depois do Bergman e junto com ele, outro gênio total para mim foi Fellini, de quem também fui atrás – procurei várias pessoas (risos) e nunca consegui chegar lá. Quando eu lia as resenhas dos críticos falando a respeito desses cineastas, lembro sempre de que gostava, e gosto, dos momentos errados deles. Por exemplo, os críticos falavam que o começo neorrealista da obra do Fellini era genial e que depois não valia a pena. Eu sempre gostava do resto que não valia a pena. E gosto de todas essas histórias que os críticos acham que não valem. Me dei conta disso há pouco tempo, foi uma coincidência, e isso deve ter um sentido para mim. Fellini é outro de quem acompanhei o trabalho muito de perto e que tem – juntamente com outros cineastas como Hitchcock, que tinha Bernard Hermann – a grande oportunidade de trabalhar com um grande compositor como Nino Rota, e isso é uma das coisas que eu mais gosto no cinema em geral, quando você vê a junção perfeita entre som e imagem. Essa junção é que te transmite uma coisa chamada felicidade, quando as duas coisas te deixam levitando, se juntam para chegar à perfeição. E Fellini conseguia isso através da música do Nino Rota, uma tradução musical e sonora do trabalho dele, na qual já não se consegue desassociar uma coisa da outra, de tão impressionante que é. Nino Rota tinha outras composições de música clássica, mas ficou muito conhecido pelo trabalho com Fellini e por essa tradução inacreditável desse mundo riquíssimo.

Alguém comentou com o Leon e mais alguns amigos que havia dito que "não sei quem era uma figura felliniana" e as pessoas perguntaram o que era uma figura felliniana. Eu fiquei chocado por saber que existem pessoas que são da minha idade e que não sabem o que é uma figura felliniana. Acho que deve ser raro, mas fiquei mal impressionado com isso. Achei que o Fellini era devastador para toda a humanidade, tudo o que ele trouxe como visão de magia do mundo. E também a maneira de filmar, eu adorava o fato das pessoas olharem para a câmera, o que não era uma coisa comum, era muito particular dele. A composição da cena, a direção da cena, com as coisas acontecendo ao mesmo tempo, era de uma riqueza impressionante; o mundo dele com uma visão totalmente particular, um cinema de tanta personalidade como poucos artistas no mundo conseguiram, de você identificar como cinema de autor. E com cenas marcantes, como em *Amarcord* (1973), a cena do pavão real que aparece em meio a uma conversa na praça, está nevando, é em Rimini, a cidade onde ele nasceu, e aí o pavão se abre e a câmera foca na cauda aberta... São coisas muito simples, mas de uma força incrível, porque você fala "OK, ele pôs a câmera, tem o pavão, mas qual a graça disso, todo mundo já viu." Mas não com ele, não daquele jeito, não da maneira como ele via e como ele fazia, que se tornava uma coisa absolutamente especial.

Outra coisa especial, por exemplo, é a aparição do Rex em *Amarcord*, todo aquele mundo construído em cenário, o que para mim, por causa da minha formação, já era fascinante. Ver o mar todo de plástico, tudo *fake*, feito em estúdio, aquele mundo inacreditável criado por ele, os personagens, as prostitutas, a solidão, os palhaços... Outro dia eu revi a cena de *E La Nave Va* (1983) que tinha a sinfonia dos copos na cozinha... A gente vai lembrando das coisas... O transatlântico que levava o corpo de uma grande cantora lírica que iria ser enterrada, o grande fã dela que a acompanha, os amigos cantores líricos, mas que na realidade morriam de inveja dela e brigam entre si... Tem uma cena incrível, quando eles descem até as caldeiras do navio e olham de cima as pessoas trabalhando com as máquinas lá embaixo. E um dos trabalhadores pede para uma cantora: "Cante uma frase para nós, por favor" e ela nega, como uma diva. E de repente, um dos cantores, que é meio Pavarotti, segura no corrimão

e solta uma nota inacreditável. Os outros o olham e pensam "Esse começou, então lá vou eu", e então vem outro que quer ser melhor do que ele e solta outra nota daquelas longuíssimas e todos aplaudem. E começa um morrendo de ciúmes dos outros e se inicia uma música entre eles, essa coisa tão sofisticada da música lírica nesse lugar tão inacreditável que eram essas caldeiras do navio. É fortíssimo, é uma mistura de imagem e som inusitada e inacreditável.

Eu me lembro também que na época do *E La Nave Va* houve certo rebuliço pelo fato dele desvendar na última cena que tudo aquilo é um cenário; você vê a câmera atrás e o navio todo construído, no qual eles estavam filmando com todo o maquinário embaixo se movimentando. Para muita gente, quebrou a magia, foi um passo totalmente diferente, ousado no trabalho dele. Ele desmistificou exatamente aquilo que ele fazia. Outra cena desse filme é a que mostra o ritmo frenético da cozinha. Mostra o salão do transatlântico com todo mundo jantando, muito elegante, e aí entra uma música num ritmo acelerado e todo mundo correndo para lá e para cá dentro da cozinha, com os pratos prontos para servir. E quando eles atravessam a porta da cozinha para o salão, já é outro ritmo, muda totalmente; a música se acalma e eles entram devagarzinho, com os pratos no salão para servir as pessoas. É absolutamente genial.

Vendo pessoas entrarem agora... Quem vai comigo ao cinema sabe que, desde sempre, se eu não chegar muito antes de entrar na sala, não consigo assistir ao filme de jeito nenhum. Não consigo ver nada depois que o filme já começou, mas nem que a vaca tussa. Se já começou eu vou embora e não vejo o filme de jeito nenhum. Não é uma crítica a quem chegou agora, só lembrei...

Do Fellini, estou falando mais das cenas de *E La Nave Va*, porque revi outro dia. Tem essa aparição inacreditável da Pina Bausch falando com sotaque alemão – ela faz o papel de cega no filme e é também inesquecível. Nos filmes dos grandes gênios do cinema, de duas horas de filme, uma hora e meia são de cenas geniais. Hoje eu já me contento com dez minutos de coisas geniais, já acho o filme o máximo. Mas não sinto mais essa carga em uma obra, como era com Bergman, Buñuel, Kubrick e Fellini. Com raras exceções, mas não vejo mais tanto talento junto numa obra só.

Do mesmo jeito que contei a vocês que fui até Estocolmo para tentar ver o Bergman, o máximo que consegui foi jantar em Roma no restaurante favorito do Fellini, foi o máximo que consegui chegar perto dele (risos).

Outro cara de quem fui e sou totalmente fanático é o Buñuel. E é a mesma coisa do Fellini, os críticos gostam da primeira parte do trabalho dele e eu gosto da última. Para mim, os filmes muito marcantes são os da trilogia O Discreto Charme da Burguesia (Le charme discret de la bourgeoisie, 1972), O Fantasma da Liberdade (Le fantôme de la liberté, 1974) e Esse Obscuro Objeto do Desejo (Cet obscur objet du désir, 1977).

Estes foram todos feitos com a colaboração do Jean-Claude Carrière, que é um grande roteirista de teatro e cinema e foi colaborador do Buñuel em seus últimos filmes – e, aliás, foi corroteirista do Hector Babenco em Brincando nos Campos do Senhor (At Play in the Fields of the Lord, 1991) – e que tive o prazer de conhecer, uma pessoa muito especial o Carrière. Quando eu o conheci aqui em São Paulo, (abrindo parênteses do assunto Buñuel), na época desse filme do Hector, ele acabou assistindo o Fogo e Paixão (1988), que é um filme que eu dirigi em mil novecentos e nada, e ele gostou bastante do filme, porque tinha muito a ver com o humor que ele gostava e fazia, com as coisas de nonsense e surrealismo que ele fazia junto com o Buñuel. Eu tive a oportunidade de passar um dia inteiro em Paris com ele, mostrando o roteiro do meu outro longa, que nunca chegou a ser feito. Nessa ocasião, ele falou: "vou contar uma gag de presente para você, para usar no próximo filme, se você quiser, porque pensei nisso e acho que tem a cara do seu trabalho". E ele me contou sobre uma cena na qual para um carro na rua e está chovendo, o cara está desesperado atrás de um táxi. O táxi para e ele, muito gentilmente, abre a porta pro passageiro sair. Na sequência, entra um casal no táxi e vai embora, achando que o cara estava realmente sendo gentil. OK, não tem a menor graça, mas ganhei de presente a historinha do Carrière, que por si só faz a história ter graça.

E esses filmes do Fellini eram recheados de inteligência pura e humor, que têm muito a ver com a minha vida, meu jeito de ser e como vejo o mundo. A maneira de eles começarem e terminarem os filmes também tem muito a ver com o que eu contei logo no começo sobre o professor de português que me mostrou *Morangos Silvestres* pela primeira vez. Era um professor de redação, que falava: "a coisa mais importante de um texto são a primeira e a última frase", ou seja, é o primeiro contato do leitor com o seu texto e a última sensação que ele tem ao acabar de ler o seu texto. Isso foi fundamental na minha vida inteira, levei isso para tudo quanto é canto, para as coisas que eu gosto de escrever, para os meus trabalhos como arquiteto, como cineasta. Qualquer coisa que eu faça, me lembro disso e dou uma ênfase muito grande na primeira reação que a pessoa tenha ao ver alguma coisa que eu tenha feito, seja ela qual for, e a última, ao sair ou acabar de ler ou ver um filme. Digo isso porque esses cineastas todos sabiam como começar a como terminar um trabalho. Tem o célebre final de *O Fantasma da Liberdade*, com uma ema andando e olhando para a câmera num zoológico, com o filme terminando inesperadamente... Também o final de *O Discreto Charme da Burguesia*, com as pessoas andando numa estrada sem fim – uma cena já vista várias vezes e que não te faz pensar que aquilo vai terminar ali. Ou seja, esses diretores sabiam manipular as emoções e expectativas das pessoas, sabiam conduzir, e isso é absolutamente fantástico e raro de acontecer. Dou muito valor a isso em qualquer tipo de arte.

Só para ilustrar, vi recentemente uma peça que tem a ver com isso, de um diretor canadense, o Robert Lepage, que vocês devem conhecer – ele fez *As Margens do Rio Ota*, encenado aqui em São Paulo. É um espetáculo de teatro mul-

Cet Obscur Objet du Désir

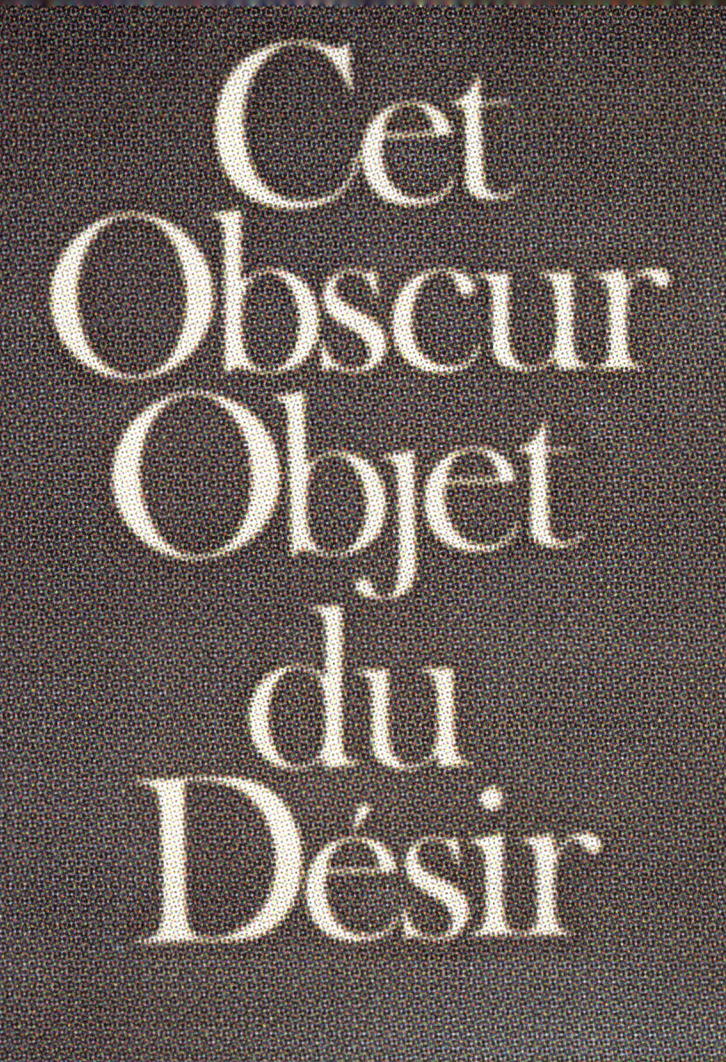

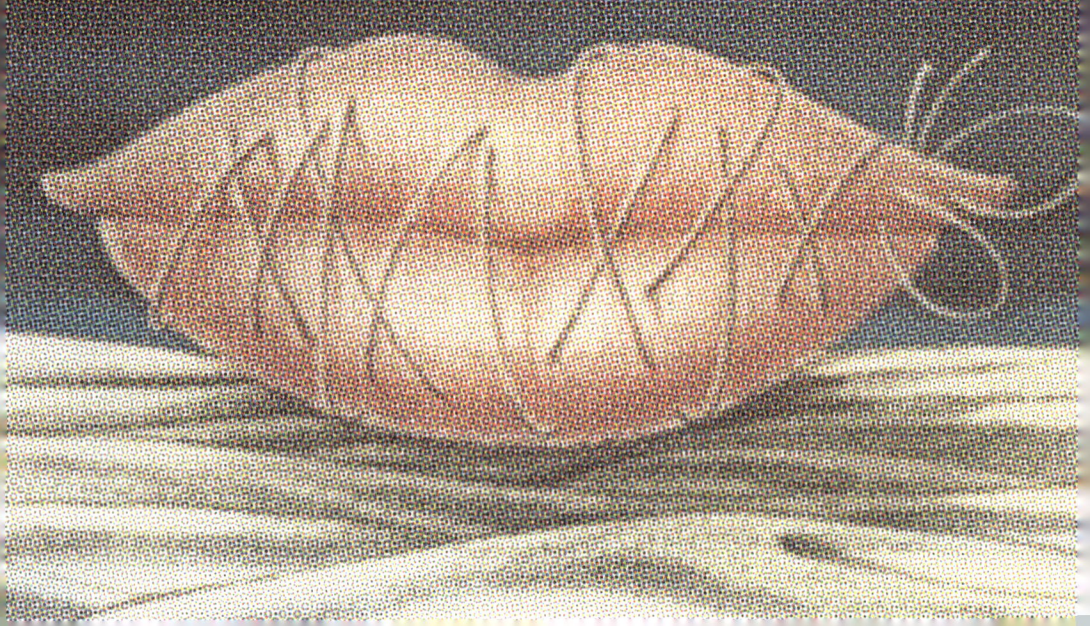

timídia de nove horas de duração. Vi há quinze dias e tive a grata satisfação de ver um trabalho de um artista que sabe como terminar um trabalho e manipular a plateia inteira de uma forma inacreditável. Você vê que isso é possível, dá para fazer isso, você dá um toque em alguma coisa e faz com que a plateia realmente se levante da cadeira. É incrível isso, poucas pessoas conseguem e eu via isso nesses artistas que estou citando, que eu gosto muito.

As cenas surrealistas do Buñuel... Tem uma cena em *O Fantasma da Liberdade*, na qual um jovem vai para um hotel com uma senhora de cabelos brancos, que tem idade para ser mãe ou avó dele. Eles vão para um quarto e ela tem um pouco de receio, ele quer beijá-la e ela com não me toques, e fica um clima... E aí ele fala "não, mas eu não aguento, não tem ninguém aqui, nem meus pais, primos, irmãos, só estamos nós dois e eu não resisto a você", e ela segue dizendo não e ele pede "deixe ver seu corpo nu?" e ela nega, mas depois resolve deixar. E aí ela está deitada na cama e ele puxa a coberta dela e tem o corpo mais maravilhoso que você possa imaginar, de uma menina de vinte anos. Ele o tempo inteiro faz isso e sempre uma cena que você não imagina, totalmente surrealista. Também os jantares em *O Discreto Charme*... Nunca os jantares terminam, sempre as pessoas estão jantando e isso nunca termina, eles nunca conseguem acabar. Ao mesmo tempo também estou lembrando da sala de jantar, dos quatro casais e da fala "vamos passar à sala de jantar?". Eles entram e no lugar das cadeiras há privadas... Eles chegam à mesa, abaixam a roupa, sentam cada um na sua privada e à mesa só tem revistas, não tem pratos (risos) e eles ficam lá conversando com a calça arriada, até a hora em que um deles pede para sair, pois precisa ir "ali". Aí ele entra numa espécie de banheiro, fecha a porta e tranca, abre uma mesa e pega uma bandeja com um pedaço de frango e uma taça de vinho, começa a comer e uma moça bate na porta. E ele responde "não, não, está ocupado". É uma sucessão de cenas geniais, o filme inteiro é ligado a esse surrealismo.

Outra cena que é genial são duas meninas que chegam a um parque e começam a brincar quando chega um cara meio suspeito e fala "qual o seu nome?"; e você já sente aí que tem uma coisa de pedofilia, e ele fala "vem aqui, quero te dar um brinquedo, um presentinho", e as meninas vão para um canto do parque e ele tira um envelope do bolso. Você só vê umas fotos e elas exclamam "aaah, oooh" e ele fala a uma delas: "leve para casa, mas prometa uma coisa: você não vai mostrar para nenhum adulto. Isso é para você, só mostre para pessoas de sua idade". E a primeira coisa que a menina faz é dar o envelope para a mãe, que é a Monica Vitti. A mãe vê aquilo e o pai está na sala, e ela diz "mas isso aqui é intolerável, chame a babá (que estava com ela no parque), quem se aproximou de você, como a babá deixou isso acontecer?" A babá diz que ele parecia um sujeito bacana, a mãe chama o marido e a câmera o mostra tirando as fotos do envelope: o Panteão de Roma, a Torre Eiffel... E a mãe pega a foto da Torre Eiffel e diz "não, essa é nojenta, não posso ver isso". É absolutamente genial, eles despedem a babá por causa disso. E outra cena também ótima é quando ligam da escola para um casal dizendo que a filha deles desapareceu (risos), eles ficam desesperados e vão até a escola. A diretora fala: "desculpe, não sabemos se é sequestro, o fato é que desapareceu". E os pais e a diretora entram na sala de aula para ver se tem alguma pista. Supondo que a menina chame Josefina, a professora fala "vamos ver se alguém tem alguma pista, vamos fazer a chamada oral. E chama "Maria", "Isabel", que levantam. "Josefina!", e ela levanta, e depois os outros nomes. A filha está lá na classe! E ela vem para frente, puxa a saia da mãe e diz "eu tô aqui!", passa o filme inteiro com a menina lá e eles procurando por ela, até que uma hora ela entra na sala depois de vinte vezes e eles dizem "aaah, finalmente você chegou". Enfim, coisas de Buñuel que a gente não vê mais.

Dentre os cineastas que têm muito a ver com a minha maneira de levar a vida profissional destaco Stanley Kubrick.

Do Buñuel, Fellini e Bergman, não consigo citar uma obra específica, porque as características que gosto deles estão em todos os filmes. Mas do Kubrick, com certeza, um dos dez filmes da minha vida é *Laranja Mecânica* (*A Clockwork Orange*, 1971). Em minha opinião ninguém na história do cinema teve tanto conhecimento e elegância ao colocar música no cinema, fico impressionado com o conhecimento musical que ele tinha para fazer o trabalho dele. Me irritava um pouco quando alguém dizia que havia desprezado um Fellini, achado que tal filme era um filme menor. Sempre me irritou muito alguém achar que um filme era um Kubrick pior ou um Buñuel pior, porque não dá para fazer uma obra-prima a cada trabalho, esses cineastas já mostraram sua capacidade. Para mim, entrar no cinema e ver dez minutos de cenas geniais já valeu os 10, 15 reais do ingresso. É um desprezo muito grande das pessoas ver um trabalho que esses gênios demoravam um tempo para produzir, e as pessoas renegavam essas obras, dizendo que eram coisas menores, como aconteceu com o último filme do Kubrick, *De Olhos Bem Fechados* (*Eyes Wide Shut*, 1999), que eu acho uma maravilha e que a crítica fez seus comentários desmerecendo-o. *Laranja Mecânica* é um filme marcante para mim, pela linguagem do filme naquela época, pelo cenário inacreditável, pela música – a *Nona Sinfonia* de Beethoven colocada de forma peculiar no filme, aquela interpretação fantástica do Malcom McDowell fazendo o papel do Alex e um retrato muito próximo do mundo violento em que vivemos hoje.

    O que Kubrick tem a ver comigo pessoalmente é o fato de ele sempre virar a mesa: ele fazia um filme de guerra, depois um filme de amor, depois uma ficção científica... Você nunca sabia o que vinha e isso era incrível, uma característica dele, a graça do trabalho dele. Não era um cara especialista em filmes de guerra nem em ficção científica, e isso me atrai muito e vejo da mesma forma ele pensar com essa sincronia nos trabalhos dele. Estou falando, claro, do lado conceitual do trabalho, de como ele dirige o trabalho dele.

Outra pessoa importantíssima na minha vida e na minha formação, principalmente nos anos 1970, com os seus filmes, foi Andy Warhol. Ele tem uma filmografia fundamental, foi um dos fundadores do cinema underground americano e um dos meus cinco gênios favoritos, não só como artista, mas como pensador, que de certa maneira tem um trabalho filosófico importante e opinativo, além de toda a obra cinematográfica e de artes plásticas. Sem comparar muito, acho ele uma espécie de Caetano Veloso, que fala coisas tão importantes quanto a obra dele, na minha opinião, e que é outro gênio. E o Warhol fez coisas geniais, dando uma outra visão do que era cinema e que vocês devem conhecer, como o *Kiss* (1963), um filme do início de seu trabalho, que tem 35 minutos de um beijo com câmera fixa, que ele sempre usava. *Empire* (1964) é outro com uma hora de duração, câmera fixa à noite mostrando o Empire State Building iluminado. Eu era um dos idiotas que compravam ingresso e ficavam lá uma hora olhando o Empire State na mesma cena (risos). Já em *Sleep* (1963), que mostra uma pessoa dormindo por oito horas, eu pelo menos não fiquei as oito horas, também não sou tão bobo assim (risos), mas os outros eu assisti. E também há outras coisas geniais, como o restante da trilogia codirigida pelo Paul Morrisey, que esteve aqui em uma das Mostras Internacionais de Cinema. Ele dirigiu *Flesh* (1968), *Trash* (1970) e *Heat* (1972), trilogia produzida pelo Warhol que mostra várias histórias da rua, de traficantes, prostitutas, travestis, do submundo de Nova York, com pessoas que viraram astros do cinema underground. Eu vi uma palestra com o ídolo máximo desse cinema, que é o Joe Dallesandro, ator dos filmes do Warhol, o maior símbolo sexual da época do cinema underground. O Morrisey teve depois filmes muito interessantes, como *Drácula* (1964), *Flesh for Frankenstein* (1973)... Filmes muito sem pé nem cabeça, com muita câmera fixa. O Warhol falava que nos filmes dele "o som é ruim, a iluminação é péssima, a cenografia é terrível, *but the people are beautiful*", as pessoas são lindas. Achei o máximo quando ele falou isso. Então tinha ali o roteirinho do filme e uma cena, por exemplo, que tinha um travesti se fingindo de grávida com o namorado do lado, querendo pegar um seguro da gravidez ou coisa parecida. E é uma discussão interminável, e o advogado do seguro olha para os pés do travesti e diz "olha, bacana o seu sapato". E aí fica uns dez minutos falando sobre o tal sapato, quer dizer, parece que não tem pé nem cabeça, mas as coisas tinham um desenvolvimento inacreditável e te levavam por caminhos tortuosos, totalmente diferentes do resto do cinemão, mas para mim muito interessantes. Vi tudo isso nas décadas de 70 e 80, foram coisas fundamentais na minha vida e na minha formação, um mundo totalmente à parte.

Antes de falar do filme da minha vida, que eu considero o mais importante na história do cinema, vou falar de quatro outros filmes rapidamente, que para mim foram fundamentais: um deles é o *Submarino Amarelo* (*Yellow Submarine*, 1968), de George Dunning, um desenho animado dos Beatles. Um filme fundamental, não só pelo trabalho dos Beatles, pelo qual sou fanático, como por tudo o que eles fizeram, que ainda está à frente de seu tempo. Outro parênteses: ontem, no meu iPod, que para mim tem uma das invenções tecnológicas mais importantes e interessantes dos últimos anos, a teclinha chamada 'Shuffle', aquilo que mistura tudo e você não sabe o que vai aparecer. Como eu gosto e tenho muitas músicas, entram coisas que eu jamais poderia imaginar, e entram logicamente músicas que me remetem a sensações, visões e lembranças de uma época. Depois ele gira e já me leva a outra época e lugar, e eu fico ali no carro tonto ouvindo essas coisas. E ontem entra uma música dos Beatles chamada *Cry Baby, Cry*, e eu nem lembrava que naquele disco no qual cinco músicas ficaram famosas, tinha essa que eu nem lembrava de ter ouvido antes e é linda! Então ontem quase desmaiei e bati o carro (risos) quando entraram os Beatles com essa música.

O *Yellow Submarine* tem várias músicas marcantes. Há uma cena à qual depois eu fiz uma homenagem no longa

que dirigi – na cena tem um concerto de harmônica em um salão de chá, onde todas as mulheres estão vestidas iguais com a mesma peruca cor-de-rosa e tudo mais, tomam chá em movimentos sincronizados. É uma referência a essa cena do *Eleanor Rigby* no *Submarino Amarelo*. Voltando um pouquinho ao Paul Morrisey, ele esteve aqui em 1980 lançando um filme na Mostra. E eu era muito fanático por ele, queria conhecê-lo de qualquer jeito quando soube que ele ia estar aqui no Brasil. E a sessão de abertura da Mostra daquele ano, não me lembro bem o filme, mas antes do longa de abertura passou um curta que eu tinha feito e que ganhou o Festival de Gramado, chamado *Idos com o Vento* (1983), que fiz com um transformista famosíssimo aqui em São Paulo chamado Patrício Bisso – quem tiver mais de 50 anos vai se lembrar dele, um outro cara genial. Esse filme, por ser um curta-metragem, era baseado na orelha do livro *E O Vento Levou* (*Gone with the Wind*, 1939). Saindo do cinema, o Leon Cakoff disse que uma pessoa que adorou meu trabalho queria me conhecer, e acredita que era o Paul Morrisey, que tinha visto o *Idos com o Vento* e tinha adorado? Então, essa vida é muito esquisita... (risos). Eu é que estava louco pra conhecer o cara! Bom, isso foi para *Eleanor Rigby* e *Submarino Amarelo*.

Depois, outro filme que faz parte dos dez mais é *Morte em Veneza* (*Morte a Venezia*, 1971), do Luchino Visconti, de novo essa mistura mágica de imagem e música, no caso uma novela do Thomas Mann com música de Mahler e feito de uma forma absolutamente genial, uma história mágica de um compositor e maestro que se retira depois de um fracasso, vai à Veneza e vê na figura de um menino polonês o símbolo da beleza e da arte. Ele se apaixona pelo menino de uma forma platônica, vejo isso como uma metáfora da relação que ele tinha com a beleza pura e a arte puras. O filme tem cenas magistrais, de olhares do menino polonês Tadzio e pelo personagem interpretado pelo Dirk Bogarde, e uma aparição impressionante da Silvana Mangano, grande atriz italiana que faz o papel de sua mãe. Há cenas memoráveis no filme inteiro, pontuadas pela música de Mahler. Uma cena específica que nunca esqueci é quando está tendo uma epidemia em Veneza e ele vai embora da cidade. A família polonesa está num hotel inacreditável, no Lido de Veneza, e o maestro tenta sair de lá. Então deixa o hotel, que é onde ele vê o menino todos os dias e vai à estação de trem, onde sua mala é extraviada. Ele só vai recuperar a mala dali a três dias. E lhe sugerem voltar e esperar a mala em Veneza. Ele então pensa: "bom, perdi a mala por um lado, mas por outro vou voltar para estar com Tadzio no hotel". Nunca esqueci, sua expressão revelando essa mistura de ter perdido por um lado, mas, ao mesmo tempo, estar feliz por estar voltando.

Outro filme que faz parte dos dez é *Os 5000 Dedos do Doutor T.* (*The 5,000 Fingers of Dr. T.*, 1953), de Roy Rowland. Acho que poucas pessoas viram, aconselho a ir correndo a uma locadora, porque é uma fábula infantil inacreditável, impressionante. É a história de um menino que tinha um professor de piano terrível, daqueles que eu já tive na vida, só que de harmônica. Batia na minha mão a cada vez que eu errava uma nota, e essa é uma das ligações que tenho com o filme. Uma hora o menino adormece no piano e o filme inteiro é um sonho, mostrando esse professor em um cenário impressionante, que é um piano para cinco mil dedos, com crianças tocando ao mesmo tempo. Tem uma direção de arte inacreditável, é um filme imperdível. Mostra a mãe do menino como uma assistente do professor, enfim... É genial o filme.

E outro filme antes de falar do último. Por vergonha eu não comentava sobre ele. Quando comecei a achar que era um dos filmes da minha vida, esqueci essa vergonha... Se eu fico falando de Bergman, parece que eu tenho uma cabeça intelectualizada, que só gosto de filme cabeça... Meu mundo é muito maior do que esse, isso não tem nada a ver, gosto de A a Z. Um filme para mim muito importante, o oposto disso, é *Viver por Viver* (*Vivre pour Vivre*, 1967), do Claude Lelouch, que o fez logo depois do famoso *Um Homem, Uma Mulher* (*Un Homme et une Femme*, 1966). Ele é um cineasta francês, que esteve aqui na Mostra, que tive também o prazer de conhecer – no meu filme tem uma cena dedicada a *Um Homem, Uma Mulher*. *Viver por Viver* é um filme impressionante, que mistura uma trilha sonora maravilhosa com um filme moderníssimo para a época. É a história de um jornalista de televisão, vivido pelo Yves Montand, que é casado e se apaixona por uma americana, feita pela Candice Bergen, e a mulher dele é a Annie Girardot, uma das maiores atrizes francesas. O Lelouch faz uma coisa maravilhosa, que é tirar o som das falas e só deixava a música, como em um close de um casal num restaurante, você via o que eles estavam falando sem entender, mas tinha uma coisa, um clima impressionante, sempre muito elegante. Os figurinos desse filme foram feitos pelo Yves Saint-Laurent. Tem uma cena que também está nas minhas palestras de arquitetura, que é um quarto de hotel quadrado, e a amante americana está esperando, pois ele está com a mulher em Amsterdã, é o aniversário de casamento deles. E a moça resolve aparecer, liga, acontece a maior confusão, e ele combina de se encontrar com a moça no hotel. Daí aparece o quarto do hotel, você vê a porta, ela dentro do quarto e ele bate na porta, ela abre e eles se abraçam. A câmera se afasta e vai dando um travelling até a diagonal do quarto, quando mostra que ele a está sacudindo, brigando, sem som. Mas você entende que ele está falando "Por que você veio aqui? Por que você fez isso?" e a câmera os deixa de novo, volta o travelling, vai de novo até a porta e eles estão se beijando. É uma cena para mim, maravilhosa. Simples e diz absolutamente tudo, sem uma palavra.

E para acabar, o filme mais importante da minha vida é *Playtime* (1967), do Jacques Tati, por um milhão de razões. Primeiro porque eu me identifico barbaramente com o pensamento dele, não só em cinema, como o jeito que ele vê o mundo. É exatamente assim que também vejo, é uma pessoa que tem tudo a ver comigo, o que já deve ter acontecido com vários de vocês. Para mim, esse é o cara. Há dez anos, eu vi uma entrevista dele de meia hora na televisão e falei

"não é possível", porque eu teria dito as mesmas coisas, respondido da mesma forma, com toda a humildade possível, claro. Mas ele é uma pessoa que fala aquilo que eu falaria. Eu conheci o trabalho dele tardiamente, eu já tinha feito vários curtas. Estava passando um filme dele no Belas Artes, que se não me engano era *Meu Tio* (*Mon Oncle*, 1958); fui ver e fiquei chocado de quanto aquilo tinha a ver comigo, e também o fato de ter esse lado de arquitetura, que é muito forte no trabalho dele. Ele foi um grande crítico, de forma muito inteligente, em relação ao *international style*, a arquitetura que não tem cara de nada. Em *Playtime* isso é muito claro. Logo na primeira cena você não sabe se está em um hospital ou num aeroporto, porque ele te engana o tempo todo. Tem um primeiro plano um casal – que até marquei aqui o que eles dizem, porque é bárbaro. O filme inteiro são partes de frases, e a mulher fala para o marido "Mas por que você não me disse isso?". A gente não sabe por que ele não disse isso para ela, mas ficamos sabendo o que ele não disse. Isso é que é genial no trabalho dele, frases soltas o tempo inteiro. Neste filme ele usa o vidro na arquitetura, foi seu grande filme, no qual fez o cenário e se estrepou totalmente, porque foi um grande fracasso. Ele construiu uma cidade inteira cenográfica, gigantesca e tem um documentário incrível que mostra esse cenário inteiro sendo destruído depois do fracasso do filme, que é impressionante. (Quem aqui já viu *Playtime*?) É impressionante, porque você vê aqueles prédios de arquitetura óbvia, todos iguais, aquelas caixas de vidro, e tem uma excursão de americanas por essa cidade. Uma delas entra por uma porta de vidro e tem um hall, e através do reflexo da porta de vidro você vê a Torre Eiffel. Você só vê os grandes símbolos da arquitetura, a cidade humana, sempre quando uma porta se abre, através do reflexo na arquitetura de vidro, que é genial. A maneira de mostrar isso é inteligente demais. E o Tati foi outro cara que achou o seu Nino Rota, o Francis Lemarque, que reproduziu exatamente o mundo de Tati através da música. Outra coisa importante em seu trabalho é a direção de som: quando ele vê e segura uma poltrona, que é de borracha com plástico, daquelas duras que, quando se amassa, ela se recompõe, enfim, e faz aquele barulhinho. Também quando ele aperta os botões para pegar o elevador... Tudo é a crítica ao mundo moderno, tudo tem o seu barulhinho peculiar, o salto do sapato nos lugares vazios. Uma frase que não é do *Playtime*, mas é genial, é em *Meu Tio*, quando a mulher mostra a casa de arquitetura moderna para as visitas e diz: "aqui, tudo se comunica". É uma frase marcante para mim também, essa coisa da arquitetura moderna, essa sala que se comunica com a outra.

No *Playtime* tem coisas geniais, como por exemplo, a inauguração de um restaurante, que muitos críticos falaram que é uma cena muito longa, e que é longa mesmo. Mas é tão genial... quando uma coisa é boa, você não quer sair dali, deixa ficar longa, não tem por que cortar. O arquiteto está acabando o restaurante e ele já vai abrir, mas não está pronto ainda. O ar condicionado não está funcionando, o pessoal ainda está medindo o tamanho do peixe para que caiba no passa-pratos. E o arquiteto é sempre chamado para resolver problemas, ele sempre atrapalhado... Tem uma cena que as pessoas chegam para jantar e tem um peixe que é o prato da casa, que vem numa bandeja grande, e o maître coloca numa mesinha para um casal... Ele pega a pimenta e põe, o azeite também e vai embora chamado por alguém. Durante o filme, uns sete garçons vão até essa mesa preparar o peixe e o casal nunca come, o peixe fica ali sendo preparado e ninguém se serve, é genial. E tem uma hora que tem uma coluna de mármore, um cara entra mais ou menos bêbado e pergunta a um outro o nome de uma rua, porque ele se perdeu e está meio tonto... E o mármore é um mármore italiano arabescado, cheio de veios, e o bêbado acha que é um mapa e fica ali procurando uma rua (risos)... São comentários da relação entre o material de arquitetura com a vida e a cidade, não tem outra pessoa que tenha feito o que esse cara fez, com essa visão de humor tão inteligente e tão genial. Na agência de turismo, quando os turistas chegam e tal, tem cartazes das cidades todas... Mônaco, México, Roma... Todos com a mesma cara, as mesmas fotos, para mostrar no que se transformou o mundo, a mesmice, o que a arquitetura moderna fez com essa perda de referências culturais, que tudo é igual.

Uma coisa incrível da visão do personagem do Jacques Tati, que é o Monsieur Hulot em *Playtime*, que começa com essa coisa meio hospital meio aeroporto, com a qual muito me identifico... E está rolando uma cena e de repente cai um guarda chuva, tem um barulho enorme, metálico, e você vê lá no fundo que é o Monsieur Hulot, a primeira aparição dele no filme. E eu li aqui uma coisa a respeito disso, que achei muito interessante: "Se o Sr. Hulot entrasse numa loja pequena e deixasse cair o guarda-chuva, o lojista diria 'Senhor, desculpe, mas deixou cair o seu guarda-chuva', sem importância nenhuma. Mas por causa da grandiosidade do cenário no filme do Tati, deixar o guarda-chuva cair no saguão de entrada do aeroporto de Orly... Esse gesto ganha uma outra dimensão, porque tudo foi feito, decidido e projetado pelos arquitetos para não se deixar cair o guarda-chuva. E por causa do som da queda do guarda-chuva, aconteceu esse ato terrível que ele cometeu". Você se torna um personagem. Se o arquiteto estivesse lá, ele diria "Senhor, me desculpe, isso aqui não foi desenhado para se deixar cair um guarda-chuva".

Então é isso, obrigado pela paciência de esperarem esse tempo todo.

"FILMES A VER COM O MOMENTO HISTÓRICO..."

—GROISMAN, SERGINHO

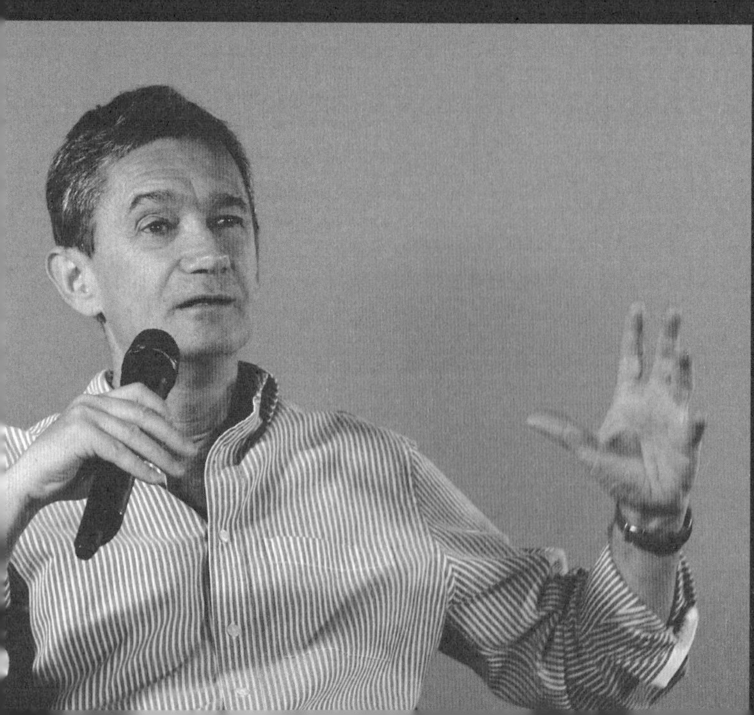

"Os Filmes da Minha Vida" é um projeto que começou em 2008. As pessoas vêm aqui e contam experiências pessoais a respeito dos filmes que as marcaram. Eu tenho uma coisa engraçada, uma associação do filme com o cinema; as salas de cinema sempre foram muito importantes pra mim. Eu nasci na década de 50, no auge dos cinemas do centro de São Paulo – hoje, alguns viraram igrejas evangélicas, outras viraram bingos que foram extintos, outros estão sendo revitalizados. Mas minha formação como espectador de cinema se deve muito aos meus pais. Eles vieram da Europa e se conheceram aqui no Brasil. E a primeira coisa que eles fizeram pra sair juntos foi ir ao cinema. Não sei se exatamente para ver o filme, mas foram juntos. E adoravam cinema.

Logo que eu nasci, nas primeiras vezes em que eles reconheceram em mim a possibilidade de ser um espectador, começaram a me levar, e a gente começou a criar um cotidiano sistemático de ir sempre ao cinema aos domingos. Eles me levavam para assistir as sessões infantis com desenhos animados no Cine Metro, que existia na avenida São João. Depois que eu cresci um pouquinho, já tinha uns 10 anos, a gente continuou a ver os filmes de manhã. Eu morava na Barra Funda e lá havia o Cine Paris – um cinema imenso, com a entrada toda ladrilhada, a torre Eiffel. Era um cinema muito grande para um cinema de bairro. Eu tinha 11 anos e fui ver um filme sobre piratas proibido para 14 anos e consegui passar – por isso, foi inesquecível pra mim.

Vi um filme chamado *Trapézio* (*Trapeze, 1951, de Carol Reed*), sobre circo, com o Tony Curtis. Na primeira cena, ele está no trapézio, vai fazer um twist carpado (*um salto mortal duplo*), cai, machuca a perna e é substituído por um outro. E os dois brigam por uma mesma mulher, personagem interpretada por Gina Lollobrigida. Eu me apaixonei pela mulher! O cinema ficava a duas ou três quadras de casa, eu voltei falando pra minha mãe que estava apaixonado. A primeira paixão da minha vida foi uma atriz de cinema. Eu fiz a besteira de contar isso, as pessoas da família ficaram me amolando a minha infância inteira.

CURTIS
OBRIGIDA

Esse cinema passava filmes a semana toda, e nos sábados e domingos tinha sessões à tarde – o resto era à noite. Eu não queria que aquilo terminasse – uma vez ele fechou e eu fiquei muito triste. Ele foi reaberto com uma Semana de Cinema Russo. Lembro-me de chegar lá numa segunda-feira, na abertura do festival – era um filme por noite –, senti aquele cheiro de cera, o chão todo encerado... E não tinha ninguém! Tinha umas quatro pessoas assistindo filme russo. Depois desse festival, ele foi fechado definitivamente. De vez em quando eu passo por lá, virou estacionamento e supermercado. Nunca mais voltou a ser cinema. É um pouco a história dos cinemas no Brasil, principalmente os de bairro.

Ainda criança, minha mãe me levava num outro cinema no Bom Retiro chamado Marconi. Era um cinema em que você chegava às duas da tarde, assistia um longa, depois um seriado – tinha *O Cavaleiro Negro, Flash Gordon*. Depois desse seriado, tinha um intervalo em que você ia comer um cachorro-quente e groselha que eles vendiam. E depois passava um outro longa. Era como uma mini-Mostra de Cinema. O *Flash Gordon* já não era um seriado contemporâneo, era um seriado dos anos 40. Era impressionante, a concepção que eles tinham de futuro; o futuro pra eles era eletricidade. Os foguetes do *Flash Gordon* não subiam na vertical como os de hoje; eles subiam assim (*em ziguezague*) como os escapamentos de carro (*imita o barulho do escapamento*). Eu passava a semana inteira pensando o que poderia acontecer na semana seguinte. O episódio sempre acabava de uma maneira que parecia que o cara ia morrer, a mocinha ia morrer... mas não.

Comecei a estudar num colégio chamado Renascença, que não tinha nenhuma atividade cultural, nada, nada, nada... No último andar, havia um teatro relativamente grande que era usado só pra formaturas. Vi que lá tinha um projetor 16 mm; logo entrei pro grêmio do colégio e comecei a projetar filmes. Projetei um chamado *O Candelabro Italiano* (*Rome Adventure, 1962, de Delmer Daves*). Foi um dos filmes marcantes da minha vida, por eu exibir, pela escola se mobilizar em função disso, e por começar a abrir minha cabeça para um tipo de cinema que eu não conhecia. Eu só conhecia o cinema do entretenimento, que é ótimo também, mas fui começar a descobrir prazer em outros filmes que não eram lançados nos grandes circuitos.

Em 1968, 69, eu estudava nessa escola que não ajudava em nada a formação da gente – nem cultural, nem política; as aulas eram puramente técnicas. Eu era muito curioso e ficava lendo nos jornais o que estava acontecendo pelo Brasil, as passeatas, manifestações, antes do AI-5 de 68 e no começo de 69. Eu lia, por exemplo, sobre uma passeata na Praça da República e ia lá sozinho gritar: "O povo unido jamais será vencido!". Numa dessas passeatas, encontrei um amigo que me falou: "você não quer entrar para a clandestinidade?". Eu respondi: "ah... quero, né?". Ele me passou um endereço e disse: "eu não posso ir com você por motivos de segurança". Cheguei lá, tinha umas cinco ou seis pessoas, todos homens. Quando eu entrei, o líder me disse: "O seu nome é Nelson! E assim será por uma questão de segurança". Eu perguntei: "mas que grupo é esse?". E ele: "a gente não pode falar... por uma questão de segurança". Perguntei o que a gente precisava fazer, e ele respondeu que a gente devia panfletar. Eu fui lá, panfletei... No segundo dia, o líder me disse: "Nelson, você precisa assistir um filme chamado *Os Companheiros* (*I Compagni*, 1963, de Mario Monicelli)". Eu falei: "tá bom... mas que organização é essa?". E ele, de novo: "eu não posso falar". Daí eu saí da organização e fiquei com esse nome na cabeça. Não lembro se era *Os Companheiros*, mas eram filmes italianos do neorrealismo. Depois que eu saí da clandestinidade – ou seja, depois de dois dias – é que eu comecei a me interessar por filmes que tinham a ver com o momento histórico do nosso país e do mundo. E comecei a assistir a esses filmes: *Roma Cidade Aberta* (*Roma, Città Aperta*, 1945, de Roberto Rossellini) – filmes que mostravam uma contestação, mas também a realidade do momento, a história do país, coisas da Segunda Guerra em uma linguagem mais crua. Comecei

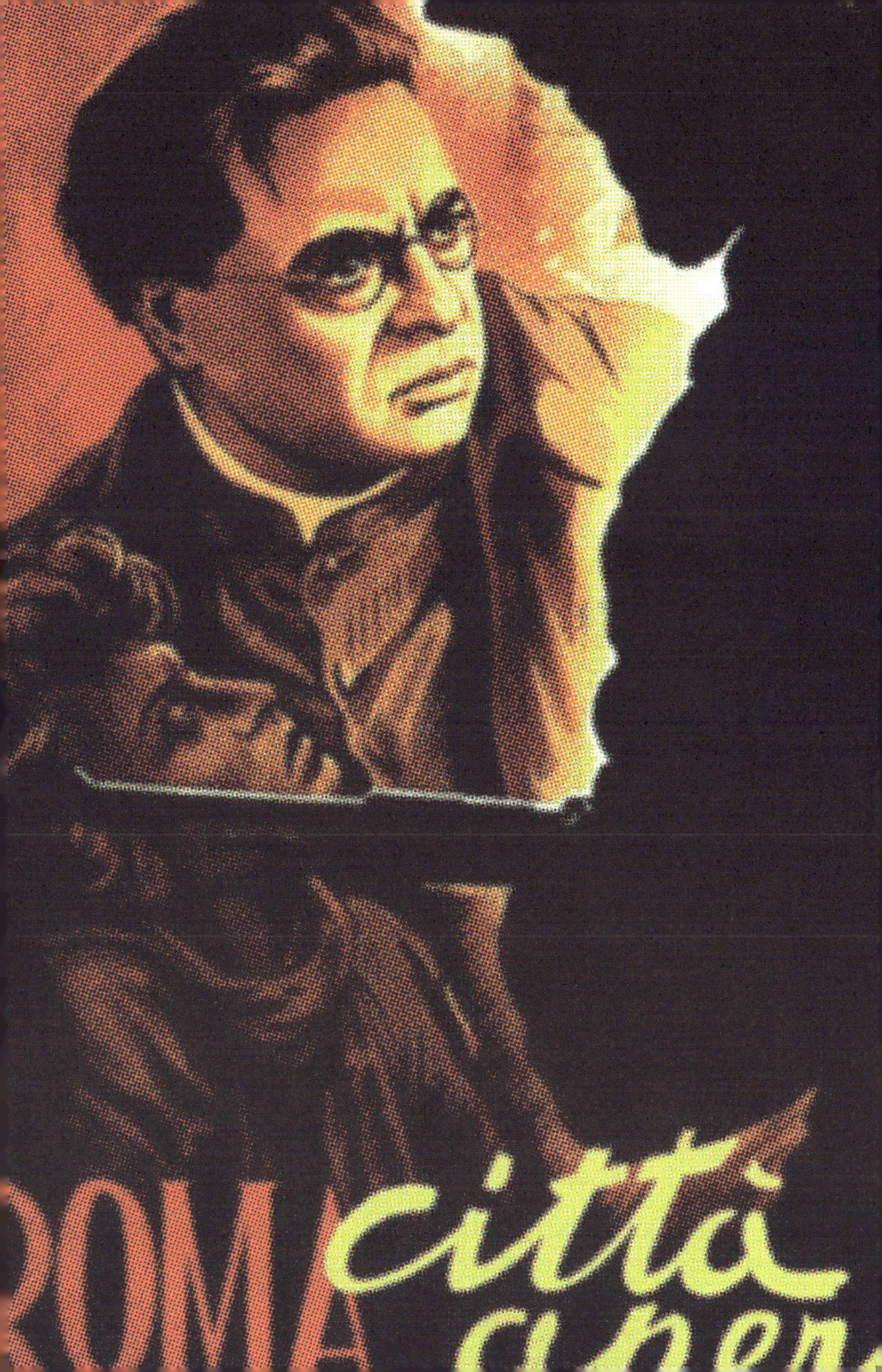
ROMA
città

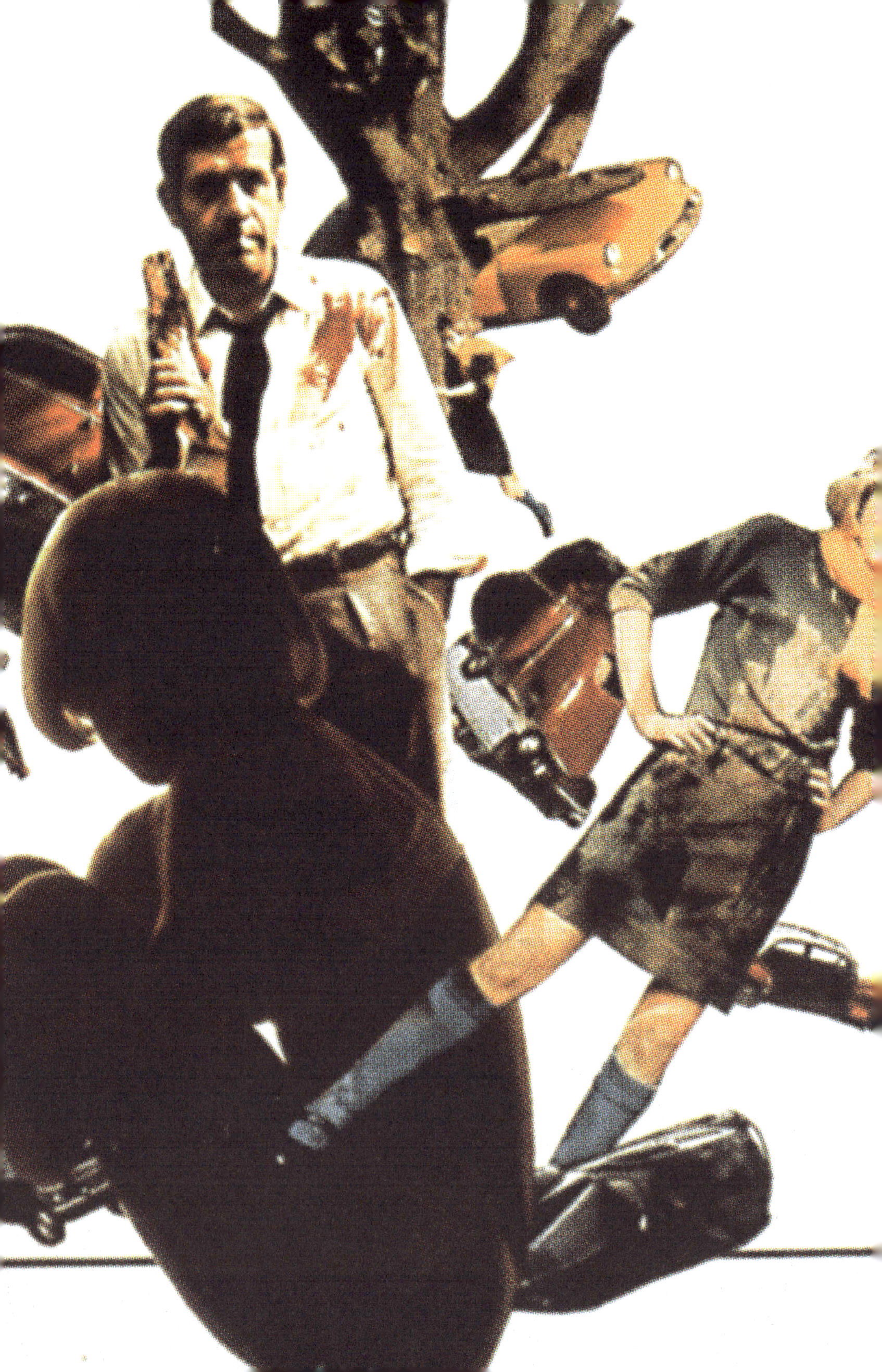

a gostar de Pasolini, esses filmes mais crus. E daí soube da existência do Cinema Novo. Eu já tinha visto *O Pagador de Promessas* (*1962, de Anselmo Duarte*) no Cine Paissandu, no centro da cidade, porque havia ganhado a Palma de Ouro em Cannes. Foi a primeira vez que vi um filme brasileiro em que tive que esperar uma sessão acabar pra entrar em outra. Uma sessão superlotada, eu sentei no corredor, vi aquele filme maravilhoso sendo aplaudido por todo mundo. Um filme que me marcou demais – várias vezes, quando eu vou à Bahia, procuro a escadaria que serviu de locação pro filme. Aquele homem levando aquela cruz enorme, querendo pagar promessas, e a Igreja impedindo-o de entrar. Foi aí que comecei a me interessar por cinema brasileiro.

No final dos anos 1960, existia uma efervescência cultural incrível no Brasil. Os teatros eram sempre lotados aos domingos. Muitos líderes estudantis, todos os autores brasileiros escrevendo muito, Chico Buarque escrevendo *Roda Viva*, e o cinema vivo também. Lembro de assistir o *Terra em Transe* (*1967, de Glauber Rocha*) pela primeira vez, e pra falar a verdade não entendi nada. Eu achava que tudo era simbólico, porque depois do AI-5 nada era permitido. Então víamos isso em todos os filmes que assistíamos. O *Blow-Up* do Antonioni (*1966*) terminava numa cena com dois atores jogando tênis sem bolinha, e eu queria saber se aquilo era algum artifício pra enganar o censor. Também descobri os filmes do Godard, *A Chinesa* (*La Chinoise*, 1967), que tinha a ver com a revolução do Mao Tsé-Tung, aquela estética muito anárquica... e você procurando um significado naquilo. Lembro de uma cena de *Weekend à Francesa* (*Week End, 1967, de Godard*) que poderia ser hoje: um fim de semana na França, os caras saindo de carro, aquele engarrafamento; as pessoas saem dos carros, começam a comer, começam a bater umas nas outras; tem guerrilha, elas começam a matar umas às outras...

Esses filmes eram exibidos aqui no Brasil em pequenos cinemas. Existia uma sala chamada Coral, bem no centro da cidade, um cinema de arte onde a gente podia assistir esses filmes em sessões superlotadas. Não existia a Mostra de Cinema. Então você tinha que procurar os filmes em salas como o Cine Bijou, na praça Roosevelt. Era um ponto de encontro de tudo, pra namorar... Víamos um filme atrás do outro. Nessa época também começaram a entrar na minha vida os filmes do Polanski.

Um ano depois, em 1970, entrei no colégio Equipe. Até 1980, fiquei trabalhando lá, coordenando a área cultural do colégio com shows – toda semana tinha um show, todo mundo importante da MPB passou por lá, Caetano, Gil... E eu também cuidava do cinema, da exibição de filmes em 16 mm. Tive que ir atrás da Boca do Lixo, porque antes os filmes eram levados em latas na mão. Eram três rolos de filmes que compunham um longa-metragem. Como só havia um projetor, quando acabava uma parte acendia-se a luz pra gente colocar o outro rolo e continuar. Essas distribuidoras ficavam coladas à antiga Rodoviária de São Paulo. Na Rodoviária, havia as prostitutas. O cara desce ali sozinho, vindo de qualquer lugar, existem aqueles hotéis superbaratinhos, as prostitutas e as distribuidoras de cinema. Por isso caracterizou-se em São Paulo um cinema chamado Boca do Lixo. Muitos filmes com pouco orçamento e de grandes diretores foram feitos a partir dessa ideia; criou-se quase um estilo.

Lembro de alguns filmes que vi muitas vezes porque exibi várias vezes no colégio. Um deles foi o *King Kong* original (*1933, de Merian C. Cooper e Ernest B. Schoedsack*), um filme genial, espetacular ainda hoje. Como falei, o filme era dividido em três rolos. Uma vez, na quinta ou sexta exibição do filme, vieram dois rolos. Eu achava que um era continuação do outro, mas quando fui passar, vi que faltava o meio do filme. Como eu já conhecia muito bem o filme, tive que ir na frente da plateia explicar o segundo rolo, contar aquele momento em que o King Kong é preso, levado para Nova York e começa a aterrorizar todo o mundo. É um pedaço longo, que deve ter mais de meia hora. Sou uma daquelas pessoas que gosta de rever várias vezes o filme na TV e ficar antecipando

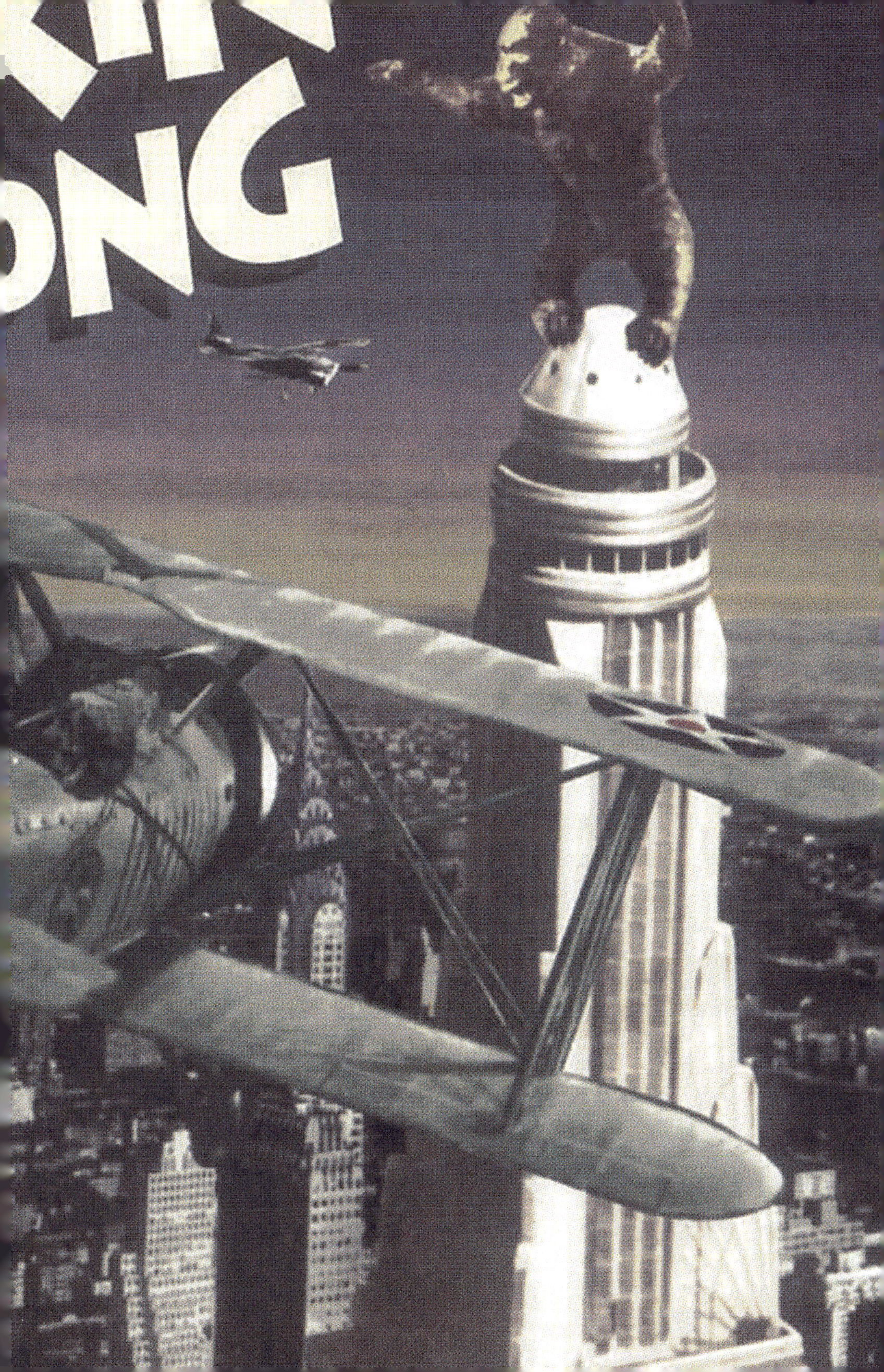
ONG

o que vai acontecer – vocês já devem ter encontrado gente assim no cinema.

Na rua Augusta, havia o Cine Marachá. Não sei se eram às segundas ou quartas à noite, tinha lá uma sessão maldita, onde passavam uns filmes trash. Lá começou a acontecer uma coisa louca: como a distância da plateia para a tela era pequena, as pessoas começaram a subir no palco e interagir com o filme. Se uma bola corria no filme, as pessoas começavam a correr atrás da bola. Se tinha uma mulher, o cara queria agarrar a mulher. Só que uma vez os caras piraram e começaram a disparar o conteúdo do extintor de incêndio na tela. A polícia entrou e acabou com essa sessão maldita, que era incrível.

Por falar em sessões especiais, lembro da primeira sessão na Mostra do filme *Sid e Nancy* (*Sid and Nancy*, 1986, de Alex Cox), sobre os Sex Pistols. Foi no Cine Metrópole, um cinema gigante, superlotado de punks naquela época. Imagina o que foi aquela sessão. Acabou pichada, foi uma sessão inacreditável. Os caras gritando, berrando, cantando músicas dos Sex Pistols, dos Garotos Podres: "Papai Noel, filho da puta, seu porco capitalista!"...

Um diretor brasileiro que eu adoro é o Nelson Pereira dos Santos. Ele sabe contar histórias de uma maneira incrível. Tem um filme dele que pra mim se renovava a cada vez que eu assistia: O Amuleto de Ogum (1974). O ator era o filho dele (*Ney Santanna*); tinha o Jards Macalé, um cantor e compositor que nos anos 1970 era considerado maldito e fazia um cego. O filme é sobre um garoto que tem o corpo fechado em meio a uma história de violência. Toda vez que ele leva um tiro, tudo bem, ele tem o corpo fechado pelas entidades. Em determinado momento, por uma situação também ligada aos cultos e à religião, ele perde esse poder. Ele tá parado num barco no meio de um rio, as pessoas começam a atirar, ele cai, a gente vê o corpo caindo na água. A câmera continua fixa na água, a gente pensa que ele está morrendo, quando já na profundidade ele abre os dois olhos e volta rapidamen-

SID e
NANCY

different-
screen
excitement!!!

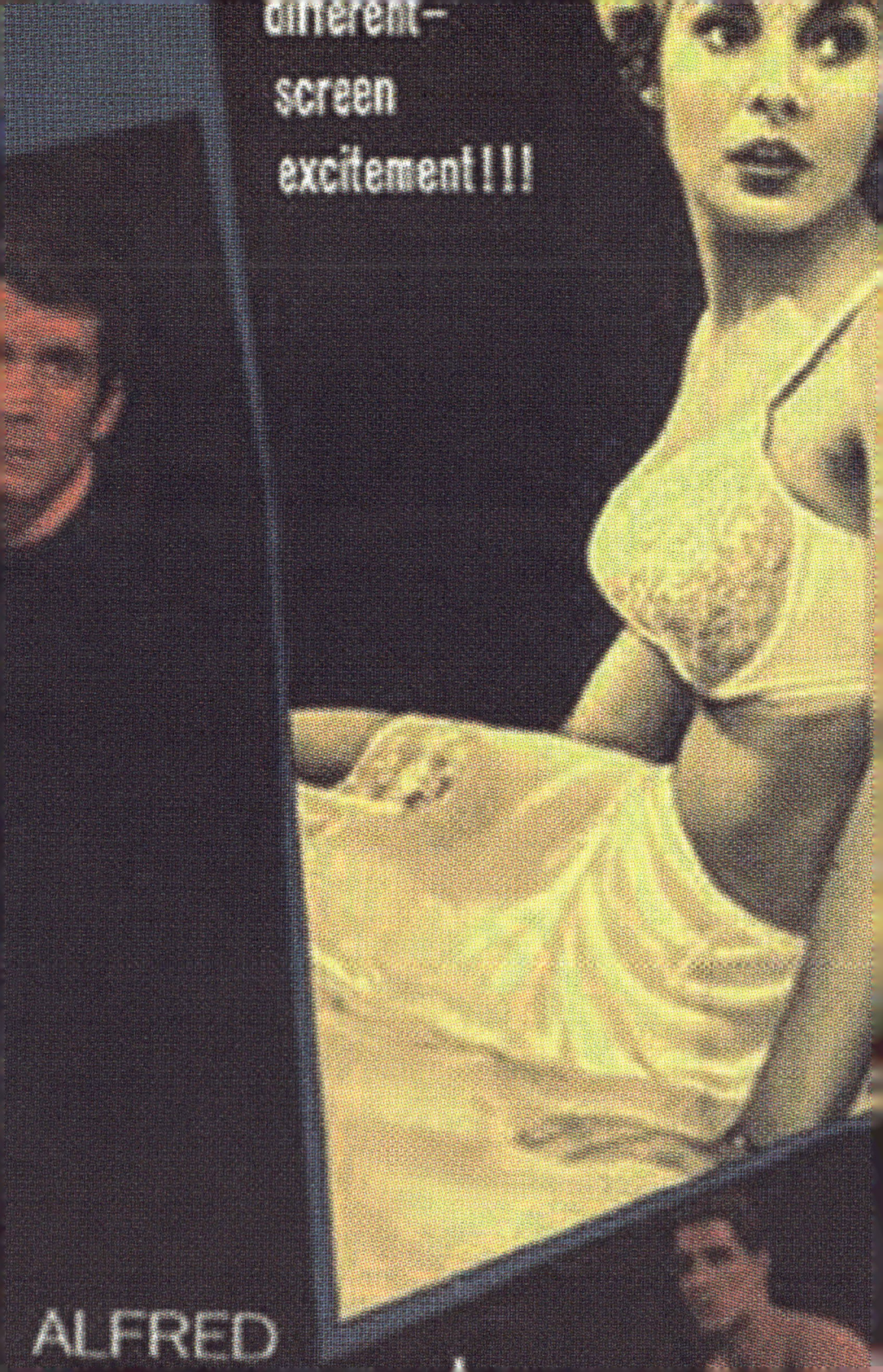

ALFRED

te, ainda com o corpo fechado, e destrói todos os caras. São algumas cenas que ficaram marcadas direto pra mim.

Quem gosta de cinema não pode deixar de ver alguns diretores e alguns filmes, né? Lembro do *Psicose* (*Psycho, 1960*), do Hitchcock, um filme que todo mundo conhece. Comecei a ver esse filme decupando. Eu me formei em jornalismo, mas quando cheguei na FAAP lembro que queria fazer cinema. Naquela época, a gente fazia uma prova para comunicação e depois optava pelo curso na hora de se matricular. Eu cheguei dizendo que queria fazer cinema, mas me disseram que não tinha gente suficiente pra ter esse curso. Então fui fazer jornalismo. Me tornei jornalista desse jeito, mas sempre adorei muito cinema. Alguns filmes eu fui conhecer depois de ler, via decupando, vendo a sombra, a iluminação... O *Psicose* foi talvez o filme que eu mais vi nesse sentido, de olhar cena a cena. Me tornei um viciado em Hitchcock, um dependente químico dos filmes dele: *Janela Indiscreta* (*Rear Window, 1954*), *Um Corpo que Cai* (*Vertigo, 1958*)... Durante um tempo, não foi dado ao Hitchcock a dimensão real da sua obra. Porque eram filmes populares, que lotavam as salas. E jovens como o Truffaut sabiam dar importância a ele.

O Truffaut fez uma coisa muito interessante: pegar um ator ainda criança (o Jean-Pierre Léaud) e começar a fazer filmes acompanhando a vida dele. Léaud filmou dos 10 aos 30 anos, sempre com o mesmo personagem, Antoine Doinel. Me apaixonei depois por outro filme do Truffaut, *A Noite Americana* (*Day for Night, 1973*), um filme que fala de cinema. Ele sabia contar histórias como poucos.

Consegui falar de apenas alguns filmes da minha vida, porque é muito difícil quantificar e qualificar filmes. Principalmente quando a gente gosta de cinema, e quando a memória não capacita nem armazena tudo o que você viu. Já me aconteceu de ver filmes que eu já havia visto achando que não vi. É uma coisa péssima e ao mesmo tempo maravilhosa, porque você pode rever um filme sem ter noção do que já viu.

(*Uma pessoa da plateia pede para Serginho falar dos filmes de Mazzaropi*)

E tem os filmes do Mazzaropi, claro. No Cine Paris, os filmes dele tinham sessões lotadas, lotadas. E claro que, como bom corintiano, recomendo *O Corintiano* (*1967, de Milton Amaral*). Fui um dos roteiristas com o Marcelo Rubens Paiva do documentário *Fiel* (*2009, de Andrea Pasquini, sobre o Corinthians*). A gente tinha a ideia de começar o filme com uma cena do Mazzaropi, mas tivemos problemas de direito autoral. Uma vez, estava indo pra Santos e vi um comboio de caminhões com um carro no meio – os caminhões todos meio parando, meio se revezando pra ver o carro. Dentro dele estava o Mazzaropi. Era uma popularidade inacreditável. É um ator que merece retrospectivas.

Muito obrigado pela paciência de vocês. Sei que cada um tem uma boa história pra contar sobre os filmes da sua vida. Tive esse privilégio, e acho que é uma ideia muito boa pra ser reproduzida em escolas... Acho que devia ser uma matéria na universidade! Obrigado.

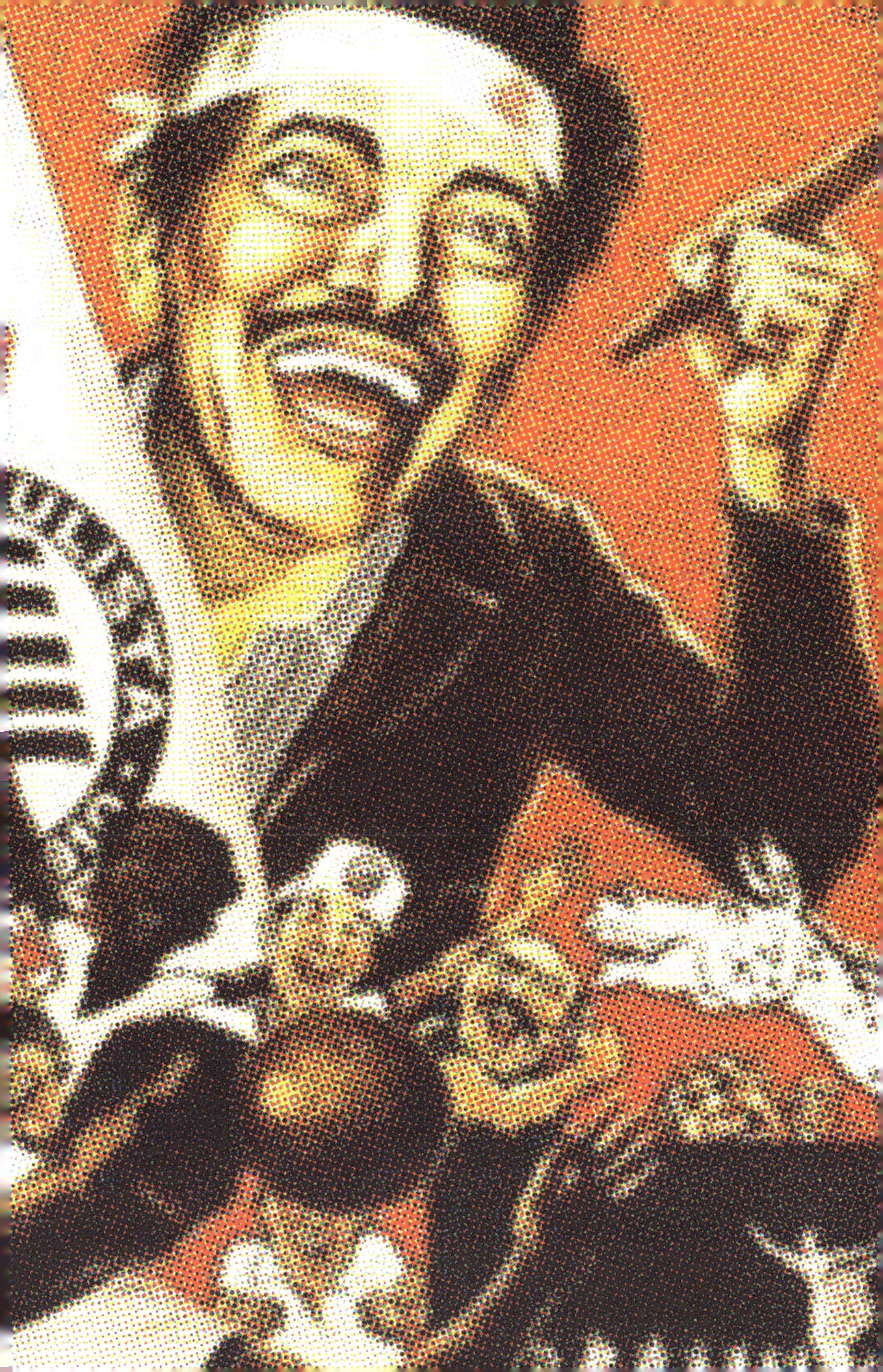

"O CINEMA CRIA LAÇOS COMUNS"

—MACHADO, SERGIO

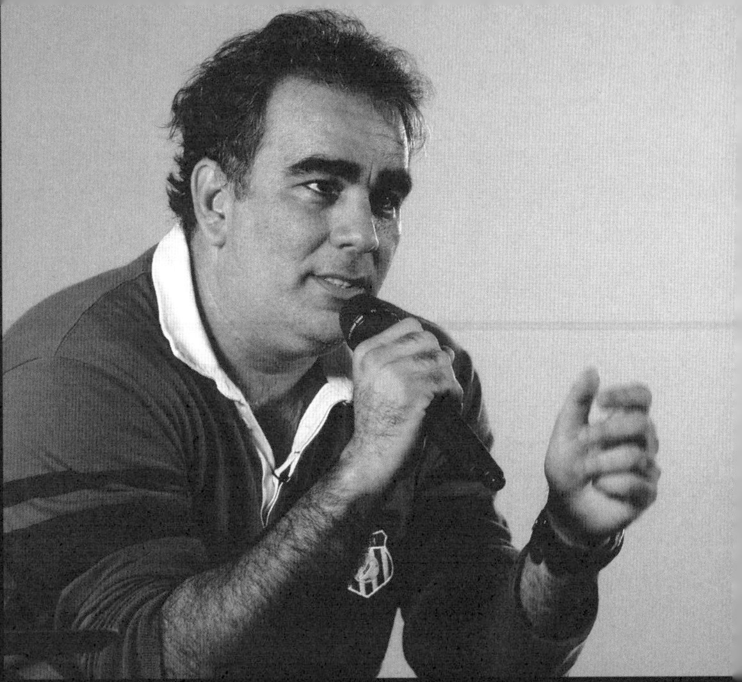

Sou Sérgio Machado, diretor de cinema, roteirista e cinéfilo. E mais do que qualquer coisa, apaixonado por cinema. E vou falar daqueles que são os filmes da minha vida, que me influenciaram.

Por definição, eu não estudei formalmente, e toda minha formação é ligada à cinefilia. Desde moleque, eu me acostumei em só dormir vendo um filme por dia, senão, eu tinha uma quase insônia. São tantos filmes vistos e tantos filmes pelos quais eu sou apaixonado, que é difícil escolher um ou alguns filmes. Mas essa é a quarta ou a quinta vez que estou diante dessa questão, para uma entrevista ou uma palestra: escolher um filme só, dentre os muitos filmes, que eu sou apaixonado. A cada vez que eu me via diante dessa questão, eu escolhia um filme diferente.

A primeira vez foi no Festival de Cannes, quando lancei o *Cidade Baixa* (2005). Um colunista inglês do jornal *The Telegraph* me fez esta pergunta: "se você tivesse que salvar um filme só da história do cinema, qual você salvaria?" Aí, ele tenta fazer um paralelo entre o filme que você salvaria e o filme que você está lançando. Para esse cara lá em Cannes, eu escolhi *Rastros de Ódio* (*The Searchers*, John Ford, 1956), um filme pelo qual eu sou absolutamente apaixonado. Foi bem bacana esse papo, porque ele disse que já fazia essa coluna há 15, 20 anos, e nunca ninguém tinha escolhido o filme preferido dele também. Então, imediatamente se criou uma amizade. Ele gostou muito do *Cidade Baixa* e me chamou para sair por Londres, pra conhecer a cidade. Criamos um laço a partir de um filme preferido. Eu poderia escolher *Rastros de ódio*, *Os sete samurais* (Akira Kurosawa, 1954) ou *Encouraçado Potemkin* (Sergei Eisenstein, 1925), são filmes que me encantam e que já vi inúmeras vezes. Mas o filme sobre o qual eu vou falar agora, que vou escolher como meu filme favorito, é *Rio Bravo* (Howard Hawks, 1959), um filme que eu acho brilhante.

Sobre *Rio Bravo*, eu tenho uma história curiosa. Há algum tempo, houve aqui mesmo nesta sala (o Cine Livraria Cultura, em São Paulo) uma sessão do filme *Jogo de Cena* (2007), do

Eduardo Coutinho. Foi a primeira vez que eu vi o filme. Eu saí depois para jantar com o Coutinho. Eu estava super emocionado pelo filme, a gente saiu, jantou, bebeu, e lá pelas tantas a gente começou a falar sobre cinema e começamos esse papo do filme favorito. Aí, Coutinho disse que o filme preferido dele é também *Rio Bravo*. Ao final, chegamos à conclusão de que quem não gosta de *Rio Bravo* não gosta de cinema. E outro dia, lendo sobre o *Bastardos Inglórios* (*Inglorious Basterds*, 2009), eu li o Quentin Tarantino citando o *Rio Bravo* como favorito. Na entrevista, ele disse que, quando conhece uma mulher e se apaixona, ele mostra *Rio Bravo* para ela, e se ela não gostar, termina o relacionamento. Enfim, é um filme magnífico, me sinto em boa companhia falando de Coutinho e Tarantino.

É difícil falar de melhor filme, pois são tantos filmes. De alguma maneira, é como quando você descobre uma pessoa que gosta muito de um filme que você gosta. Criam-se laços comuns. Não sei se as pessoas aqui já viram *Rio Bravo*, quem já viu o filme? Levante a mão, por favor. Ninguém viu? Bom, de alguma maneira é um privilégio, pois se vocês forem ver pela primeira vez, vão ver uma super obra-prima. É um filme que me encanta pela despretensão. Howard Hawks é um diretor genial. Outro dia eu estava lendo uma coisa que o Truffaut escreveu sobre um filme dele, *Scarface* (*1932*). Truffaut disse que *Scarface* tem provavelmente o plano mais bonito da história do cinema. Um plano de cinema, que ele chama de cinema puro, no qual o Boris Karloff está jogando boliche. Ele lança a bola e derruba... E Scarface vai eliminando os inimigos dele, é uma história sobre Al Capone. O Karloff é o último inimigo que resta a ser aniquilado. Na cena, ele lança a bola de boliche, a bola vai rolando e você não vê o tiro. Ele toma uma rajada de metralhadora. Você não vê o tiro acertando o Boris Karloff, mas você vê as bolas batendo naqueles pinos. Em paralelo, você vê o personagem dele caindo e o último pino, quer dizer, o último inimigo a ser derrubado. Enfim, é um plano de cinema puro, no qual o Hawks é mestre.

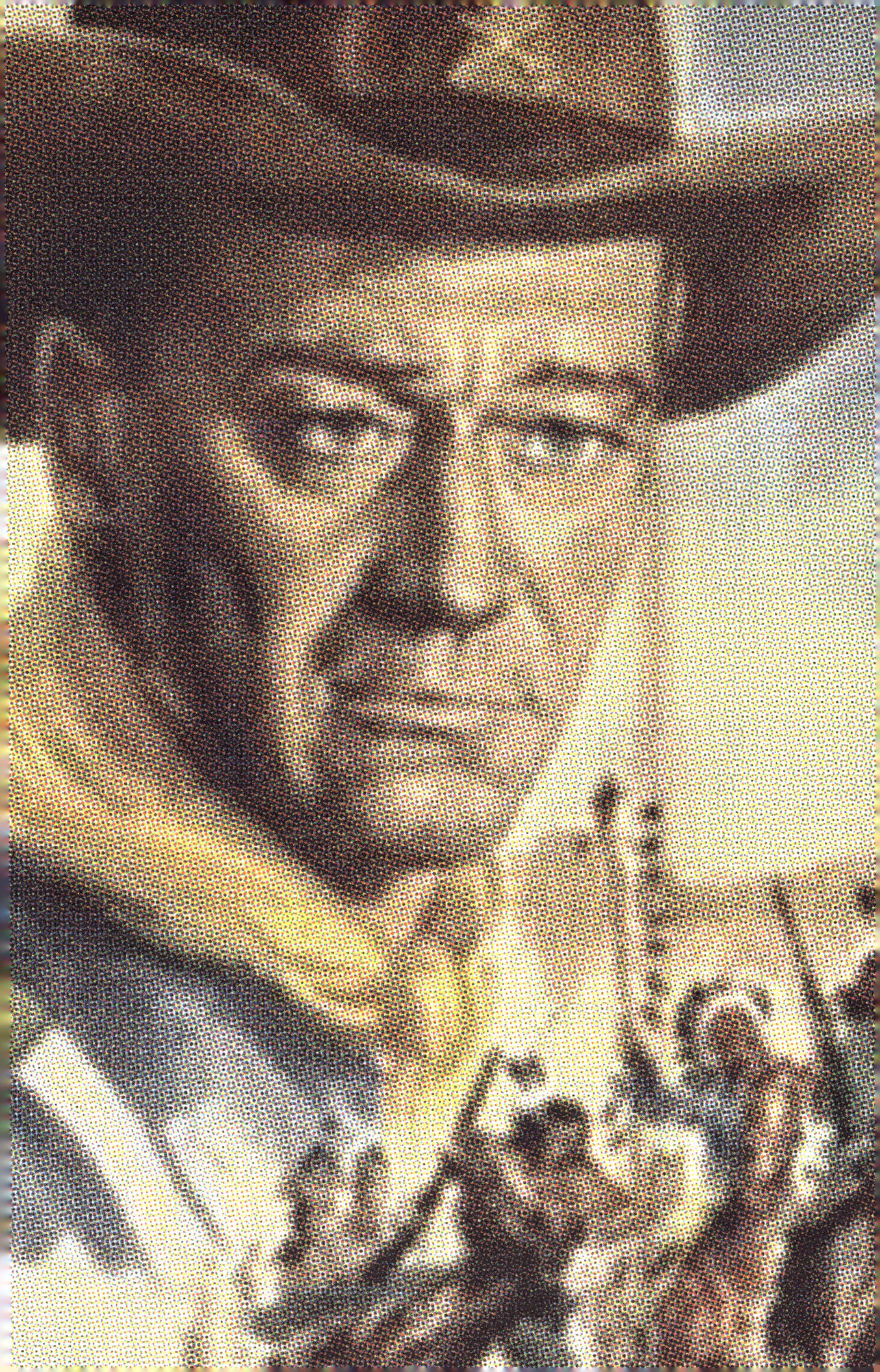

Nessa noite em que conversei com o Coutinho, a gente ficava o tempo inteiro brincando. E ele falava do João Moreira Salles dizendo: "eu vou dar esse filme para o João. Se ele não gostar de *Rio Bravo* é porque, definitivamente, ele não gosta de cinema". Aí, eu brinquei, falando que ia dar esse filme pro Karim Aïnouz, que é um cineasta com quem eu trabalho muito, mas que não é um fã de western, e dizer a mesma coisa.

Rio Bravo tem um apelo maravilhoso porque é uma obra essencialmente cinematográfica. Truffaut dizia que as cenas de *Rio Bravo* são cenas de poesia. Tem algumas cenas que são de balé, essencialmente cinematográficas. O filme não teria a menor graça se fosse literatura. É um *western* clássico feito em 1958 e estrelado por John Wayne, Dean Martin, Ricky Nelson e Walter Brennan. O filme abre com uma sequência magnífica, antológica, de sete, oito minutos. É uma sequência muda, sem nenhum tipo de diálogo. Aí nessa primeira sequência, num *saloon* de *western*, um homem é assassinado. O John Wayne, que é o xerife da cidade, vai prender o assassino, um cara muito poderoso que tem uma série de comparsas. Ele prende esse cara na cadeia local. E como esse cara é poderoso, ele tem uma centena de matadores vagando em volta dele. O John Wayne tá meio ilhado nessa cadeia e tem como assistente dele o personagem do Dean Martin, um alcoólatra que bebe o tempo inteiro e tem *delirium tremens*; e mais um velho aleijado. Então são três pessoas contra cem, sei lá, 50 bandidos. E eles ficam dentro dessa cadeia o filme quase inteiro, uma boa parte do filme, meio ilhados ali. E a maneira com que eles se definem, é que o velho aleijado fica sempre com a arma apontada para o assassino, porque, se os caras invadirem, ele mata esse cara.

Rio Bravo é um filme que me impressiona muito, pois parece despretensioso, e talvez seja mesmo, no sentido de que não foi feito necessariamente para ser uma obra-prima. É um filme que só quer narrar bem uma história, e narra de uma maneira magnífica. E vai além disso, porque fala de coisas bacanas como a amizade, a lealdade, temas hawksianos, que estão presentes na cinematografia toda do diretor. O filme foi um sucesso comercial, com três astros de cinema. O John Wayne, já começando uma trajetória de declínio. O Dean Martin, que tinha acabado de se separar do Jerry Lewis. E um cara chamado Ricky Nelson, cantor – uma espécie de Elvis Presley que não é muito conhecido hoje, mas na época era muito famoso. São três astros num filme que foi um grande sucesso comercial, mas é ao mesmo tempo uma obra personalíssima. Só Howard Hawks poderia fazer esse filme.

Tem vários filmes que eu revejo com frequência. Eu gosto muito de rever filmes, mais até do que ver. Eu já devo ter visto *Rio Bravo* trinta vezes. Se fechar os olhos, eu consigo lembrar cada plano do início do filme, conheço as músicas e tudo. E sempre que eu estou cansado e digo "hoje eu não estou a fim de ver Bergman ou Fellini, mas esse filme eu posso ver e rever". A maneira como ele trata de assuntos que me emocionam, lealdade, enfim... é um filme que tem uma coisa curiosa, pois fez bastante sucesso. É difícil explicar porque o filme é tão bom. Hawks refez esse filme, igual, mais duas vezes. Ele contou a mesma história de novo com o John Wayne, mudou os outros atores que o acompanhavam, com os filmes *El Dorado* (1966), e se não me engano, com *Rio Lobo* (1970).

O *El Dorado* ele fez poucos anos depois de *Rio Bravo*, com a mesma história, praticamente com o mesmo roteiro, com o mesmo protagonista, o John Wayne. E no lugar de Dean Martin e Ricky Nelson, ele colocou Robert Mitchum e James Caan. A mesma história contada por atores diferentes, e curiosamente aí vai uma coisa mágica do cinema: o segundo filme, com esse mesmo roteiro, é absolutamente medíocre. E é difícil tentar entender por quê. Tem uns filmes que são tão bons que tudo conspira para eles darem certo.

Eu estava vendo outro dia *Vidas Secas* (*Nelson Pereira dos Santos, 1963*) outro dos meus filmes favoritos. Nesse filme, parece que o cachorro funciona, que venta para o lugar certo... Quando tem que dar certo, parece que tudo conspira a favor. Nesse filme, no *Rio Bravo*, tem uma cena que eu acho bem curiosa. É uma cena onde você tem toda a trajetória dramática dos personagens e, de repente, tem uma cena em que a ação é interrompida, e eles ficam cantando dentro da delegacia. Uma cena que pareceria desnecessária, talvez até ela tenha sido colocada no filme para vender discos, porque você tinha dois cantores famosos e tudo... e alguém me falou que, numa versão feita pra vídeo nos Estados Unidos, cortaram essa cena porque ela parece tão desnecessária. E que aí, as pessoas que adoram o filme protestaram veementemente. O filme é tão perfeito, que uma cena que parece desnecessária cabe ali como uma luva. Porque você tem uma tensão o filme inteiro, e de repente você para durante quatro minutos para os personagens cantarem, e é absolutamente pertinente e emocionante. Enfim, é um western curioso, que eu também, quando conheço alguém, amigo, amiga, namorada, adoro mostrar.

Rio Bravo também é legal por ser um western com apelo feminino, tem uma história de amor bacana, diferente de *Rio Vermelho* (*Red River, 1948*), outro filme do Hawks, muito duro... *Rio Bravo* é um filme que nunca mostrei pra ninguém que não tenha gostado muito, se encantado com o filme.

Eu vim aqui mais preparado para ser entrevistado do que para fazer uma palestra. Eu tinha entendido que eu ia ser perguntado. Então, se alguém quer saber alguma coisa sobre o filme, ou sobre outros filmes que me são importantes.

PERGUNTA: IMAGINO QUE ESSE FILME TEVE INFLUÊNCIA NÃO SÓ NA SUA VIDA PESSOAL, MAS TAMBÉM NA SUA VIDA PROFISSIONAL. MAS QUAIS SÃO OS FILMES QUE VOCÊ MAIS ASSISTE, QUE VOCÊ MAIS GOSTA DE REVER, QUE NÃO TEM NADA A VER COM O SEU TRABALHO; OU FILMES QUE, MUITAS PESSOAS ATÉ SE SURPREENDERIAM, MAS SÃO FILMES QUE TE ATINGEM EMOCIONALMENTE, SEJA POR CAUSA DA SUA INFÂNCIA OU ADOLESCÊNCIA. ESSE TIPO DE FILME EXISTE NA SUA VIDA?

Sem dúvida, esse filme eu acho que também tem a ver com isso, assim. Eu sou apaixonado por western, amo os filmes todos do John Ford, um diretor pelo qual eu sou absolutamente encantado. Kurosawa, eu sou absolutamente fã. Eisenstein, Fellini, Hitchcock. Adoro o *Mágico de Oz* (*The Wizard of Oz*, Victor Fleming, 1939), um filme que vejo, revejo e gosto sempre. É um filme infantil, mas um musical que eu acho lindo. A alegria do filme me encanta. São muitos filmes assim. Acho que, cada vez que eu estiver diante dessa questão, vou responder de uma maneira diferente. Eu basicamente sou uma pessoa apaixonada por cinema. E mudam muito as preferências. Tem um filme que eu adoro que é *Shane*, que em português se chama *Os brutos também amam* (1953, de George Stevens), pelo qual eu sou absolutamente encantado. É um *western* contado a partir do ponto de vista de uma criança, e que me emociona sempre. Eu choro toda vez que vejo. Enfim, são tantos. É difícil escolher um filme assim.

A melhor coisa que eu acho que pode acontecer num papo desses é você seduzir as pessoas para verem o filme. Para mim, é sempre um presente quando você descobre obras-primas que não conhece, filmes que de repente marcam a vida da gente, as grandes obras-primas, ou não obras-primas, mas filmes que tocam a gente, especificamente. Se eu pudesse traçar um paralelo entre os filmes que eu mais gosto, tem um tema que me é muito caro, que é a amizade, lealdade entre amigos. Isso está presente nos filmes que eu mais gosto e nos filmes que eu faço. Lembro de quando eu estava escrevendo o roteiro do meu filme *Cidade Baixa*, com o Karim Aïnouz. Antes de terminar de escrever o roteiro, ele começou a fazer o papel de advogado do diabo. Ele ficava me perguntando: "por que você quer fazer esse filme? O que há de essencial pra você, o que você quer dizer para as pessoas?". Depois de muito tempo, a gente chegou à conclusão de que eu queria falar sobre a amizade. Os personagens do Lázaro Ramos e do Wagner Moura são amigos que acabam brigando por uma mulher. Falei a ele que me interessava

O'HARA

BRA

muito falar de amizade e dizer para as pessoas que, apesar das dificuldades, valia a pena continuar lutando. A vida valia, de alguma maneira, a pena. A gente chegou à conclusão de que eu queria fazer um filme sobre a capacidade de não desistir da vida, de seguir tentando e lutando. O *Rastros de ódio* tem muito disso. O filme mostra a trajetória de um herói que vai em busca de uma menina. Ele cruza o país inteiro e não desiste, continua lutando. É um filme pelo qual eu sou apaixonado. Esses filmes inclusive são filmes fáceis de encontrar em DVD.

O *Rio Bravo* tem o Dean Martin, que faz aquelas comédias urbanas — ele fazendo um caubói alcoólatra parecia uma opção tão esquisita, mas funciona bem. O Rick Nelson, que é um cantor de rock que faz também um dos ajudantes do delegado. Tem a Angie Dickinson, muito jovem, acho que uns 20 e poucos anos, linda, fazendo uma prostituta que se apaixona pelo personagem do John Wayne. O John Wayne é muito questionado como ator, mas nesse papel, especificamente, é incrível. A fotografia é magistral. É um filme muito perfeito, muito bem narrado. Os diálogos têm uma precisão encantadora, uma despretensão.... Eu sou muito encantado, acho que minha história com o cinema tem muito a ver com a narração. Comecei a fazer cinema e a gostar de cinema seguindo uma tradição de família que era a de contar histórias. Quando criança, minha mãe me contava histórias. Eu tenho uma memória muito boa da infância, e sou encantado com essa arte de contar bem uma história. Hoje, tenho um filho de cinco anos de idade e conto histórias para ele. É uma tradição quase de família, uma coisa que me encanta, principalmente no *Rio Bravo*. A história não tem nenhum tipo de aresta, os diálogos são perfeitos, os atores são incríveis. Eu vejo e revejo. Basta eu não ter nada pra fazer, coloco o filme no DVD e é sempre uma experiência fascinante. O filme tem muito humor. Tem um ator que eu adoro, que faz o aleijado da cadeia, que é o Walter Brennan, genial. Um velho aleijado e banguela, mas ao mesmo tempo um herói fascinante. Também me fascina ver aquele exército, uma espécie de exército de Brancaleone. Tem uma hora em que um personagem é assassinado no meio da história. Antes disso, ele fala pro John Wayne: "Mas como é que você vai enfrentar cem pistoleiros com um velho aleijado, um alcoólatra?". Depois, junta-se a eles um garoto de 18 anos... Enfim, me fascina esse grupo de perdedores unidos pela amizade e lutando contra uma força aparentemente muito maior do que a deles.

Esse filme tem também uma das sequências mais bonitas que eu já vi no cinema; talvez a sequência que, se eu pudesse escolher, gostaria de ter inventado, escrito e dirigido. Uma sequência tocante, engenhosamente filmada. O personagem alcoólatra, amigo do John Wayne, é assassinado, e eles estão saindo do hotel e vêem o corpo no chão. Reconhecem que ele foi assassinado e vão correr em busca do assassino. Eles vêem um vulto e sabem que esse assassino entrou num galpão de feno. O personagem do John Wayne fala para o Dean Martin: "Você fica aqui na porta que eu vou entrar nesse galpão e tentar acertar o cara. Se ele sair correndo, você acerta o assassino". Então, o Dean Martin fica do lado de fora – ele tem esse problema da bebedeira, treme e tudo. E aí o John Wayne se joga nesse feno, consegue afugentar o assassino, o cara sai correndo pela cidade e o Dean Martin atira no cara, duas vezes. Ele então não sabe se acertou, e aquilo para ele é uma derrota, pois antes de ser alcoólatra ele era um grande pistoleiro, não teria errado o tiro. O John Wayne então sai do galpão e pergunta para ele: "E aí, você acertou o cara?". Ele diz: "Eu não tenho certeza". O John Wayne olha para ele, e o cara fica meio envergonhado. "Eu não acertei, mas eu sei para onde ele foi". Então, ele aponta para um saloon. "Ele entrou ali naquele saloon, e não vai ser difícil reconhecer, pois ele pisou nessa poça de lama... Então, quem estiver lá dentro desse saloon com a bota suja é o assassino". Eles vão para o saloon, e o John Wayne diz: "Você vai pela porta dos fundos, e eu pela porta da frente, e a gente cerca o cara". O personagem do Dean Martin, alcoólatra, todo esfarrapado, sujo, diz: "Estou cansado de entrar pela porta dos fundos e queria dessa vez mudar. Há muito tempo não me deixam entrar pela porta da frente, e agora eu vou pela porta da frente e você pelos fundos". Aí, John Wayne pergunta: "Você tem certeza?" Ele diz: "Não tenho certeza, mas quero tentar". Enfim, ele não tem mais nada a perder, está tão ferrado com o alcoolismo.

Então eles entram, o Dean Martin entra no saloon e desafia todo mundo que está ali. Ele diz: "Quem foi? Entrou um assassino aqui e é um de vocês". Fica todo mundo meio incrédulo, olhando aquele bêbado, esfarrapado, ali, tirando essa onda toda e falam: "você deve ter visto coisas, deve ser efeito da bebida". Ele vai ficando nervoso. Aí um cara fala: "Não, não entrou ninguém aqui". E aí o John Wayne entra pela porta dos fundos e diz: "Entrou sim. E essa pessoa está com a bota suja de lama". Ele manda todo mundo levantar as botas para procurar quem seria o assassino. Todos levantam as botas, e ninguém está com as botas meladas de lama. Ele começa então a passar mal e os caras falam: "Ah, foi a bebida, você está delirando". O John Wayne olha assim triste: "Pô, o cara delirou mais uma vez". Ele começa a tremer por causa do nervosismo, e o cara fala: "Olha, toma aqui uma bebida". E ele vai ficando descontrolado. Na cena inicial do filme, ele está tão ferrado com a coisa do alcoolismo que os caras jogam moedas para ele beber. Eles jogam numa escarradeira, um negócio cheio de cuspe. Ele tem que botar a mão lá para pegar as moedas, e é motivo de chacota, esse cara que foi um grande pistoleiro no passado. Ele fica mal. Quando o cara oferece a bebida, ele não consegue resistir, e vem toda a coisa do alcoolismo de novo. E tem toda a coisa do plano incrível que você vê lá do alto, que o assassino entrou lá mesmo e está escondido lá no alto, meio no telhado do saloon. O cara oferece a bebida e, quando ele vai pegar, vê que cai lá do teto uma gota de sangue dentro do copo de bebida. Ele finge que vai beber o negócio, saca a arma e acerta o assassino, que cai em cima do copo. A cena que se segue é bacana, é uma cena de redenção, um momento magistral de cinema. Uma cena como é construída, bacanérrima, uma cena de ação mas também de redenção, e o estado de humilhação do personagem. Se eu pudesse escolher uma cena para ter dirigido e concebido, acho que teria sido essa.

PERGUNTA: EM CIDADE BAIXA, VOCÊ MOSTRA O OUTRO LADO DE UMA CIDADE QUE É ESSENCIALMENTE FESTIVA. POR QUE VOCÊ ESCOLHEU CONTAR AQUELA HISTÓRIA DE AMIGOS ALI NAQUELE LOCAL? PARA VOCÊ, COMO FOI TRABALHAR COM OS TRÊS ATORES?

Pegando uma carona aí no *Rio Bravo*, eu tenho uma atração especial por esse tipo de personagem, marginal. Antes de fazer o filme, eu fiquei pensando com o Karim que tipo de coisa me interessa falar para as pessoas. Uma das coisas que eu quis dizer com meus filmes é o seguinte: quando você vê uma pessoa de longe, uma pessoa qualquer, a primeira coisa que salta aos olhos é a diferença. Muitas vezes, uma pessoa parece ser muito diferente de você, de nós, um travesti, uma puta, esses personagens de um universo marginal. Minha sensação é de que, quando você vê a pessoa de longe, você nota a diferença, e cada vez que você vê de mais perto, você percebe que ela não é tão diferente assim. Quando você vê de perto, no fundo os medos são os mesmos, todo mundo tem medo de falhar, de morrer, todo mundo quer encontrar um grande amor. Estou acabando de montar meu novo filme, o *Quincas Berro d'Água*. Novamente são personagens desse mesmo universo, que trata de amizade. É baseado no livro do Jorge Amado, novamente me deu vontade de visitar esse universo e olhar para essas pessoas de um modo carinhoso. Aqui mesmo na Mostra, exibi um curta que fiz com a minha mulher e meu filho (*O Príncipe Encantado*, dirigido em parceria com Fátima Toledo, 33ª Mostra). Dirigi em 2008 uma série para a TV chamada *Alice*, da HBO. Quando terminou a série, juntei a equipe inteira, a gente tinha ganhado um prêmio, e fizemos um curta-metragem, meio uma reprodução, meio *Cidade Baixa*, só que rodado aqui em São Paulo, e curto. Rodado na rua Augusta, com uma dançarina de strip-tease que se apaixona por um matador de aluguel. É mais um olhar afetuoso sobre esse universo marginal, olhar com carinho para algumas pessoas que normalmente são esquecidas. Tenho fascínio por esse mundo. No *Cidade baixa*, é tudo muito de perto, eu queria mostrar pessoas vistas de perto – umas pessoas gostaram, outras estranharam. Quis mostrar que aquelas pessoas, aquelas putas, bandidinhos, são iguais a todos nós, tem as mesmas ambições. É uma história de amor romântico, contada num universo marginal. Foi um filme que me deu bem alegria, foi lançado no Festival de Cannes, ganhou um prêmio. É um filme violento, que se passa nesse universo marginal, um projeto que me deixou orgulhoso... existem dois festivais de cinema no mundo que são somente festivais de filmes de amor. Um em Verona, que é a cidade de Romeu e Julieta, e o outro é numa cidade da Bélgica – o *Cidade Baixa* ganhou os dois festivais. Fiquei contente, porque é um entendimento do que é o filme, uma história de amor intensa e vivida num universo violento e marginal. De amizade também.

Uma vez, alguém perguntou assim: "Quem aqui já viu esse filme?". Aí, o cara que perguntou falou: "vocês são uns privilegiados, pois vão ter a oportunidade de ver esse filme pela primeira vez." Esse olhar virgem para um filme é sempre um olhar bacana; eu já vi *Rio Bravo* umas 30 vezes, mas me lembro da primeira vez em que assisti... Não só *Rio Bravo*, mas a primeira vez em que vi *Um corpo que cai* (*Vertigo*, Alfred Hitchcock, 1958), *Os sete samurais* (de Akira Kurosawa, 1954)... A primeira vez a gente nunca esquece, né? É engraçado, pois na medida em que você vai vendo mais filmes e consegue mapear os grandes diretores, cada vez mais a experiência de ver obras-primas vai ficando uma coisa mais rara. Você não tem mais tanta obra-prima, dos diretores que eu mais gosto e que nunca vi. Então, é sempre uma descoberta rara. Consigo me lembrar quase com que

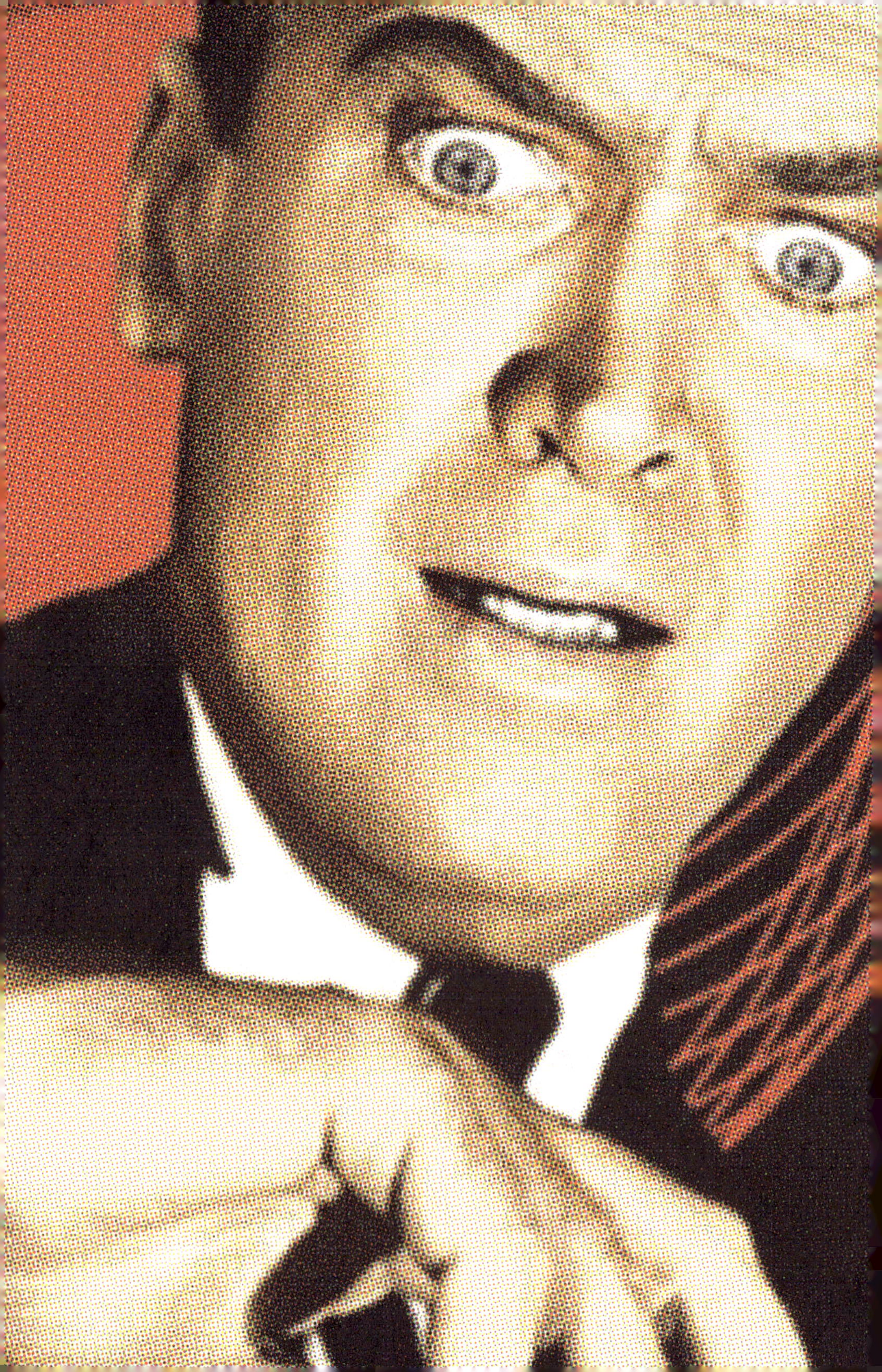

roupa eu estava, onde eu estava, onde eu vi pela primeira vez *Um corpo que cai*, do Hitchcock; me lembro da primeira vez em que vi *Psicose* (*Psycho*, Hitchcock, 1960), ou *Os sete samurais*, ou *Amarcord* (Federico Fellini, 1973). É sempre um presente. Enfim, quem está aqui é porque gosta de cinema, ama cinema, enfim.

"EU FALO E AS IMAGENS
ME VÊM INTEIRAS..."

—MERTEN
LUIZ CARLOS

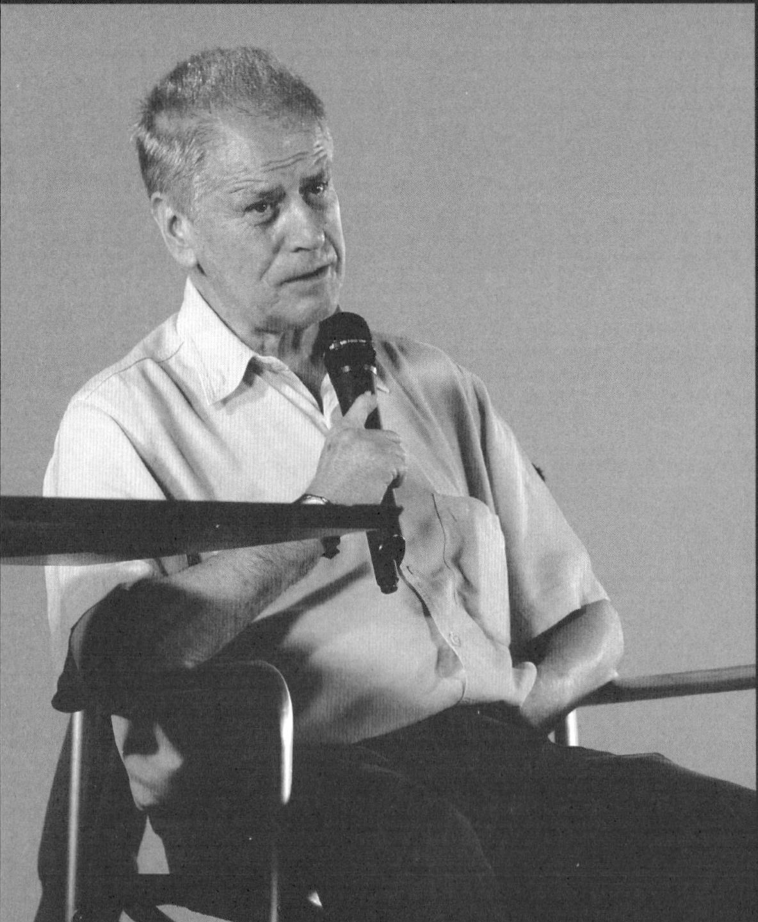

Eu sou Luiz Carlos Merten, sou jornalista de cinema, e estou aqui para conversar um pouco sobre os filmes da minha vida. Quando recebi esse convite, não vacilei, porque é uma coisa que eu gosto muito de fazer, falar sobre cinema. E ver os filmes é uma necessidade para eu poder falar sobre os filmes que eu vejo. Gosto muito de fazer isso, seja no jornal, seja no blog. Não é nenhuma presunção minha, mas eu disponho no jornal de um espaço para falar de cinema que muitos de meus colegas de outros jornais invejam. A gente dedica lá um espaço enorme para análise de filmes, embora, do meu ponto de vista, eu esteja sempre brigando por mais espaço.

Hoje em dia, vocês sabem que a imprensa, acossada por novas mídias, pela internet, reduz cada vez mais o espaço para análise. Na área de reflexão crítica, basicamente, o que nós temos hoje são resenhas, informações ligeiras. A gente tenta resistir a isso, mas não é fácil, porque as empresas estão sempre assinalando em pesquisas que o público quer a informação rápida, ligeira, que é a foto, a cor, isso e aquilo. Curioso, né, porque é tudo isso o que as pessoas já encontram na internet, então não justifica esperar pelo jornal do dia seguinte para encontrar o que já se tem hoje na internet. Vou falar sobre os filmes da minha vida.

Eu sou de Porto Alegre, no Rio Grande do Sul, e foi lá que eu comecei minha formação cultural, a ver cinema. O Rubens Ewald, que já participou de uma sessão como essa, desde pequeno anotava todos os filmes que via, como se já tivesse a premonição de que ele iria se tornar crítico de cinema. Eu nunca tive isso. Não saberia dizer o número de filmes que eu já vi, nem mesmo os filmes que eu assisti no ano, porque não costumo fazer esse tipo de inventário. Mas alguns filmes logicamente fazem parte da minha vida, me acompanham desde cedo. Antes dos filmes, me deixem falar uma coisa. Eu venho de uma família que não é particularmente letrada. Meu pai era de ascendência alemã e tinha certa cultura, inclusive cultura cinematográfica, porque ele deu a uma das minhas irmãs o nome de Marlene, em homenagem a Marlene Dietrich. Minha mãe era a típica "do lar", como se dizia, hoje nem existe mais essa figura; ela existe, mas as pessoas não se definem mais dessa maneira. Então em casa eu não recebi um estímulo intelectual muito forte. Tanto isso é verdade que eu me lembro perfeitamente da minha primeira leitura, um livro que eu comprei, o primeiro livro do qual eu tenho consciência de ter lido: uma aventura de Tarzan, de Edgar Rice Burroughs – o romance, não os quadrinhos, que eu li e me encantei. Li toda a coleção de Tarzan que saía em uma coleção da editora Globo na época. Estou falando dos anos 1950, início dos 1960.

Li todos os demais volumes da coleção, e isso de certa forma ajudou a definir um gosto meu pelo cinema de ação, pelo cinema dos tempos fortes. Eu via muito western, por exemplo, quando eu era garoto. Era um gênero muito popular no cinema americano da época, eu via muito desses filmes, o que ajudou muito na minha formação. Paralelamente, comecei a ler todos esses autores mais sofisticados – a minha primeira leitura fora de Tarzan foi Machado de Assis. Li o *Memorial de Aires* ainda garoto e me encantei, nunca mais parei de ler e reler o Machado desde então. Junto com ele, vieram grandes autores brasileiros e internacionais, e tudo isso foi ampliando o meu espectro cultural, literário, cinematográfico.

Se vocês me pedem, já que eu estou aqui para falar dos filmes da minha vida, eu poderia até tirar esse "s" e reduzir a um filme: "o" filme da minha vida. Quem me acompanha e me lê nos livros, no jornal, no blog, sabe que esse filme é *Rocco e seus irmãos*, de Luchino Visconti (*Rocco e i suoi fratelli*, 1960). Houve um evento aqui em São Paulo, no Centro Cultural Banco do Brasil, uma retrospectiva de Rainer Werner Fassbinder, e veio o ator e agora também diretor Uli Lommel, colaborador de Fassbinder e ator dos filmes dele. Ele veio para um debate com o público para mostrar os filmes em que ele participou e eu fui entrevistá-lo. A gente conversou e, conversando, eu perguntei se ele tinha isso fora do Fassbinder, um filme que o tivesse marcado muito

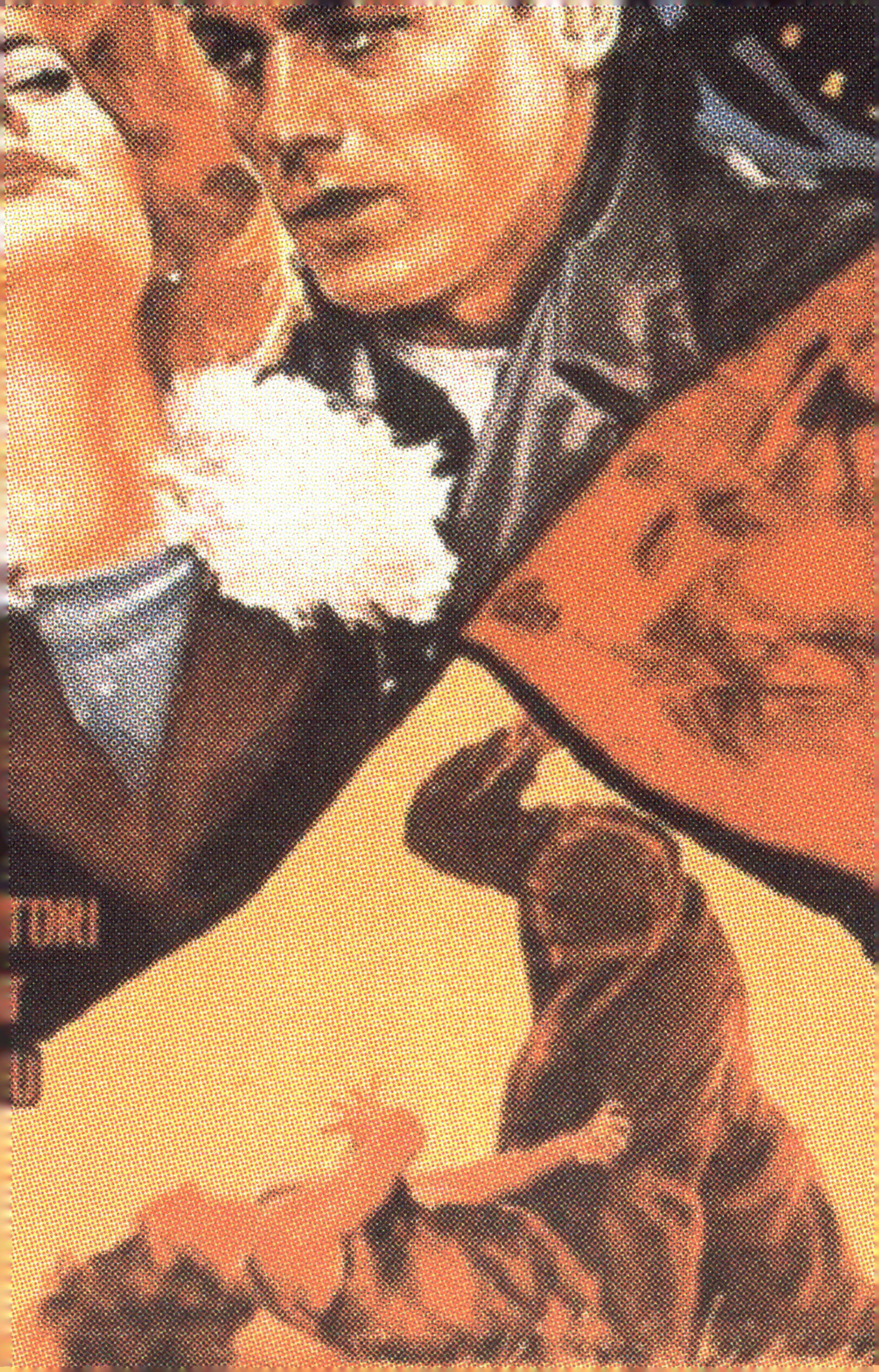

– ele me respondeu que era *Rocco e seus irmãos*. E ficamos conversando longamente sobre esse clássico de Visconti de 1960. Quando eu vi *Rocco* pela primeira vez, eu não tinha capacidade para absorver tudo o que o filme queria dizer ou tudo o que o filme dizia, conseguia dizer. Eu era muito jovem, um garoto de 12 anos. Não sei nem como eu consegui entrar, porque naquela época, eu e muitos colegas, digamos assim, a gente falsificava carteirinha de estudante, adulterava a data de nascimento para poder assistir aos filmes proibidos ou impróprios, até 14, 16 anos, seja lá o que for. *Rocco*... Era proibido até 16 anos. E eu, não sei como, me deixaram entrar no cinema. Eu era muito mirradinho, muito pequeno, com 12 anos eu era muito mais. Mas eu consegui ver *Rocco* quase na estreia, em Porto Alegre. Eu devo ter visto um ano depois da estreia, em 1962, talvez, com 13, 14 anos. E logicamente, eu era muito inexperiente para apreciar a complexidade daquele filme do Visconti. Depois disso nunca deixei de ver *Rocco*..., revi sempre. Hoje, sou um cara de 64 anos, e o Rocco... que eu vi 50 anos atrás, talvez mais, foi crescendo comigo, e eu sempre tive essa referência, esse farol, da obra do Visconti como um tipo de cinema politizado, humanista, que sempre foi o que me fascinou. *Rocco*... está disponível em DVD aqui no Brasil pela Versátil – é um filme tão famoso na história do cinema que eu acho que nem precisaria apresentá-lo para vocês. Mas eu não posso deixar de falar do impacto que o filme teve sobre mim quando jovem.

    Os anos 1960 foram marcados por grande agitação política e social aqui no Brasil. Desde o episódio da renúncia de Jânio Quadros, depois a resistência de Leonel Brizola para que João Goulart assumisse a Presidência da República, tudo o que aconteceu no Brasil até o golpe militar de 31 de março de 1964 fez com que aquela geração a que eu pertencia se politizasse muito rapidamente. Eu estudava no Colégio Estadual Julio de Castilhos, em Porto Alegre, um colégio onde o diretório, o grêmio estudantil era um dos mais agitados politicamente. Naquela época, era alinhado com a UNE – União

Nacional dos Estudantes, que criou no Rio de Janeiro o CPC (Centro Popular de Cultura), que teve uma importância muito grande, inclusive, na origem do Cinema Novo. Em Porto Alegre, Leonel Brizola deflagrou o episódio da legalidade justamente para garantir que João Goulart assumisse a Presidência da República, que os militares já queriam vetar bem no começo dos anos 1960. Tudo isso ajudou a formar uma consciência política em mim, e aí fui ver o filme que, como vocês sabem, conta a história de uma família, mãe e seus cinco filhos que chegam à cidade de Milão. Na abertura do filme, eles chegam a Milão rompendo com a estrutura feudal do *paese*, a região onde a família era radicada, onde vivia.

Em *Rocco*, havia exatamente o caminho inverso do que acontecia no Brasil. O Sul, arcaico, agrário; o Norte, Milão, industrializado. Aqui, o Norte e o Nordeste agrário, vítima da seca, do êxodo rural; e o Sul, o Sul maravilha, São Paulo, como a meca, o Eldorado da promessa, exatamente o oposto. A mãe, interpretada por uma grande atriz grega, Katina Paxinou, se refere aos cinco filhos como "unidos como os dedos da minha mão" – ela mostra essa mão várias vezes no filme para mostrar como esses filhos eram não somente parte dela, mas como eram unidos. E a cidade vai desuni-los, a família vai se desintegrar. O filme narra em capítulos a história desses cinco irmãos, como a cidade age sobre eles, que vão sendo, de certa forma, abatidos pela cidade grande. Menos dois. Visconti reserva dentro do filme três personagens. Rocco, interpretado por Alain Delon, que representa a bondade, o idealismo, o sacrifício, o sentimento cristão, e fez dele a própria alma do filme. Mas na concepção do Visconti, o filme se resolve em dois outros personagens, os dois irmãos mais jovens: Ciro, que vira um operário especializado, e Luca, ao qual o diretor destina, no final do filme, a possibilidade do caminho da esperança. Toda a família se desintegrou, mas o Ciro, na sequência final do filme, faz um discurso dizendo que ele espera, como líder sindical, um cara consciente politicamente, que o futuro seja melhor para esse irmão jovem do que foi para o restante da família; que ele possa voltar ao *paese*, à Lucania, e que lá encontre melhores condições sociais para se estabelecer, para levar a vida na própria terra como é a ideia do filme, numa sociedade idealizada onde as pessoas não tivessem de cair no mundo, na estrada, em busca de melhores condições.

Quando eu vi aquilo, para mim, foi uma revelação. Era uma expectativa, um sonho, uma sociedade mais justa, mais humana. Eu não tinha informação nenhuma sobre Visconti naquela época. Depois, mais tarde, analisando a obra do autor, estudando a figura, falando com colaboradores dele como eu tive a oportunidade de encontrar em eventos internacionais, comecei a entender melhor esse cara que nasceu conde, era um aristocrata, fez uma opção pelo marxismo e viveu sempre na contradição: um aristocrata marxista, um marxista aristocrata, um cara nascido no luxo, na riqueza, que fazia uma opção pelos pobres, e que fazia isso sem desistir do seu estilo de vida realmente luxuoso, que manteve até o fim. Bem mais tarde, encontrei uma definição do próprio Visconti, em que ele dizia que, na realidade, existem apenas duas classes sociais: os aristocratas e os marginais. E que ele, no fundo, carregava os dois, como artista, como homossexual que era. Ele era "o" marginal, dentro da sua classe inclusive, a aristocracia, por essa opção que ele fez pela revolução. Claro que Visconti morreu em 1976, não teve tempo de ver todas essas transformações que ocorreram no mundo nas últimas décadas e que redesenharam a geopolítica mundial e instituíram um outro mundo, um mundo baseado na competitividade, no dinheiro global, sem fronteiras. Confesso que, quando eu vejo *Rocco* – de vez em quando ainda o vejo –, é um filme que me causa uma emoção muito profunda. Acho que vejo *Rocco* para chorar um pouco. Um mundo em que eu acreditei, que eu acreditava que a gente poderia criar. Eu pertenço a uma geração que viveu a utopia de maio de 1968. E as coisas mudaram muito e eu nunca deixei de sonhar que um outro mundo seja possível. É, na realidade, sobre isso que eu termino sempre escrevendo, no blog, no jornal, essa possibilidade de um mundo menos competitivo, menos desumano – ou mais humano – mais baseado no equilíbrio social, uma utopia, eu reconheço. Mas essa utopia, que também está no filme do Visconti, norteou a minha preferência pelo cinema, e quem sabe até uma opção política que eu tenha feito na minha vida.

Como jornalista de cinema, eu poderia fazer aqui uma lista de filmes que fizeram avançar a linguagem e a política do cinema ao longo de todo o tempo. Poderia começar lá com Griffith, em 1915, com *Nascimento de uma nação* (*Birth of a Nation*), que estabeleceu o be-a-bá da linguagem cinematográfica. Poderia chegar ao começo dos anos 1930 com *Rainha Christina* (*Queen Christina*, 1933) do Rouben Mamoulian, com Greta Garbo, que é um filme de uma riqueza excepcional de construção e ao mesmo tempo usa procedimentos semiológicos, que a gente pode hoje em dia identificar com a semiologia, e técnicas de linguagem que foram aprimoradas por esse diretor armênio trabalhando em Hollywood, embora o filme dele não seja daqueles que a gente normalmente cita na hora de elencar os filmes-faróis na história do cinema. Não sei se vocês conhecem *Rainha Christina*, mas a Greta Garbo faz a rainha da Suécia que vive isolada no seu trono. Ela encontra um homem, por quem se apaixona. Abdica do trono por amor a ele, e no momento em que faz isso, não sabe que esse cara acaba de morrer. Ela perde o amor, perde o trono, e a história é real. Mamoulian termina o filme no momento em que Christina, tendo abdicado do trono, parte numa embarcação. Na realidade, ela foi pra Roma, e isso virou um outro filme mais tarde, com a Liv Ullman. Mas antes disso, ele constrói uma cena final extraordinária, simplesmente mostrando a Garbo no navio no momento em que ela está abandonando a Suécia para nunca mais voltar. Ela perdeu seu trono, perdeu o amor, e o diretor coloca a Garbo como se ela estivesse olhando o horizonte. E o final do filme é um movimento de câmera nesse rosto da Garbo.

O rosto da Garbo é um dos mistérios na história do cinema. Existem tratados semiológicos para identificar ou explicar por que o rosto dessa mulher tinha esse significado profundo. Nesse filme, ela não faz absolutamente nada. Ela olha, olha fixamente para um ponto e o espectador consegue ver tudo nesse rosto, que, na realidade, não está dizendo nada, é um rosto em branco, uma página em branco, a gente constrói uma história aí. É o tudo ou nada. É um momento único, mágico, na história do cinema. Vi esse filme pela primeira vez, em meados dos anos 60, quando houve uma grande retrospectiva de filmes de Greta Garbo aqui no Brasil. Não propriamente uma retrospectiva, mas os filmes da Garbo começaram a ser reprisados, em cópias novas, naquele momento, pela distribuidora Metro, na qual ela tinha sido uma grande estrela. Há pouco mais de 40, 43 anos, quando esses filmes foram relançados, eu nunca deixo de pensar nesse *Rainha Christina* como essa possibilidade infinita que o cinema tem de nos sugerir tudo não dizendo nada. Aquilo foi um marco também na minha formação. A maneira com a qual o Mamoulian cria uma cena, onde o minimalismo dessa cena até hoje é um desafio pro diretor e pro espectador. Para o diretor, precisa ter uma Garbo, que segure a intensidade de uma cena como aquela. Para o espectador, é um desafio de tentar colocar alguma coisa ali, naquele olhar ausente. Nicholas Ray dizia que o cinema é a melodia do olhar; e um olhar ausente, o que ele representa para a gente? Ele representa o que a gente constrói, o que a gente consegue construir, o que a gente consegue colocar nesse olhar. E aí é a riqueza inesgotável desse filme. Ele pode ser realmente tudo ou pode ser um espectador que chegue ali querendo ver ação, emoção, ele olha aquilo e não lhe diz absolutamente nada.

Acho que o desafio do cinema é sempre esse. Nós, os espectadores, devemos completar o que o diretor nos sugere na tela. Sempre tive essa consciência ou convicção de que o filme é do diretor até o momento em que ele o lança, que ele põe o filme na tela, em exibição. Estou falando na tela, mas hoje em dia – sei lá, dizem que o futuro do cinema está no suporte celular. No futuro, a gente vai terminar vendo filme no celular. Eu espero não viver para ver isso, porque eu nem tenho celular. Eu sou daqueles que resistem, não tenho! Espero não ver isso. A questão é essa sempre – a tecnologia muda sempre, mas o nosso papel continua a ser esse. Pegar o filme feito pelo diretor e transformá-lo numa coisa nossa, colocar a nossa sensibilidade, a nossa inteligência, a nossa cultura, seja lá o que for, para construir outro filme no nosso imaginário. E aí esse filme é nosso. São os filmes das nossas vidas, são os filmes da minha vida, os filmes da vida de vocês.

Eu estava elencando os filmes que fizeram avançar o cinema, e eu poderia chegar, claro, ao *Cidadão Kane* (*Citizen Kane*, 1941), do Orson Welles, o impacto que teve a profundidade de campo, com o campo total, que ele desenvolveu com o seu fotógrafo Gregg Toland. Poderia analisar os filmes neo-realistas, principalmente os filmes do Roberto Rossellini, quando o Rossellini cria... cria não, destrói uma das pedras de toque do cinema de Hollywood. Hollywood sempre celebrou o roteiro, e é tema de polêmica, até hoje, quem é o autor de *Cidadão Kane*, se é o diretor Orson Welles ou o roteirista Herman Mankiewicz. Eu não tenho dúvida, é Orson Welles, porque ele pegou o roteiro e o transformou numa arquitetura dramática do ponto de vista do plano, da montagem, da relação ator-cenário. Então, o autor para mim é ele. Mas essa discussão existia e existe. O que o Rossellini fez foi abrir mão do roteiro. Ele fez filmes sem roteiro, e isso foi uma revolução nos anos 1950. *Viagem à Itália* (*Viaggio in Italia*, 1954) virou um clássico, um desses filmes-faróis na história do cinema que influenciou muito a Nouvelle Vague.

E aí, a gente chega à própria Nouvelle Vague. Digamos a Jean-Luc Godard, a *Acossado* (*À bout de souffle*, 1960), que é um marco desse cinema que terminou influenciando gerações de cineastas em todo o mundo, inclusive aqui no Brasil, a geração do Cinema Novo. Essa é uma lista de crítico que tenta enumerar filmes pela sua importância histórica, pelo que eles fizeram avançar do cinema. Mas outra coisa é essa lista que eu faço aqui. Os filmes da minha vida são filmes que não são necessariamente os mais importantes da história do cinema. Não citei nessa lista dos filmes fundamentais, como também não coloquei na lista dos filmes da minha vida, um filme que eu não sou louco de tentar ignorar, que é o *Encouraçado Potemkin* (1925) de Eisenstein. Aqueles sete minutos de montagem da escadaria de Odessa são talvez a sequência mais influente, a mais analisada, a mais dissecada da história do cinema. E não sou eu, em absoluto, que vou querer negar essa importância. Mas eu tenho cá comigo que a importância histórica da sequência da escadaria de Odessa para o cinema politizado, principalmente dos anos 50 e 60 é para o início, para o advento da televisão, quando as técnicas do Eisenstein foram incorporadas aos telejornais – pouca gente fala disso, mas é verdade.

Eu tenho a impressão, em 1960, quando Alfred Hitchcock fez *Psicose* (*Psycho*), ali, na cena do assassinato da Marion Crane, da Janet Leigh, no chuveiro, uma sequência imitadíssima, Brian de Palma tem uma verdadeira fixação nessa sequência, que ele distribuiu pelo cinema dele inúmeras vezes. Aquelas 70 posições de câmera que o Hitchcock utilizou durante os 43 segundos de filme, menos de um minuto, significam que aqueles planos batem menos de um segundo na tela, aquilo terminou dando origem à revolução da MTV e isso é uma coisa extraordinária, goste-se ou não, eu não estou estabelecendo aqui nenhum juízo de valor. Mas é a estética dominante hoje, seja no clipe, no audiovisual, no próprio cinema de Hollywood, nessa estética dos efeitos.

Então existe essa lista, dos filmes importantes, e existe a dos preferidos. Por exemplo, eu falei de *Rocco e Seus Irmãos*, mas outro filme pelo qual eu tenho um amor infinito na minha vida é um western do John Ford, *Rastros de ódio*. Um filme que ele fez em 1956 com John Wayne. *Rastros de Ódio* chama-se no original *The Searchers*, os que procuram. No início do filme, abre-se uma porta, ele está chegando numa

JOHN WAYNE

ARCHERS

THE GREAT
RICAN WESTERN

casa, ao fundo é uma paisagem de faroeste, uma pradaria imensa. Ele chega à casa do irmão e percebe-se, rapidamente, que ele amava a cunhada. Mas ele foi para a guerra, partiu, e ela terminou casando com o irmão. Ele virou um personagem errante. Tudo isso é contado com uma extrema economia de meios, nessa sequência inicial do filme. E aí ocorre o ataque dos índios, que destroem a casa, matam a família e sequestram uma menina. O John Wayne e um mestiço, meio branco, meio índio que pertencia à casa, partem à procura dessa menina que foi sequestrada pelos índios. Eles fazem uma odisseia pelo Velho Oeste. Partem em busca da personagem que vai ser interpretada depois pela Natalie Wood – era interpretada primeiro pela Lana, irmã da Natalie e um pouco mais jovem –, e o John Wayne passa o filme todo perseguindo essa menina porque ele quer matá-la, porque ela virou uma *squaw*, uma branca que presta favores sexuais, que é incorporada à tribo. Esse cara é um racista radical.

Na sequência final, quando ele a encontra, é um momento realmente mágico da história do cinema. Godard fez uma análise muito grande desse filme e do final, pensando na figura do John Wayne. O John Wayne esculpiu uma persona cinematográfica, um mito de herói irrepreensível. Mas na vida ele era um republicano ferrenho. O Godard escreveu sobre como era possível odiar John Wayne quando ele apoiava o reacionarismo, a política republicana de Barry Goldwater que concorria à presidência dos Estados Unidos e representava a tendência mais à direita do Partido Republicano em 1964. Como era possível odiar John Wayne por isso e, ao mesmo tempo, amá-lo e achar que ele era o personagem emblemático, a figura mais grandiosa do cinema quando ele abria os braços para receber a Natalie Wood na sequência final do filme. Ford é chamado até hoje de Homero do cinema americano, porque fez do seu cinema uma análise contínua. Transformou a Odisseia no tema do cinema dele. O cinema de John Ford narra basicamente a odisseia de grupos errantes. Pode ser de pioneiros, negros, índios, brancos, não importa. Ele fez a crônica dessas comunidades errantes que formaram o imaginário dos Estados Unidos, do imaginário americano. Transformou isso na carta de nobreza de um gênero, o western, que ele achava que era a maior contribuição dele para a história do cinema. Certa vez, para se definir, ele disse justamente isso: "Meu nome é John Ford, eu faço westerns". Ele tinha ganhado Oscars por filmes mais engajados, sociais, mais artísticos digamos, mas preferia ser reconhecido pelos westerns.

Em 2009, realizei um dos sonhos da minha vida. De tanto ver western do John Ford, com John Wayne, de tanto ver Monument Valley, aquele cenário grandioso no Utah, na divisa de Utah com Arizona, em que John Ford fez os seus westerns, eu sempre quis ir lá. E eu fui, há dois meses eu fui. Foi uma emoção muito grande. Era uma coisa de cinéfilo mesmo, passear por aquele cenário. Eu fiquei num hotel dentro de Monument Valley, chamado The View. Foi inesquecível para mim, porque o hotel tem uma parede branca, e essa parede branca eles transformam à noite numa tela imensa onde passam os westerns do John Ford. Eu fiquei lá três noites e via a cada noite um filme. Olhava para a tela e quando me virava, Monument Valley estava ali. Era noite, mas tinha a lua. E dava para ver aqueles montes com aquela formação característica, como silhuetas escuras dentro da noite. Para mim foi uma emoção muito profunda. A materialização de um dos filmes da minha vida. O reencontro ao vivo com o cenário de um dos filmes da minha vida. Aquilo foi uma experiência... Vocês podem até achar: "que bobo". Mas o cinema, quando vira uma coisa muito importante na vida da gente, leva a essas fantasias. E realizá-las, como eu tive esse privilégio, foi realmente uma emoção para mim.

Poderia citar outro filme do John Ford que eu amo muito, *Depois do Vendaval* (*The Quiet Man*, 1952), que ele fez com John Wayne, de novo, e Maureen O'Hara. O John Wayne é um pugilista que volta para a cidade e que nasceu na Irlanda (John Ford era irlandês). Ele fez esse filme para recuperar as tradições irlandesas dos seus ancestrais. Criou uma cidade idílica, uma utopia. Não filmou numa cidade real. Ele criou uma utopia, essa cidade aonde chega o John Wayne, a Odisseia de novo, Ulisses voltando para casa. Ele chega e se apaixona por uma mulher da cidade, que é a Maureen O'Hara. Eles se casam, mas o irmão da Maureen não quer pagar o dote a que ela tem direito. E o John Wayne não se importa porque, logicamente, ele não se casou pelo dinheiro. Mas ela quer o dinheiro que é dela. E ela força uma situação em que os dois terminam se enfrentando num duelo a socos. É uma sequência realmente de antologia. Muita gente acha que esse é o filme mais machista da carreira do John Ford e, no entanto, é muito curioso isso, feministas americanas de carteirinha amam esse filme e fizeram análises desse filme e viram que, apesar de ele ter toda a conformação de ser uma obra profundamente machista, elas o viram pelo ângulo da mulher com uma riqueza extraordinária.

Hiroshima, meu amor (*Hiroshima, Mon Amour*, Alain Resnais, 1959) é um filme da minha vida, e com certeza, de todos os filmes da Nouvelle Vague, é o filme que eu carrego no coração. É impossível ser cinéfilo, amar Resnais e não ter visto *Hiroshima, meu amor*, e até mais do que isso, não se encantar com os enigmas e significados desse filme. Um homem e uma mulher encontram-se em Hiroshima, onde ela participa da rodagem de um filme sobre a bomba atômica. Resnais havia sido contratado por um consórcio franco-japonês para fazer um filme sobre a bomba atômica. Tinha feito antes um filme sobre os campos de concentração, um curta chamado *Noite e neblina* (*Nuit et brouillard*, 1955). Achou que estava se repetindo, refazendo *Noite e neblina* nesse seu filme sobre a bomba atômica. Convocou então Marguerite Duras, e eles criaram o roteiro único de *Hiroshima, meu amor*. É um filme tão marcante para mim que sei lá... Talvez vocês precisassem ter sido jovens em 1960 – e eu devia ter uns 15 anos quando vi o filme em Porto Alegre – para sentir o que era a emoção de ver aquele filme. Os diálogos até hoje eu sou capaz de repetir. O filme se abre com imagens de corpos,

HIROSHIMA MON AMOUR

um homem e uma mulher abraçados, e no ardor da paixão, os corpos parecem incandescentes e Resnais filma como se eles estivessem envoltos na poeira atômica.

E o filme começa com a voz do homem dizendo: "Tu n'as rien vu à Hiroshima", "Não viste nada em Hiroshima". E aí a mulher, Emmanuelle Riva, começa com um fluxo de consciência: "Oui, j'ai tout vu à Hiroshima". Ela começa a falar que viu tudo, que os museus mostram tudo, o horror, o extermínio. E ele, sempre ritmado, a interrompe: "Tu n'as rien vu", "Tu não viste nada". Essa antinomia dos dois é impressionante, o início do filme dura, sei lá... As sequências que mostram a bomba, os efeitos da bomba em Hiroshima devem demorar 10 minutos de filme, se tanto, nunca contei. Mas o Resnais concentra no início do filme a encomenda que era o filme sobre a bomba atômica, e se concentra depois disso na história do casal. Essa mulher tem esse encontro com esse japonês, eles têm uma noite de amor, de manhã ela está no banheiro, volta para o quarto, olha o amante que está deitado de bruços na cama. Ele faz um pequeno movimento com a mão, dormindo, e aquele movimento com a mão traz uma lembrança – aparece um plano muito curto de um soldado caído no chão e também repetindo aquele mesmo movimento de mão. E aí o filme se constrói em dois tempos. Vocês sabem disso, mas eu não resisto a falar. Porque falar sobre filmes para mim é tão prazeroso quanto vê-los. É uma coisa que eu simplesmente não resisto.

O filme então desenvolve essas duas histórias. Durante a Segunda Guerra, essa mulher se apaixonou por um soldado alemão durante a ocupação. Ela tem um romance proibido e, quando a França foi liberada, ela foi humilhada publicamente como ocorria com as colaboracionistas, teve a sua cabeça raspada e tal. E o amante, claro, tinha sido morto pela resistência. Ela é escondida pela família num porão, passa por uma dor profunda, ressurge das próprias cinzas, como Hiroshima vai ressurgir depois da bomba. Ela vai para Paris, vira uma atriz, vai para o Japão e se envolve com um japonês. As duas histórias de amor são narradas em paralelo, e é uma tendência forte do cinema do Resnais, o homem tentando tirar da mulher esse fluxo de consciência. Ele está o tempo todo incentivando essa mulher a falar e ela pergunta: "Por que tu queres saber do meu passado em Nevers?", que é a cidade onde ocorreu a história com o alemão. E ele responde: "Porque foi lá que eu tenho a impressão que tive o risco que eu corri, o risco de te perder". Eu não sei se essas coisas são estimulantes quando eu conto para vocês. Mas no meu imaginário, talvez por eu ser muito garoto, por eu não ter uma vivência amorosa ou humana muito profunda – quem pode ter isso aos 15 anos, não é? Esse filme foi uma revelação, e desde então, que nem com *Rocco e seus irmãos*, eu nunca mais deixei de ver *Hiroshima, meu amor*, e cada vez que eu vejo é outro filme. O filme muda comigo, eu mudo com o filme. E eu descubro coisas, e é o que me encanta no cinema, essa ideia de que a gente pode sempre descobrir coisas.

Aliás, o Manoel de Oliveira disse isso num debate em Cannes certa vez, que a originalidade não está em fazer uma coisa pela primeira vez, é a maneira como a gente vai descobrindo e transformando a coisa mais velha do mundo em algo teu, pessoal, e consegue erigir disso um monumento para ti, para a tua vida. E é isso que eu faço continuamente quando eu vejo *Rocco...*, *Hiroshima, meu amor*, quando eu vejo outro filme que é uma das obras mais encantadoras do cinema para mim, que é o filme do François Truffaut, *Jules et Jim* (1962), com Jeanne Moreau disputada por aqueles dois homens, Jules e Jim, os dois amigos. E ela, com ternura e crueldade, passa de um para o outro. Se eu penso no Truffaut como cineasta romântico, que desconfiava do romantismo, que amava as mulheres mas desconfiava das mulheres, eu tenho a impressão de que esse talvez seja o filme-síntese da carreira dele, porque é o que melhor expressa uma crença do Truffaut, um sentimento que eu tenho analisando o cinema dele: de que os seus filmes passam para a gente essa saudade das coisas mortas, das coisas que estão desaparecendo e das coisas vivas que a gente já está esquecendo. Não sei se vocês entendem o que eu estou querendo dizer; o Truffaut era um crítico de cinema que tinha um conhecimento enciclopédico sobre Hollywood, sobre cinema europeu. O cinema dele tem muito essa nostalgia de uma imagem, de um imaginário, que vai sendo substituída, e que no fundo ele tentou recriar em vários de seus filmes por meios de homenagens a autores que ele amava.

Eu gosto demais de *Jules et Jim*, é um filme que me encanta até hoje, ver Jeanne Moreau cantar *Le Tourbillon de la vie*, o *Turbilhão da vida*. Não sei se vocês se lembram: de noite, Jeanne Moreau vai para frente do espelho, e ela fica... essas coisas que as mulheres fazem para tirar a maquiagem. Ela passa um creme no rosto e o Truffaut filma a cena de um jeito. Ela está frente ao espelho, o cara está deitado na cama, olhando, e a cena é longa, porque a sensação é de tempo real, o tempo que a mulher leva para tirar a maquiagem aplicando um daqueles cremes. O que significa aquilo? Se a gente pensar do ponto de vista da progressão dramática para fazer evoluir a história, é nada. Não tem significado nenhum. Mas nós ficamos colocados na situação do cara deitado na cama, a fascinação pelo gesto, pelo eterno feminino, é de uma beleza... A gente pode ler tudo naquele gesto, pode ver tudo. Embora também possa ser nada.

Mas embora eu ame esse filme, o meu Truffaut preferido, um dos filmes da minha vida é outro que ele fez depois, chamado *O garoto selvagem* (*L'enfant sauvage*, 1970). Um filme que ele fez em 1968, ou 1969, contando a história de Victor, um garoto que é recolhido da floresta, onde foi criado por lobos, e sobreviveu entre animais selvagens. Ele virou um garoto selvagem e é trazido para a civilização. O próprio Truffaut faz o professor Itard, que apadrinha o menino, estuda o caso dele e tenta ensinar-lhe os signos da linguagem para que ele possa integrar-se à vida social. Esse tema do aprendizado é um tema recorrente na obra do Truffaut. Mas o que eu acho genial nesse filme, e me comove cada vez que eu vejo, é a ideia do instinto em choque com a cultura, o instinto contra a civilização. E tem uma cena do filme em que o Victor, criado entre lobos, sai de dentro da casa, é noite e tem lua cheia. O Victor então uiva como um lobo, olhando para a lua. Aquilo é de uma dor para mim... Vocês me desculpem, mas até para falar é uma coisa muito difícil. Para mim, é um dos momentos viscerais da história do cinema. Imagino que não deva ser para os outros, mas para mim é. O que aquilo me diz, o que aquela dor me contamina. Toda a força do cinema está ali. E se eu for pensar nessa sequência, nessa dor do Victor, eu penso num grande filme de 1931, de Fritz Lang, o *M, o Vampiro de Dusseldorf* (M), com o Peter Lorre, na cidade de Dusseldorf, no alvorecer do nazismo. Esse filme é considerado hoje como o filme que antecipa o clima na Alemanha de Hitler. Ele termina numa sequência em que esse assassino começa a prejudicar as atividades do mundo do crime porque a polícia fica muito alerta para tentar prendê-lo. Então a própria criminalidade se reúne para prender o cara, e eles conseguem localizar e prender o M, a letra que colocam na espalda do Peter Lorre. Ele então é levado para um porão, para um subterrâneo, onde é julgado, e o grupo começa a pedir a morte do M, a proclamar o ódio racial, a discriminação, uma violência latente do nazismo que o Fritz Lang já intuía naquele momento, sabia que ia acontecer. Aí, o Peter Lorre, condenado por aquele júri, logicamente sem legalidade nenhuma, dá um grito. E esse grito é um dos pedidos de socorro mais desesperados que uma câmera de filmar já registrou.

É uma coisa que me impressiona muito, de como o gênio, o talento de alguns diretores consegue criar esses momentos emblemáticos, e como eles estão sempre ligados a uma figura, a uma epiderme, a um ator. Como essa figura é fundamental, no cinema a gente quase não se dá conta disso, mas o cinema começa e se dilata na epiderme do ator, que é um instrumento que o diretor utiliza para nos passar a sua reflexão. Alguns de vocês podem me dizer: "mas essa é uma reflexão antiga, o cinema mudou muito, o cinema faz mui-

EIN
FRITZ LANG
FILM
DER NERO

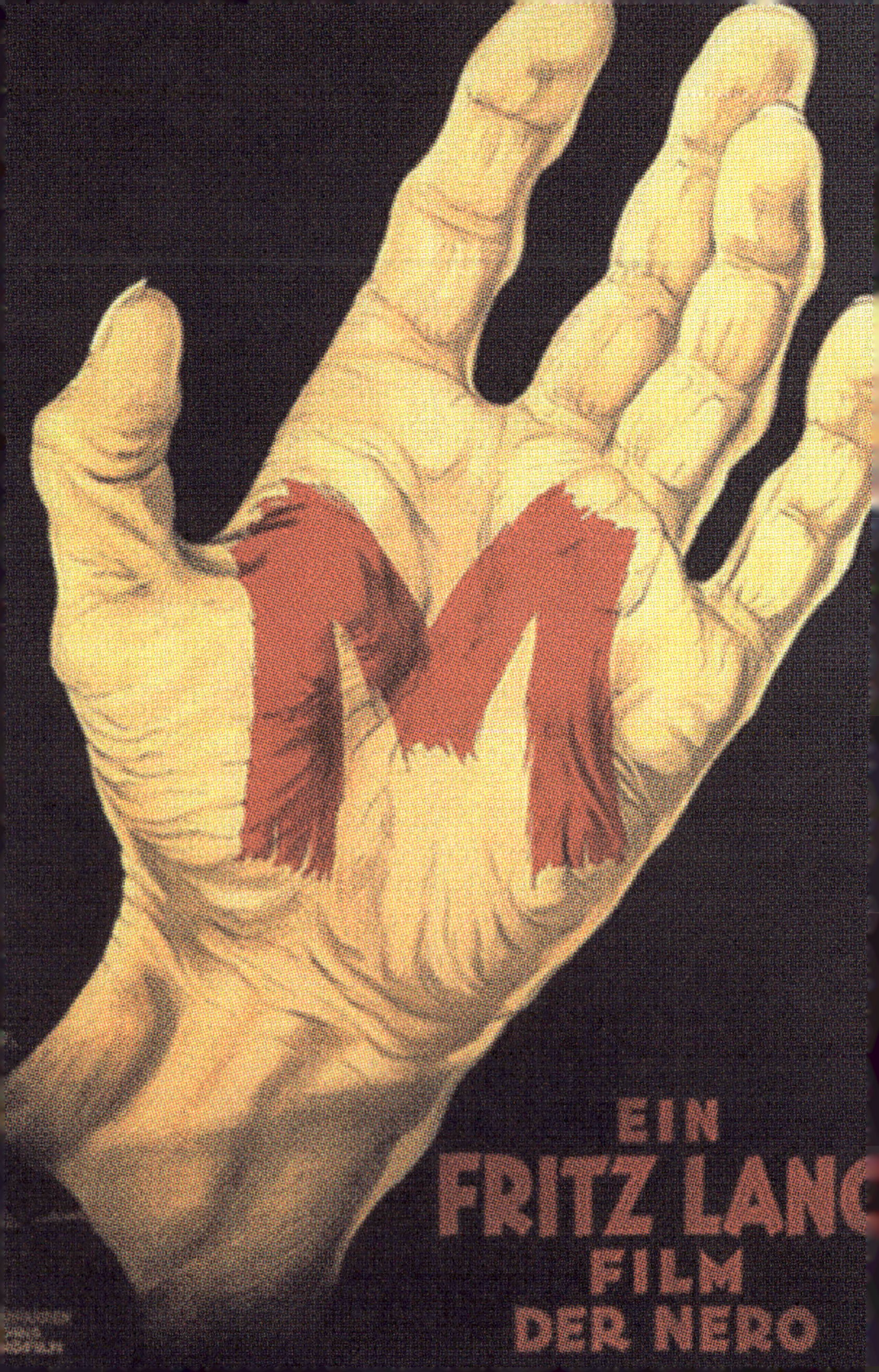

tas pesquisas". Mas esse território do rosto do ator, da sua epiderme, do seu corpo, isso continua fundamental na história do cinema. A gente poderia citar Dreyer com o seu martírio de Joana d'Arc (*A Paixão de Joana d'Arc, La Passion de Jeanne d'Arc*, 1928), como é possível citar um filme do Abbas Kiarostami exibido na Mostra, *Shirin* (2008). Nesse filme, a gente ouve uma representação, não sei se é uma peça, um filme, de um poema do século XII, ele constrói todo o filme só no rosto do público que está vendo essa representação, e esse público é formado por mulheres. O que significam esses rostos? É um desafio para vocês tentarem identificar, resolver, o que significa isso, qual é a proposta? De qualquer maneira, é um reconhecimento de que o cinema fala com a gente por meio de atores. Eu teria tantos filmes para falar com vocês. Acho que eu já me estendi demais. Mas pensem assim no cinema um pouco com essa ideia, o fascínio da figura do ator. Pensem no Alain Delon, como o Rocco, no filme do Visconti, o meu filme preferido. Visconti escolheu o Delon porque ele tinha o rosto angelical, porque ele queria que o Rocco se transformasse na imagem da bondade, do idealismo, da pureza, e o Delon representa tudo isso no filme do Visconti. Mas no mesmo ano, outro diretor, René Clement, viu outra coisa no rosto do Alain Delon e o transformou num assassino frio e implacável no filme *O sol por testemunha* (*Plein soleil*, 1960). E talvez o Clement tivesse mais razão, pois o Delon prosseguiu sua carreira fazendo muito mais durões, assassinos profissionais do que personagens com a bondade do Rocco.

Pensem na Vivien Leigh num filme do Elia Kazan, *Uma rua chamada pecado*, que foi como se chamou no Brasil *A streetcar named desire* (1951) quando ela diz aquelas frases da Blanche Dubois, a personagem do Tennessee Williams, que ela vive da bondade de estranhos. É preciso uma sensibilidade muito especial, um talento muito especial dos atores para passarem essas ideias simplesmente com seu corpo. Eu termino agora, poderia continuar falando indefinidamente sobre meus filmes cults, sobre os filmes da minha vida, sobre mais um filme de aventuras, *Hatari!* (1962) do Howard Hawks, com John Wayne; eu poderia falar do *Moulin Rouge*, do Baz Luhrman (2001), que todo mundo detesta e eu amo de paixão. Poderia falar de muitos outros filmes que me encantaram e me encantam, mas vou falar de um filme que vi na Mostra, chamado *Sedução* (*An Education*, 2009), de uma diretora dinamarquesa chamada Lone Scherfig, que já foi do Dogma. É um filme que se passa na Inglaterra, na passagem dos anos 1950 para os anos 60. O filme é sobre o rito de passagem da menina, mas é sobretudo sobre uma mulher que precisa se perder para se achar, sobre as transformações sociais que ocorreram no mundo e no próprio cinema naquele período. Emma Thompson faz a diretora da escola. A Emma tem duas cenas no filme. Ela não fica nem 5 minutos em cena. Mas o que ela faz, o que ela transmite pelo olhar, pela palavra, pelo gesto, me deixa sem fala.

PERGUNTA: O QUE VOCÊ GOSTA DO FELLINI?

O Fellini é um diretor por quem eu tenho uma admiração profunda, mas não tem nenhum filme do Fellini que eu pudesse dizer "esse é o filme que eu carrego na minha vida". Talvez fosse o *Oito e Meio* (*Otto e mezzo*, 1963), um filme que fala da crise autoral do Fellini, mas ele era um mentiroso tão grande que simulou a sua crise para fazer um dos seus filmes mais ousados, inventivos e criativos. O que me encanta no *Oito e Meio* é a combinação perfeita de música e imagem – é o audiovisual na realidade. Eu detesto essa concepção do cinema hoje em dia como audiovisual, porque ela engloba tudo e desnaturaliza o cinema da sua linguagem essencial. Ela vira outra coisa, audiovisual pode ser televisão, pode ser outra coisa, sei lá, qualquer coisa. Não é o cinema que eu gosto, que eu prefiro. Mas quando eu penso num filme como *Oito e meio*, é essa combinação da imagem com a música do Nino Rota. Eu falo e as imagens me vêm inteiras do filme. Tem os momentos do Guido Anselmi como garotinho, quando o Fellini se projeta nesse diretor de cinema, e esse diretor se volta para o próprio passado. Quando o Anselmi lembra dele mesmo indo para a escola, com aquela capa, escura, preta, e ele passa por aquela figura, a Saraghina, a indesejável do vilarejo justamente porque ela é um objeto de desejo dos homens. Uma mulher em estado bruto de sexualidade. A Saraghina na obra do Fellini, tudo bem, já havia um pouco disso na Anita Ekberg de *A Doce vida* (1960), mas a Saraghina inaugura a galeria das mulheres gordas, imensas, com seios enormes, bundas, sei lá... aquelas figuras que foram ficando cada vez mais grotescas nos filmes do Fellini. E quando o menino diz para Saraghina, "la rumba! la rumba!", vocês se lembram dessa cena? Ela começa a dançar, é uma coisa tão mágica. Se eu tivesse que tirar o meu momento do cinema do Fellini – talvez eu esteja até fornecendo uma chave psicanalítica para mim mesmo –, seria o deslumbramento daquele menino pelo enigma daquela mulher devoradora. Aquilo é de uma beleza excepcional. Eu nunca consigo pensar no cinema do Fellini sem associar com a música do Nino Rota. O Fellini era um gênio, mas ele é um gênio que se completava na parceria com o Nino Rota, e tudo o que eu penso do Fellini vem sempre acompanhado pelo som. Eu não consigo pensar nele que não seja em relação com o Nino Rota. Obrigado!

"FILMES COM IDADE CERTA PARA VER..."

—CAFFÉ, ELIANE

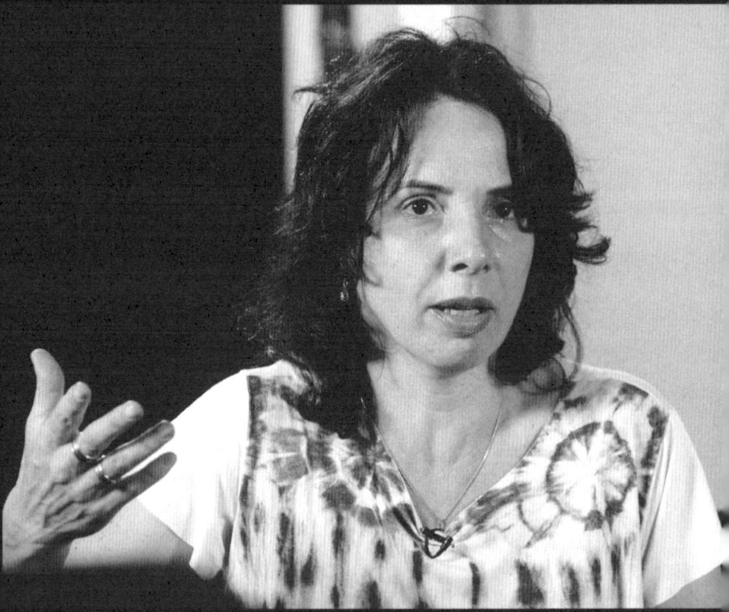

Quando recebi esse convite, foi bom para organizar um pouco as ideias já que nunca havia pensado muito neste assunto. De certa maneira, minha relação mais forte foi mais com a literatura do que com o cinema. Em termos de experiências que deixaram marcas intensas, me recordo mais de livros do que de filmes. Por isso, foi bom fazer este exercício de memória e resgatar os "filmes da minha vida". Existem filmes maravilhosos, mas, muitas vezes um filme que te impressiona pode ser um filme que você "não" gostou quando assistiu, e mesmo assim, por alguma razão você o carrega pela vida afora. Existem muitas maneiras de se fazer um recorte para encontrá-los; optei por fazer uma listagem dos filmes pensando numa relação autobiográfica, seguindo a cronologia da minha vida mesmo, sem procurar uma sistematização de filmes pelo lado estético, ligado à formação que tenho hoje.

O primeiro contato com a sala escura foram os filmes do Tom e Jerry. Eu era muito pequena, devia ter uns cinco, seis anos, e lá em casa éramos 4 irmãos. Vivíamos em Santo André e meu pai levava as meninas maiores (eu e minha irmã mais velha) para as matinês de domingo. Era um passeio sistemático, pois meu pai adorava aqueles desenhos, talvez mais do que nós, as crianças. É uma visão que lembro muito nitidez: a gente chegava, comprava a pipoca, entrava na sala do cinema e meu pai buscava o assento do meio e punha com cada filha ao lado dele. E então, ele não tirava mais os olhos da tela e ria com as peripécias do gato e do rato de um jeito alto e escandaloso. Minha irmã e eu morríamos de vergonha. Essa foi a primeira relação com o cinema, através desses desenhos e das gargalhadas espontâneas de nosso pai. Hoje quando revejo os desenhos na televisão, não reconheço mais aquela ingenuidade e humor transbordante; mudou muito. Na minha geração e de muitas pessoas, os desenhos antigos do Tom e Jerry ainda projetam-se na lembrança de modo muito forte.

LFRED
HTCHCOCK'S

Depois, cresceram mais dois irmãos, e ficamos seis na família. No sábado à noite, havia um horário na Globo dedicado a passar filmes na TV (acho que era "sessão premier"). A família inteira se juntava na sala na expectativa de ter um bom filme de ação. Recordo perfeitamente de uma vez quando passou um filme do Hitchcock, *Os Pássaros* (*The Birds*, 1963). Era um filme diferente, que tinha um pé ali na ficção científica, que abordava a questão da natureza descontrolada. Meu pai, que sempre foi apaixonado pela filosofia, pela ciência, ficou encantado com esse filme. E nós todos capturados por aquele modo de fazer suspense diferente. Quando terminou o filme, houve uma reação de revolta em toda a família. Principalmente de meu pai que dizia: "Que absurdo, como é que eles passam um filme desses, que tem esse grau de tensão, de trama tão bem feita e cortam o final do filme?!". A televisão cortou o final do filme!!! A gente não entendia que o final era aquele mesmo; sem nenhuma explicação de os pássaros atacarem os humanos. Naquela época, era muito importante ter a explicação. Isso me marcou muito. Esse foi um filme que depois, já maior e já trabalhando no cinema, eu resgatei em muitas "oficinas" que coordenei. Comecei a estudar e vi que tem um trabalho de som maravilhoso em *Os Pássaros*.

Ainda no âmbito da família, agora todos já adolescentes, um dia fomos ao cinema para assistir "*2001, Uma Odisseia no Espaço*" (*2001, A Space Odyssey*, Stanley Kubrick/ 1968). Eu saí do cinema, nossa... Ainda tem aquela coisa da pedra filosofal. De volta para casa, todos no carro, conversamos muito sobre o sentido daquele filme. Foi um grande marco na época. Também revi esse filme depois, e, embora ache que algumas coisas do filme envelheceram, ainda é espetacular em seu conteúdo filosófico. E tem aquele momento, que meu pai achava maravilhoso, a maior elipse do cinema, quando o macaco joga o osso para o alto e ele se transforma na nave espacial. "*Que coisa genial, só o cinema para fazer uma coisa dessas*" – dizia ele.

Depois assisti *Apocalypse Now* (Francis Ford Coppola, 1979), que revi várias vezes. É um dos filmes que falam sobre a questão da irracionalidade da guerra como um componente inerente ao ser humano. Outro dia, fui ver o filme do Tarantino, *Bastardos Inglórios* (Inglorious Basterds, 2009) e pensei muito nisso. Para mim *Apocalypse Now* ainda é melhor. O do Tarantino é um filme extremamente bem filmado, com uma maturidade técnica e de direção de atores maravilhosa. Mas por mais que você não queira ser rígido, de ficar repetindo aquela história da hegemonia da ideologia americana, de novo, você vê: poxa, os americanos ali, de novo, com um filme atual, um diretor tão radical, a princípio. E no fim, aparecia essa coisa dos americanos salvando o Ocidente do pior mal que a História já registrou que é o nazismo. Eles é quem matam o "Hitler"... por que não a personagem da judia ou então um russo? Não é pelo fato do filme ser uma comédia, pois a comédia pode ser muito corrosiva e crítica, uma ferramenta muito poderosa. Não é pelo fato de ser um filme que trabalha na sátira, mas por ser uma questão que se referencia no mundo de hoje. Ou seja, quando os Estados Unidos ocupam pelo menos dois países explicitamente, o Afeganistão e o Iraque, eu ficava imaginando aqueles jovens "muçulmanos" escalpelados... Era a questão do terrorismo permitida, até desejada; aquela cena do filme do Tarantino é uma catarse do Ocidente sobre o "outro" ameaçador.. Creio que há 10 ou 20 anos, os filmes sobre conflitos da guerra tinham uma densidade que hoje em dia é raro vermos no cinema. Não acho que seja por leviandade, nada disso. É por uma questão de uma crise muito forte de referenciais que a gente vem vivendo. O *Apocalypse Now* para mim ainda é um filme aberto. É um filme que diz muito, do que poderia ser a experiência de guerra, mais do que qualquer filme que eu tenha visto ultimamente (com exceção dos filmes do leste Europeu e alguns asiáticos). Mas, estes chegam dificilmente nas telas.

Depois veio *Deus e o diabo na terra do sol* (Glauber Rocha, 1964), que eu vi pela primeira vez quando eu estava fazen-

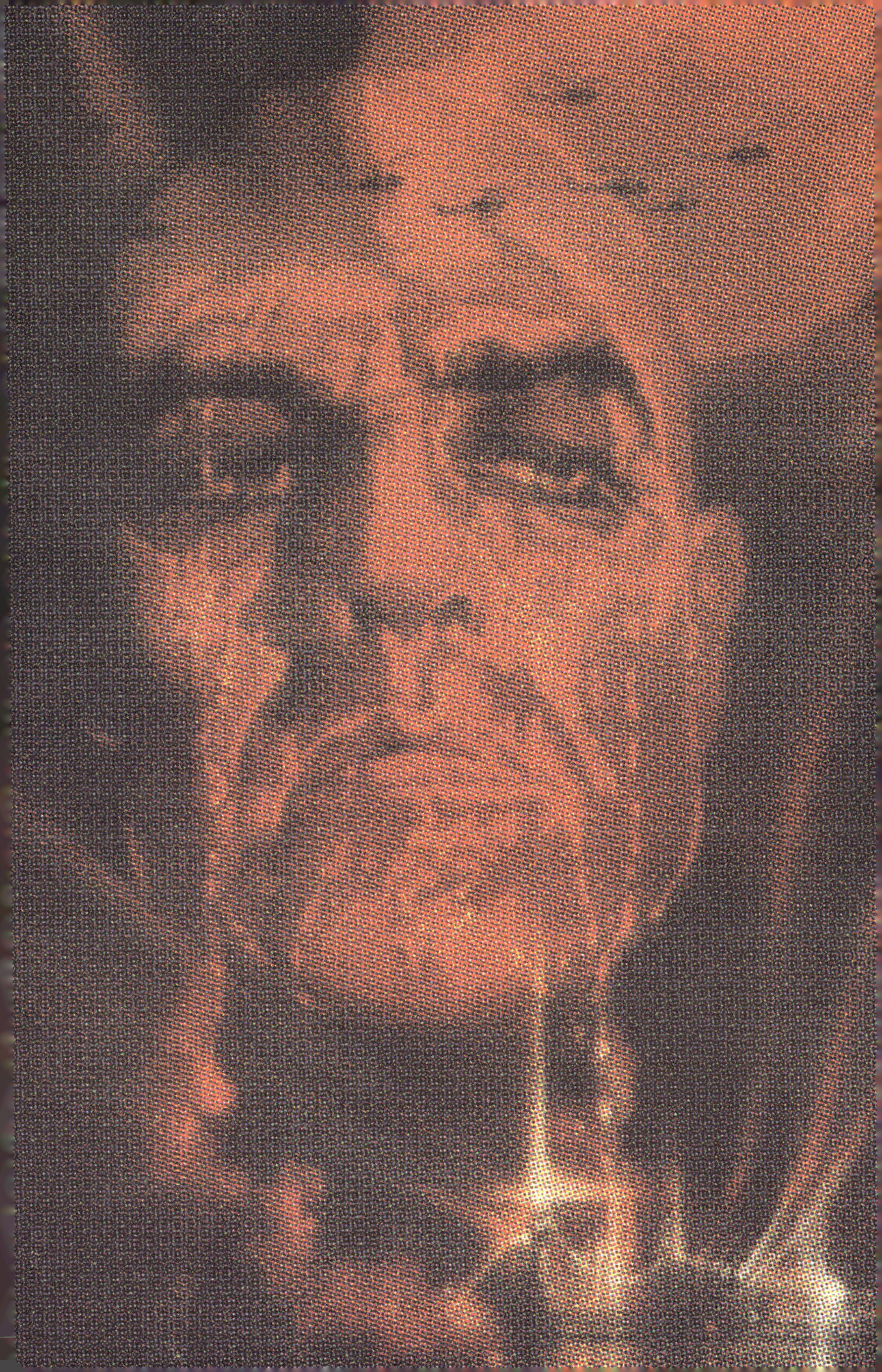

do psicologia na PUC (Pontifícia Universidade Católica). Eu me formei em psicologia, tinha lá o cineclube da faculdade. E era aquele filme que todo mundo tinha que gostar. Você tem que gostar desse filme. É como o Baby da Família Dinossauro, que nasce e fala: "Você tem que me amar, você tem que me amar". Eu fui assistir o filme e tinha que gostar dele. Mas eu não conseguia, não entrei no filme. Não conseguia entender, não via a hora que terminasse para sair dele. E aí, passaram-se 15 ou 20 anos. Eu estava em Paris, e havia um grupo de brasileiros que estava exibindo filmes brasileiros, e lá estava de novo o *"Deus e o Diabo..."*. E....de repente, o filme bateu no estômago e no coração. Saí do cinema com ele em todos os poros. Para fazer o Os *Narradores de Javé"* (2003), meu segundo longa, pesquisei muito sobre a questão da religiosidade no Nordeste, e por consequência fui cair na coisa do fanatismo, dos cangaceiros, Lampião. Aí, comecei a devorar essa literatura e creio que por isso, fui entendendo e entrando em tudo o que estava acontecendo ali, nesse filme visceral que é *Deus e o Diabo na terra do Sol*. Fiquei maravilhada com o filme. Eu consegui a chave para entrar na significação do filme e achei excepcional. Era um filme que punha em imagem toda aquela coisa que eu estava estudando e conseguia ver de uma maneira muito dialética, aquilo colocado com uma poesia árida e cheia de subtextos. Não era uma coisa maniqueísta, era uma ferida muito viva e aberta. Eu redescobri o filme. Acho que tem filmes que você tem que ter a idade certa para ver, filmes que exigem certa maturidade para você compreender e achar a beleza. Esse foi um filme que me marcou muito, depois li o livro do Luis Carlos Avellar sobre *Deus e o diabo* que também é uma maravilha.

Depois, morando em Madrid, fui chegando perto do Tarkovski. A princípio belo, porém filmes difíceis de penetrar. Mas, sem saber por que, o filme de alguma forma se comunica com você; mesmo não gostando, ele transforma algo. Vi *Andrei Rublev* (Andrei Tarkovski, 1966). Não sei se vocês sabem, mas o Andrei Rublev é um religioso, um pintor, protegido pela instituição da igreja do contato com o mundo. Depois vem a guerra, acho que é a guerra com os mongóis, do dia para a noite ele é lançado nesse campo de batalha e vê os horrores da guerra. É um filme de 3 horas, longuíssimo, com muitas reflexões. Chega uma hora que é tanta violência que o Rublev decide que não vai mais abrir a boca, não vai falar mais. O filme vai seguindo a errância desse personagem mudo passando pelos horrores da guerra até que encontra um menino. Os inimigos queriam construir um grande sino para esperar a chegada de um czar, e o menino diz que sabe construir esse sino. Vocês sabem que construir um sino é uma coisa difícil, não é? Você tem que acertar na argila para ele soar. Ele disse que sabe e, por isso, deixam o menino vivo. É um menino magricelo, deve ter uns 11, 12 anos. Você vê o desespero dele, ele diz que sabe fazer, que o pai era um campaneiro e morreu. Na última parte do filme, esse menino começa a comandar parte do exército para construir o sino. Eles têm que pegar a argila certa, encontrar a terra certa, é um sino monumental. O menino vai virando um tirano. De repente, na última meia hora do filme, o menino se transforma. De repente, você não consegue mais enxergar o menino no menino, você enxerga o homem no menino. Não é mais questão de vida e morte, é uma questão que transcendeu. Se ele não conseguir, vai morrer. É uma obsessão. Na última cena do filme, ele consegue. O sino é erguido, fica com aquela bota assim batendo, e soa o sino. Os caras deixam ele lá deitado, numa posição meio fetal. Ele chora, chora, chora, chega o Andrei Rublev e pergunta por que ele está chorando, pois ele fez uma coisa magnífica. Aí, você se dá conta de que o André Rublev está falando, porque ele faz uma pergunta; ao perguntar, ele voltou a falar. E o menino responde que o pai morreu levando o segredo do sino, que ele nunca havia revelado esse segredo a ele. Então, ele conseguiu fazer aquilo... Quando assisti a esse filme, foi uma experiência. Tinha uma cena de um cavalo que era morto e aí eu ficava pensando como se pode, em nome da arte, sacrificar um cavalo. E tem cenas de tortura, comecei a entrar num estado de repulsa com o filme. De pensar como, para fazer o filme, o cara tem que ir ao fundo do poço, na negação da vida, para representar algo. Quase saí da sala de cinema. Mas quando toca o sino, você começa a entrar na viagem desse menino, e a experiência foi de voltar a acreditar no ser humano, a voltar a enxergar algo no ser humano, o que foi um pouco o que aconteceu com o Andrei Rublev, quando ele recupera a fé no ser humano através da experiência daquele menino. Eu não assisti o filme; eu vivi uma experiência ao longo daquelas três horas. Isso uma coisa raríssima de acontecer. Você viver uma experiência, e não simplesmente assistir a um filme no cinema. Depois desse filme, eu quis entrar na obra do Tarkovski e acabei conhecendo todos os filmes dele. Ele fez poucos filmes na vida, e cada filme é um joia que faz a gente pensar nessa coisa da quantidade. O cara fez seis filmes na vida e cada filme... Enfim, *Andrei Rublev* é um dos filmes da minha vida.

Depois, nessa linha, teve o *Tempo de embebedar cavalos* (*Zamani barayé masti asbha*, Bahman Ghobadi, 2000), do Ghobadi, que fez também *Tartarugas podem voar*. É um filme feito por um cineasta do Irã na região do Curdistão. Esses foram os dois filmes que foram uma experiência mesmo, o *Andrei Rublev* e o *Tempo de embebedar cavalos*. No começo desse filme, um moleque aleijado tem que tentar cruzar a fronteira para conseguir dinheiro, fazer um contrabando para a operação que ele precisa fazer. Você vê que é um menino aleijado mesmo, todo o elenco é de pessoas reais, ali do Curdistão. Chama-se *Tempo de embebedar cavalos* porque o frio é tão grande que, para o cavalo atravessar aqueles lugares gélidos, eles tinham que dar uísque para o cavalo, para com o álcool ele conseguir. É um filme que faz você andar na linha do sublime e do horror. É uma poesia, tem que ver, não dá para pôr em palavras, acho o filme grandíssimo.

Depois veio a experiência, já indo para o fim, que me marcou muito, que me fez pensar muito na forma de fazer cinema, que

APF

CLOSE-UP

A FILM BY ABBAS KIAROSTAMI

foi o *Close-up* (*Nema-ye Nazdik*, Abbas Kiarostami, 1990). O Kiarostami leu no jornal uma notícia de um camarada lá sendo julgado. Ele lê no jornal, isso é verdade mesmo, que tem um cara sendo julgado porque ele se fez passar por um grande cineasta iraniano e enganou uma família inteira e começou a tirar dinheiro da família para fazer o filme. Mas na verdade ele não era cineasta. Isso tem um nome na legislação, é um crime quando você se faz passar por outro. Aí, o Kiarostami lendo aquela notícia, achou curioso, foi ao lugar e conseguiu com o juiz – isso é a história de como o filme foi feito –, que ele liberasse o acesso ao julgamento e que ele pudesse filmá-lo, e fazer uma pergunta ao réu. No começo, você entende como ele filmou o julgamento desse cara. É um cara meio desdentado, muito humilde, que era realmente fascinado por esse diretor de cinema, que não é o Kiarostami, é outro diretor, que faz muitos filmes populares (*Mohsen Makhmalbaf, diretor de "Salve o Cinema", "Gabbeh" e "O Caminho para Kandahar"*). Esse cara se apaixona por esse cineasta, é um cinéfilo desse cineasta. Um dia, ele está dentro do ônibus, é um cara super pobre, está com o livro desse cara, aí chega uma mulher, senta no ônibus e fala: "Ah, você está lendo um livro, que livro é esse?" Aí, ele mostra o livro, e a mulher diz: "Meu filho faz cinema também". "Mas o senhor gosta...?". "Não, não, eu sou ele... eu sou esse...". "Como, mas o senhor é fulano de tal?" Ele diz: "Sim, sim, sim, eu sou esse cineasta". "Mas como é que o senhor está aqui dentro desse ônibus?". "Eu estou aqui dentro desse ônibus porque eu pesquiso e gosto de estar onde o povo está". Aí a mulher acredita no que ele é. Ela tem esse filho, que estuda cinema, e ela convida-o para o jantar para apresentar o filho a esse grande cineasta. No meio do caminho, ele é descoberto e denunciado pela própria família. Mas o que é genial no filme? Quando o Kiarostami filmou esse julgamento, ele teve a ideia de convidar esse cara para fazer ele mesmo e convidou a família para fazer o papel dela mesma e contar essa história até chegar o julgamento, para reviver a história. Aí, aparece o próprio cara e começa a reconstituir toda a trajetória dessa mentira, só que agora atuando. E a família atua, eles estão no cinema, e o filho está no cinema. De verdade agora, através daquele cara que era o falsário. É maravilhoso, pois ele faz com que o cinema crie através da ficção do filme aquilo que o cara não conseguiu criar. Nenhum deles, nem a família, nem o cara. E o filme acontece. No fim, a família perdoa, claro, porque eles ficaram frente às câmeras. A última cena do filme é maravilhosa, porque o Kiarostami tem a ideia de convidar o verdadeiro cineasta para encontrá-lo no final do julgamento. A câmera fica distante, porque ele não quer interferir nesse momento, mas cada um com um microfone. A gente escuta o som em primeiro plano, mas a cena está distante. E é uma coisa assim, entre o riso e o tragicômico. O cara é todo desdentado. Ele encontra o cineasta, o cineasta que ele queria ser, por quem ele se fez passar. Ele fica meio tímido, não sabe o que fazer. Fica aquela cena meio constrangedora. Aí, o cara humilde começa a chorar na frente do verdadeiro cineasta, e ele não sabe o que fazer com aquilo, fica uma situação, ele põe a mão no outro e diz: "eu entendo que você às vezes não queira ser você mesmo. Eu mesmo também, muitas vezes, quis ser outra pessoa, mas é difícil. Então, eu sou eu mesmo". E aí eles ficam conversando, saem, montam na motocicleta, o cineasta dirigindo, o cara humilde atrás segurando nele assim, no ombro dele, na moto. No braço, um vaso com uma folha enorme, que eles vão levar para a família. No trânsito, pelas ruas de Teerã, você vê o duplo, exatamente o duplo, e o orgulho que esse cara tem de segurar o vaso. É um filme que mostra como o cinema pode interferir no real de uma forma incrível.

 Depois veio *O eclipse* (L'eclisse, 1962), do Antonioni, um filme com o qual você consegue medir a distância de uma genialidade. Porque acredito que existe uma distância entre o fazer do gênio e da maioria de nós. É a história de uma mulher, a Monica Vitti, as andanças dela, os relacionamentos dela, você sente que a mulher tem uma insatisfação insaciável, um vazio. O filme vai, e de repente você está totalmente ligado ali na relação dos dois. Ela sai para a rua, depois de um momento de catarse com o namorado dela. Sabe esses momentos em que há uma certa euforia na relação, mas aquela euforia logo depois... Ela vive esse momento de euforia com esse cara, eles rolam, bebem, não sei o quê. Quando ela abre a porta, sai para a rua, e você vê na expressão dela quando cai a realidade. Você vê que aquela relação não vai se sustentar, apesar de toda aquela euforia. A câmera vai seguindo ela, e de repente ela desaparece. E começam a vir cenas de uma praça, com um carrinho de bebê andando, cenas de uma poça d'água, a câmera começa a entrar na cidade, perde o personagem, e o filme acaba sem voltar para o personagem. Você fala: o que é isso, o que aconteceu? E, de repente, você se dá conta de que você está dentro do personagem, de que você entrou no personagem. Existe uma maneira de filmar aquela cidade que é estranha, a praça, não tem ninguém; lá longe, você vê um carrinho de bebê. Existe uma estranheza na forma como ele filmou a cidade de forma que você sente o vazio. Você percebe que ele está usando o macro, o mais macro que pode existir, para poder representar a interioridade daquele personagem, que é aquela desolação, aquela água parada, aquele vazio, aquele despovoamento da afetividade.

Por último, vou falar de um filme que vi agora quando estive em Cuba, quando fui dar um curso lá e não conhecia esse cineasta. Foi no começo do ano, e lá a internet é difícil. A maioria dos vídeos é pirateada, e esse era um vídeo pirateado também. É um filme que se chama *Videogramas de uma revolução* (*Videograms of a Revolution*, Harun Farocki e Andrei Ujica, 1992), um filme que está em algumas locadoras. Não existia no Brasil. O Ujica é um cineasta romeno e fez esse documentário sobre a queda do (*ditador romeno Nicolae*) Ceausescu do poder. A televisão teve um peso enorme nessa queda, porque foi tudo televisionado, inclusive os bastidores. Quando ele cai, fica um vácuo no poder. E o filme utiliza todas essas imagens televisivas, que acompanharam inclusive o grande discurso dele. Começa o filme, ele está numa grande

VIDEOGRAMS OF A REVOLUTION

praça, com milhares de pessoas, fazendo um discurso. De repente, ele para, começa a olhar, e você não entende o que está acontecendo, porque a TV está vendo ele. Até que, pouco a pouco, você vê que a população começa a se movimentar e começam a tomar o lugar. É uma tomada mesmo, uma invasão. E aí começa a revolução e eles fogem, ele e a mulher. Conseguem barrá-los na tentativa de fuga. Tem um momento incrível em eles estão na ante-sala da morte, porque eles são executados, e eles falam para a TV, eles dão a última entrevista. Você vê a mulher quieta, com uma altivez, uma não envergadura, e o Ceausescu numa postura completamente arrogante na ante-sala da morte. É uma cena chocante. Depois, eles filmam a execução, tem a imagem em que eles são executados. E ele fez esse filme com as fitas das câmeras de TV e com câmeras amadoras, porque tinha muita gente, imagina, nesse momento com as câmeras ligadas. Esse filme para mim é marcante, além do fato político que registra, pela maneira como faz isso, com imagens de diferentes câmeras, em grande parte amadoras, tiradas de pessoas anônimas. Às vezes aparece o crédito na cena, porque é um filme de colagem de imagens. O diretor diz o seguinte: "Em muitos casos, em se tratando de filme desse tipo, não há necessidade de filmar, todas as imagens já estão feitas". Trata-se de recombiná-las, para que essas imagens contem uma coisa nova. Isso é muito curioso. Nesse momento de saturação de imagens em que a gente vive, me faz até pensar: por que continuar nessa profissão? Para onde vão todas essas imagens saturadas? Nesse momento, é curioso ele dizer que as imagens já estão aí e você pode recombiná-las de forma que elas tenham um sentido. Em síntese, foram esses filmes que marcaram a minha vida por diferentes razões.

PERGUNTA: ESSES FILMES TE MARCARAM MAIS COMO PESSOA, PARECE. E PROFISSIONALMENTE, ESSES FILMES TE INFLUENCIARAM? O QUE TE LEVOU A ESCOLHER ESSA PROFISSÃO? FOI O PRÓPRIO CINEMA?

Eu estava fazendo psicologia. No último ano do curso, fui fazer um documentário que se chamava *Strip-tease,* sobre as mulheres que faziam strip-tease na Boca. Gostei muito da maneira de operar dentro daquele universo, mais do que com a ferramenta que eu trazia, que era a psicologia. Não foi pelo cinema, não foi uma paixão pelo cinema que me levou a fazer cinema, ou os filmes. Eu não tinha nenhuma cultura cinematográfica, eu via o que era comum. Foi o fazer que me despertou, a coisa de estar na equipe, de entender isso por dentro. Aí, vi que tinha que correr atrás, estudar. Me inscrevi para uma bolsa, passei dois anos na Espanha, para fazer um curso no Instituto de Teoria e Estética das Artes, porque eu não sabia onde ficava o Renascimento, onde estava a Idade Média. Eu tinha uma formação histórica bastante falha, muitas lacunas. Fui me formar, precisava aprender. Eu tinha feito dois curtas, e houve uma surpresa quando chegou o público, essa experiência é muito forte. Você não ouve só coisas legais, ouve críticas e pensa: "Bom, se você vai fazer, faça direito, faça da melhor forma, porque não é uma coisa que fica restrita ao seu mundo". Fui estudar pra entender mais qual era essa ferramenta que eu estava usando. A distância entre o que você absorve conceitualmente e aquilo que você consegue colocar em prática é enorme. O que é artístico é exatamente esse espaço, o momento em que você coloca aquilo que você quer representar na forma dele. Não tem nada que possa te ajudar, te indicar esse caminho preciso. Você pode ler, ver filmes maravilhosos. Na hora em que você vai fazer, são tantas coisas de outra natureza que estão ali em jogo, que você até tem alguma influência, mas na hora do fazer são tantos outros componentes que estão ali interagindo, que não dizem respeito a essa racionalidade, para você encontrar a melhor expressão daquilo. Cada ideia, cada filme, pede a sua forma de fazer. O difícil é quando você usa uma regra, um padrão de produção, e aplica esse padrão para todos os temas, o que geralmente a gente faz. É como aprender a falar uma língua, e com essa língua querer falar sobre todos os assuntos. Existem assuntos que se tornam melhor exprimíveis, os quais você consegue atingir mais na essência, utilizando outra língua, outra linguagem. Encontrar isso é difícil.

 Eu fiz um trabalho último que se chama *O louco dos viadutos*, uma microssérie de quatro capítulos toda feita debaixo do viaduto Alcântara Machado, em São Paulo. O Garrido, um cara que existe de verdade, toma os viadutos da cidade e funda uma academia de boxe. Aquilo passa a ser um ponto de atração, que mexe com a zona ao redor. O pessoal começa a frequentar academia, é todo um universo que esse cara inaugurou, de forma totalmente espontânea. É um cara negro, sem formação acadêmica nenhuma, fez até o quarto ano do ensino básico, e que mudou o jeito de perceber as coisas. É conhecido até lá fora por essa experiência. Comecei a trabalhar com ele, a conviver com ele, e quando comecei a série chamei alguns atores profissionais, o João Miguel, e misturei com eles, para a gente fazer o filme lá debaixo do viaduto. Tinha um problema que era o som, que virou um personagem, porque era impossível eliminar aquele som. Não tinha sentido tirá-los do viaduto para levar a um estúdio, porque o jeito como eles ocupavam o viaduto já era parte do filme. A gente fez uma história ali e foi incrível essa experiência. O Garrido, junto com o filho e todo o pessoal dele. Eles reviveram na ficção, coisas da vida real; a gente escreveu o roteiro partindo de relatos vividos. E também misturamos a nossa parte ali de ficção. Surgiu uma autenticidade desse trabalho, era impossível você dar o roteiro para os caras decorarem. Isso não existia. A gente contava uma situação e era improvisação pura. O Garrido tem outro código. Aquela hierarquia que existe num set era diferente. Muitas vezes eu chegava lá e o Garrido tava saindo para fazer outra coisa. "Mas nós vamos filmar, Garrido, a equipe inteira está aí". "Não, mas agora eu não posso. Eu tenho que levar um caminhão lá pra favela...". Às vezes ele achava que a gente podia estar tomando o lugar dele. Como é ele que dirige e, de repente, tem outro ali também dirigindo?

Era uma série de coisas... Só funcionava improvisando. A gente improvisava, e os atores entraram na improvisação com eles. O João Miguel, por exemplo, improvisa com o Garrido. Não tinha jeito de fazer esse filme se não fosse assim, duas câmeras improvisando. Tem vezes que o cabo não atinge, porque eles vão embora para lá e a gente atrás. Aí desligava uma câmera e só ficava com uma, a gente não sabia que eles iam levar a cena até lá. Tudo improvisado. Existia um rigor de todo mundo querer fazer aquilo acontecer. Mas o jeito de fazer foi diferente. Qual é o melhor modelo para você criar uma determinada coisa? Achar esse meio? Atualmente é a grande questão. É uma questão que permanece sempre. Por mais que você tenha filmes, referências, na hora H cada objeto, cada representação pede um jeito próprio de fazer. Talvez a gente seja muito rígido de seguir sempre uma mesma forma. Acho que é isso que está mudando hoje, a gente está meio perdido, com a internet... Começa-se a ter outra forma de fazer.

PERGUNTA: QUAL É A RELAÇÃO ENTRE PSICOLOGIA E CINEMA?

A psicologia é a descoberta do inconsciente. O Freud diz que não inventou, ele descobriu o inconsciente. Essa descoberta é uma ferramenta, um conceito, uma realidade; depois que você toma consciência dela, você vai trabalhá-la na sua relação com os livros. Dostoievski, por exemplo, traduz isso muito bem, e parece que ele e Freud nem se conheceram na vida. Eram mais ou menos contemporâneos, mas não se conheceram. Quando a psicologia trouxe esse conhecimento de onde surge grande parte das nossas emoções, isso foi uma abertura para conceber personagens, entender suas ações.

    A geração de hoje pegou uma transição muito complicada, pela velocidade como as coisas estão mudando. Tenho 48 anos. Na faculdade, eu fazia parte do MEP (Movimento de Emancipação do Proletariado). Imagina falar nisso hoje, é uma coisa de poucos anos e mudou tudo. O jeito de representar também é outro. Eu, que não sou da geração que nasceu na internet, penso qual o sentido de contar uma história. Nessas horas de crise, fico pensando pra que contar essas histórias. Porque quando você está na crise grande mesmo, esses filmes viram uma historinha. Por que o ser humano necessita disso? Aí, você começa a pirar, porque tudo o que a gente faz é autorreferenciado. Tudo o que o ser humano faz é para ele mesmo. É uma solidão tão enorme, de pensar que a gente está numa espécie de ecossistema que é fechado, mesmo nossa relação com a natureza, e a maneira como o ser humano pensa... É tudo autorreferenciado. Essas histórias não servem para uma formiga, não servem para um coelho, para uma árvore. Essas histórias só servem para os seres humanos, que são uma partícula no meio de tudo isso. Qual o sentido disso? Nossa vida é feita de fragmentos, de memórias, tem uma organização que não é nada organizada na forma dos filmes que a gente vê. Vocês podem estar me ouvindo aqui e pensando em outra coisa ao mesmo tempo, quer dizer, um caos. Aí, você fala: "Bom, talvez o sentido seja você criar um sentido". Se você vai ao extremo com esse pensamento... Um amigo uma vez me falou: "você vai procurar sentido onde não pode tirar sentido, que é a morte, o nada". Se você for procurar sentido na morte, você não vai achar nada. É um absurdo você procurar sentido nisso; o sentido então é criar um sentido para essa vida. Bom, então, vamos continuar criando sentidos para dar um sentido maior a tudo isso.

O filme sempre organiza algo. Essa organização não está na tela, nem na sua cabeça sozinha, está no encontro das duas. Onde está o filme? Não está lá na tela porque, se você muda sua capacidade de percepção, só vai ver luzes, sombras e nada mais. Onde está o filme? Ele está nesse encontro. A gente necessita das histórias e dos filmes para ter muitas das nossas impressões. Às vezes os filmes que ajudam a organizar um sentido. Ou, com a ajuda do seu instrumental, fabricar um sentido onde não se vê. É muito bom sair de filmes onde você enxerga estímulo para seguir adiante. É onde você criou um sentido não estava vendo, mas claro que isso é com o seu repertório. Junto com o que o filme se dá. O filme se oferece, se empenha, se dá para você.

Tenho pensado muito nisso, aos 48 anos, em como continuar, ainda tenho um tempo, como seguir sintonizada com esse tempo novo. Tenho procurado entender, saber mais sobre a internet, o fato de que hoje você pode fazer um filme com uma câmera, editar e jogar lá na internet, um canal de distribuição cada vez mais poderoso. Vocês sabem que está mudando tudo, não é? Já começou a projeção digital. A tendência é desaparecerem os filmes, as latas... É como se você fizesse um *download* e baixasse o filme lá do satélite, ele chega aos cinemas do mundo todo, onde isso tiver sido negociado. Com a projeção digital, e a convergência digital, você pode ver aquele filme tanto aqui como no computador, no celular, nos milhões de aparelhozinhos. A multiplicação de saída é cada vez maior. Então, essa junção homem-máquina é uma coisa só. Acho que a gente tende a perder com isso, pois nem todo avanço tecnológico representa um avanço do ponto de vista estético. Não que isso esteja acontecendo. As coisas são complexas, vão em múltiplos caminhos, mas tem um que predomina, uma tendência que predomina. O que é uma imagem? É o jeito de eu me comunicar com o mundo, não é? Quando produzo uma imagem, é uma relação que estou estabelecendo com o mundo através dessa imagem. Toda imagem implica uma relação, não é? Nos primórdios, eles projetavam a paisagem numa caixa preta e os pintores, com pincel, iam lá e pintavam em cima de uma projeção feita, muito elementar, uma espécie de prótese. Houve uma polêmica de que o Velásquez e outros grandes pintores poderiam ter usado essas próteses para pintar. Foi como se a genialidade deles tivesse sido colocada em questão. Depois foi provado que eles utilizavam mesmo, mas claro que tem a mão do pintor ali, pintando, fazendo a sua obra. A impressão da imagem era feita direta, corpo a corpo, a mão do pincel com a tela. Quando veio a câmera fotográfica, essa impressão passou a ser mediada pela técnica maquinizada, a impressão da imagem era feita pela câmera. O cara só ia lá, enquadrava, fazia um clique. Não mexia direto na imagem. Aí, você vai avançando. Bom, a impressão agora é feita através da máquina, mas o homem ainda pega a fotografia, olha, recebe aquela imagem fisicamente. Ele pega e olha a foto, cola no álbum. Até que se chegou ao cinema. A impressão continuou sendo mecânica, e a transmissão, a forma de você perceber, passou a ser mecânica também, você não podia pegar o filme e levar para casa. Você precisava do projetor. O filme é lançado, termina o filme, você não tem como levar o filme para casa.

Aí chegou a televisão, com a qual se transmite a milhares de casas simultaneamente. A transmissão ganhou um passo enorme. Mas, do ponto de vista estético, você pode questionar. A televisão inaugurou toda uma série de programações, mas a gente sabe que, do ponto de vista da relação do espectador com o objeto artístico, mudou completamente. Hoje, você sai da sala de TV a hora que você quer. Da sala do cinema não. Na TV, a programação é completamente etérea. Mas ela trouxe outros avanços. Quando se achava que não se podia ir mais além disso, vem a internet que, com uma impressão mecânica, uma percepção através do computador, numa rede simultânea. Mais que a televisão, porque aí você está transmitindo no momento exato, certo? O Twitter é agora! Não precisa do tempo de rodar a fita, jogar lá na máquina da televisão. É já, é agora. O que se tornou mecânico? O próprio mundo que a gente representa. O próprio real. Você constrói naquelas máquinas realidades inteiras, simulações de ponto de vista, e não só artísticas. Simulações de bancos, de empresas, que criam lá, jogam uns dados, simulam o que pode acontecer, se tal coisa ocorrer. E o cara já começa a agir em função de uma coisa que está simulada e ainda não vivida. Hoje há um grau da realidade que pode ser fabricado, está sendo fabricado. Na verdade, ninguém sabe direito onde que isso vai dar. Mas tudo bem, é como um bom filme: a gente não precisa saber como ele vai acabar.

"CABEÇA, MENTE, IMAGINAÇÃO..."

—AMARAL, SUZANA

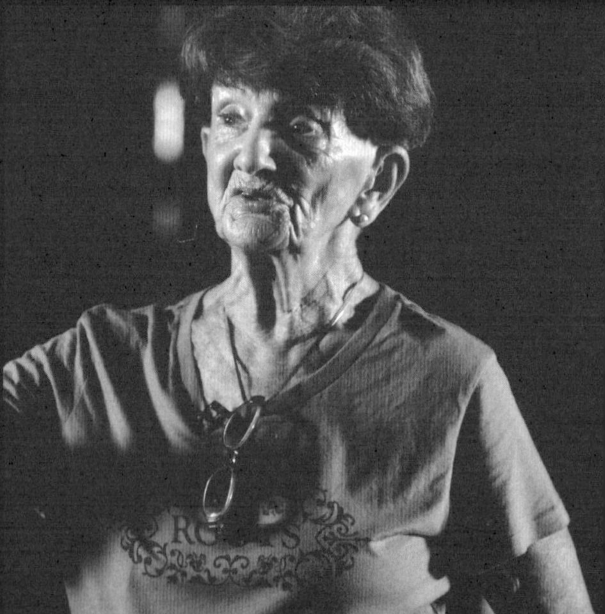

Eu nunca tinha percebido a importância que o cinema teve na minha vida até que a Mostra me fez essa sugestão de falar sobre os filmes da minha vida. De repente, comecei a fazer um balanço e entrei num túnel do tempo, percebi o quão importante o cinema foi na minha vida, e não só no sentido de ser espectadora. Cresci na época do começo do star system, o cinema entrou na minha vida de uma forma que me moldou. Eu não tinha um julgamento estético, de valor, de entretenimento. Claro que era um entretenimento, um lazer, mas foi mais do que isso. Os artistas eram como meus amigos – naquele tempo não se falava "ator", era "artista" mesmo –, iam aparecendo e ganhando a minha admiração, o meu enlevo em assisti-los. De repente, eles foram moldando a minha personalidade, os meus dias, as minhas querências de criança e adolescente.

Quando é que eu descobri o cinema? Os filmes americanos – e europeus nem se diz – chegavam aqui no Brasil muito, muito tempo depois de quando estreavam por lá. Eu acho que eles vinham de navio, nem de avião vinham, porque não havia uma linha comercial tão ativa como hoje. Às vezes tem um lapso de anos de quando foram produzidos e quando chegaram aqui. Vou falar então de coisas da minha idade, que eu não falo qual é, porque artista não tem idade (risos), e vou contar quando o cinema entrou na minha vida.

Lembro-me que era um dia frio, uma garoa muito fina. Meu pai chegou para mim e disse: "Hoje nós vamos ao cinema". E eu nem sabia o que era cinema naquela época ainda. Por causa do frio, a minha mãe botou uma estolinha de pele no meu pescoço, uma raposinha, coelho, sei lá... A gente quando é criança lembra esses detalhes, né? Durante a projeção, aquele pêlo no meu pescoço me incomodava muito! Era uma sala em São Paulo, na Consolação – onde hoje é o Conjunto Zarvos –, havia a Sala Odeon azul e vermelha, uma ia para baixo e a outra para cima. Lembro que fomos para cima, e eu pensando: o que seria esse tal de cinema? Quando começou e vi aquela menina da minha idade sapateando como uma pin-up girl, aquilo me surpreendeu tanto e eu fiquei tão emocionada, queria ver mais e mais. O filme se chamava *A Mascote do Regimento* (*The Little Colonel*, 1935), com a Shirley Temple cheia de cachinhos. Meu cabelo era liso e eu achei lindos aqueles cachinhos, queria ter o padrão Shirley Temple e queria ser uma menina à imagem e semelhança dela. Aí começaram a chegar outros filmes dela e eu não perdia um. Ela sapateava adoidado, e eu gostava de sapateado, aquilo me comovia muito. Dá até para pensar como essas meninas de hoje vêem essas coisas como *High School Musical*, como esses padrões influem na formação das crianças. Então, comecei a ser fã dos filmes da Shirley Temple. Nessa época do star system, eram os artistas que determinavam a escolha dos filmes, não tinha essa coisa de filme bom, saber sobre o que era a história. Os filmes dela viraram os meus favoritos. Minha mãe muitas vezes tinha que ir ao cinema e olhar a roupa da menina, porque em casa eu só queria vestir vestidos que fossem iguais aos que ela usava.

Tinha também uma bala, que se chamava Bala Fruna, que vinha com fotografias de artistas, fiz um álbum deles. De repente descobri o cinema, não só queria ver a Shirley Temple, mas outros artistas, e ter o álbum, e ver as roupas. A gente escrevia para as artistas também, a minha mãe tinha que escrever cartas para a Shirley Temple, para a Deeana Durbin pedindo fotografias, porque elas mandavam fotos especiais. Você mandava o pedido pelo correio e elas mandavam a foto, tanto os artistas de crianças como os de adultos também. Eram fotos grandes, que chegavam e eu punha no quarto. De repente, o cinema virou o grande foco da minha vida nesses primeiros anos.

Conforme vamos crescendo, a preferência da gente vai mudando. Mas aquele negócio de sapatear foi uma coisa que ficou em mim, eu queria sapatear também, não só por causa do vestido. Naquela época não havia escolas de dança como hoje. Era ir para a escola e acabou, não tinha mais nada. Muito clarividente, minha mãe arranjou uma professora que vinha falar inglês com a gente e que punha todos os nossos brinquedos em volta e mostrava em inglês. E eu queria falar inglês, porque ouvia aquela língua do cinema. Depois só fui para escolas americanas ou inglesas, e isso foi muito bom. O primeiro chamariz do inglês para mim foi o fato de ser a língua dos artistas de cinema, para vocês verem o tamanho da influência que o cinema exerca na gente. Eu queria aprender o sapateado, mas naquela época não havia as chapinhas dos sapatos para vender, não tinha nada. Então, meus pais mandaram vir dos Estados Unidos as chapinhas e colocaram num sapato igual ao que a Shirley Temple usava, de boneca com a tirinha preta. E eu ficava horas na frente do espelho sapateando – do meu jeito, mas sapateando.

Todo mundo dizia que eu era uma menina bonitinha, que podia ser artista de cinema. Minha avó, que era italiana do norte, aquela coisa muito sisuda, olhava aquilo com muita crítica e dizia: "Cinema é coisa de empregada", era esse o pensamento da classe média alta daquela época. Eu não conseguia entender uma coisa dessas, mas tinha que conviver com aquilo. Nessa época eu já tinha crescido um pouquinho e a Shirley Temple ficou um pouco "pra lá". Mas eu continuava gostando de sapatear, porque embora a minha avó dissesse que era coisa de empregada, eu arranjava sempre um jeito de me levarem ao cinema, que tinha matinês todos os domingos. Assim como hoje tem séries de televisão, tinha aquelas séries no cinema de faroeste. Eu morava em Santos, era um lugar mais fácil para arrumar alguém para me levar. Tudo isso tinha um custo, minha avó desdenhava e achava desprezível... Difícil!

Um dia, era carnaval, eu era uma menina bem metida e exibida mesmo (risos) e queria ter uma fantasia de havaiana. Minha mãe era muito legal e fez uma fantasia para mim. Eu tinha tranças e um cabelo comprido, soltei o cabelo e meu pai me levou nessa festa de carnaval num cinema chamado Coliseu. Um cara apareceu e disse: "Agora vamos fazer um concurso de dança" Eu já sabia do concurso, mas nem sabia que eu poderia me inscrever, e que o prêmio seria um ingresso permanente durante um ano para todos os cinemas de Santos. Quando soube, falei "Ah, isso está pra mim!". E o cara disse apenas: "Não precisam se inscrever, subam no palco!" Eu subi lá e sapateei feito uma doida, tudo o que eu aprendi comigo mesma e da graduação com a Shirley Temple, com o que eu gostava na época – eu já tinha uns 11 anos –, que eram os musicais do Fred Astaire com a Ginger Rogers. Dancei no palco sonhando que eu era a Ginger Rogers, nos passos que eu lembrava dos dois, só que tudo daquele jeito meia-boca mesmo, de amadora metida. Meu pai me perdeu e, quando se deu conta, me achou dançando ali sozinha no palco. Resultado: ganhei a permanente, e agora estava livre da minha avó, do meu pai, da minha mãe, e podia ir ao cinema a hora que eu quisesse. E a permanente valia para duas pessoas, então podia levar a minha empregada também (risos), então fizemos um conluio e ia todo domingo na matinê. Juntava um bando de crianças, e como a história ia de semana em semana, todo mundo batia palmas para os mocinhos, batia o pé no chão para os bandidos, era uma confusão mesmo, mas eu adorava. Esperava a semana inteirinha, era uma delícia. Essa foi a fase do sapateado e do cinema, na qual eu via não importa o que passasse. Não era necessário escolher programa; qualquer coisa na matinê servia. Por causa das séries de mocinho e bandido, essa se tornou a minha brincadeira preferida, e eu queria sempre ser o bandido (risos), escondida na caverna, querendo conquistar o Forte Apache, matando os mocinhos.

 Eu acabava sempre dirigindo essa brincadeira, esse teatrinho. A fase do sapateado passava e eu crescia. Um dia, vim a São Paulo visitar minhas primas, que eram muito mais velhas do que eu, e tinha um cinema na Brigadeiro Luís Antonio que era o Paramount. Esse cinema era bem eclético, passava filmes europeus; eu tinha uma prima que falava alemão e gostava muito de filmes que não fossem americanos. Um dia ela me levou. Fiquei muito impressionada com filmes que fizeram parte da minha pré-adolescência e que voltariam num salto de tempo para a década de 1970, quando fiz meu mestrado em cinema nos Estados Unidos. Um filme chamado *Allotria* (de Willi Forst, 1936) me deixou impressionada porque não era um filme para crianças, tinha um caso de adultério, com uma mulher que encontrava um cara num trem, e no restaurante do trem ela tira a aliança a esconde no bolso – e eu não tinha entendia o que significava isso, fui entender muito mais tarde. Ela senta com o rapaz, ele pega a mão dela e dá um close na marca de sol da aliança. Ele pergunta: "Você é casada?", ela fica desconcertada, mas parece que aí a coisa acirrava, e eles acabavam na cama do trem. Achei aquilo uma coisa do outro mundo, me chocou, mas me atraiu do mesmo jeito; foi o primeiro contato visual que eu tive com sexo. Tenho muita vontade de revê-lo, já estou escrevendo há vários anos para o exterior, para ver se consigo uma cópia desse filme. De repente sou capaz de fazer um filme sobre esse filme sendo revisto por uma pessoa que o assistiu como criança. O filme era alemão, lindo, branco e preto, com uma iluminação artificial maravilhosa.

Minha avó era muito crítica desse meu entusiasmo pelo cinema. Um dia, falaram perto dela que eu era muito bonitinha e que parecia uma artista de cinema. Ela disse "Rin-Tin-Tin também é artista de cinema" (risos). Eu disse: "Caceta, que velha chata mesmo!", e pensei que realmente tinha artista bonito e artista feio. Aí passou o tempo e fui descobrir o *High School Musical* daquela época. Tinha uns artistas da época, a Jeanette MacDonald e o Nelson Eddy, que cantavam em musicais que eram como operetas, um cantava e o outro respondia. Tinha diálogos também, porque era já a época do cinema falado, e na hora H da coisa toda, ao invés de se beijarem, eles cantavam. Eu aprendi a falar inglês decorando as músicas deles, tinha revistinhas que publicavam as letras. Desenvolvi muito o meu inglês decorando essas músicas e entrei na adolescência influenciada por esses musicais.

Aí passou essa fase e a guerra começou, e paralelamente a ela chegou aqui no Brasil *E o Vento Levou* (*Gone With the*

Wind, Victor Fleming, 1939), que me marcou muito. É um filme que até hoje está aí, é muito bom. Eu achava o Clark Gable maravilhoso, arrojado, ousado, e sonhava com um homem que fosse desse tipo, aquele galã como ele. Outra coisa são os planos desse filme. Aquele plano em que ela está bordando em casa e os soldados sulistas entram e começam a revistar a casa... A câmera, em vez de mostrar os soldados procurando, vem num close para os olhos verdes da Vivian Leigh, e fica um grande plano dos olhos dela. Isso é maravilhoso, você só escuta o barulho dos soldados procurando, gritando e dizendo "achei, achei", e a gente percebia essas imagens sonoras pelo olhar da Vivian Leigh. E assim, descobri a câmera e seu poder narrativo, percebi como ela pode falar com o enquadramento. Isso nunca mais se descolou do meu senso estético em relação ao cinema, usar a câmera para contar a história. Aquilo me influenciou muito; descobri que cinema não era só de artistas, mas que a câmera também falava.

Logo em seguida, outros filmes me impressionaram bastante – sempre o cinema americano dominando a paisagem e estimulando a gente. A influência dos artistas começou a decrescer, porque a guerra começou e já tinha passado aquela fase heróica do cinema de querer conquistar as gerações futuras. Eu estava crescendo e já era uma adolescente, um pouco à frente das minhas contemporâneas. Nessa época, voltei a ir ao cinema toda semana. Só que todos os filmes eram sobre guerra, contra os japoneses, defendendo o padrão americano e seus objetivos de guerra. Dois cinemas em Santos mudavam a programação toda semana; não tinha sessão corrida, como hoje, era uma só à tarde. E o cinema era onde você via e era vista, a molecada toda ia. Até os 16, 17 anos, fiquei muito centrada nessas matinês, já era uma coisa social. Os colégios eram separados, e havia meninos que eu queria encontrar (risos), o tempo ia passando e ficávamos mais envolvidas com os meninos. Naquela época, a gente sentava do lado e pegava na mão, beijava igual às pessoas nos filmes. O ator beijava e a gente beijava também (risos), era uma coisa meio imoral, mas não tinha pai nem mãe que quisesse acompanhar aquela baderna toda. Eu nem queria ir a festas, queria ir à matinê de roupa nova.

Assim foi até que entrei no colegial e apareceram filmes como *Gilda* (Charles Vidor, 1946), filmes comerciais que a gente via porque não tínhamos vídeo ou DVD que nos desse escolha. Mas eram filmes que me faziam pensar um pouco mais, saíam do universo do espetáculo puro. Comecei a me interessar muito pelas reivindicações sociais. Com 13 anos, comecei a ler Karl Marx; em Santos, o Partido Comunista era bem ativo, e comecei a participar desses movimentos. Me lembro que todos os filmes tinham uma briga, uma reivindicação, eram os filmes que eu queria ver. Os filmes do Elia Kazan, como *Sindicato de Ladrões* (*On the Waterfront*, 1954), foram filmes que me fizeram pensar a respeito de alguma coisa a mais que não fosse só entretenimento e namoricos de sala de cinema; já comecei ali a olhar para dentro de mim e buscar uma reflexão sobre o mundo, descobrir o mundo à minha volta. Comecei a descobrir as injustiças sociais, e isso refletia a influência que o Comunismo, o Socialismo e o Partido Comunista tinham sobre mim. Isso me fez uma adolescente muito mais preocupada e cheia de problemas. Meus amigos se reuniam para discutir Marx e eu era precoce naquela época.

Muitas vezes fui usada para trazer mensagens a São Paulo para as unidades do Partido Comunista na cidade. Como eu era menina, trazia pilhas de papéis – e minha mãe nem sabia disso, fazia tudo escondido, vinha de trem com aquelas pilhas de papel até a rua 24 de maio, onde tinha célula do PC, eu entregava todos aqueles pacotes lá. Voltava, pegava o trem sozinha e chegava em Santos com cara de paisagem. Eu era muito metida.

Vou contar uma coisa engraçada para vocês. Voltando um pouco no tempo, eu via aqueles filmes de guerra, achava a guerra maravilhosa, aquele negócio de marchar, usar farda. Alguém chegou ao cinema e disse que estavam fazendo

COLUMBIA PICTURES presents

MARLON BRANDO

On The Waterfront

uma convocação, as mulheres que quisessem ser convocadas deveriam dar seu nome para ir à guerra. A idiota aqui (risos), com 14 anos, foi lá e se inscreveu, obviamente sem contar para ninguém. Minha mãe viajava muito com meu pai, e minha avó estava lá com a gente quando chegou uma carta da região militar lá de Santos convocando as mulheres que iriam se apresentar. E lá estava meu nome. Minha avó quase caiu para trás, quase teve um enfarte quando viu aquilo (risos). Aquilo a deixou muito brava, puta da vida mesmo. Ela me disse: "Sabe o que você vai fazer? Você vai pagar isso". Marcaram uma hora para eu comparecer ao quartel, e ela disse "Você vai vestir seu uniforme (que tinha um chapeuzinho e luva branca, como o uniforme do Colégio Des Oiseaux) e vai lá comigo, e eu vou dizer pra eles verem quem estão convocando". Eu morria de medo dessa avó, e fui, né? Chegamos lá e fomos falar com o coronel. Ela disse: "Como é que essa menina vai para a guerra? Ela não sabe nem (desculpem a expressão) por onde galinha mija!" (risos). Ela falava pra mim: "Você faz cara de idiota, hein!", e me desconsiderou completamente na frente do militar.

Isso foi muita influência dos filmes de guerra, eu achava lindo aquilo. Mesmo você pensando nas crianças de hoje, você vê como o visual penetra na carne, na cabeça, na mente, na imaginação das crianças. Naquela época era tudo muito seletivo, hoje tudo vem como avalanche na cabecinha das crianças; é muito importante saber dosar a influência da televisão na vida delas, porque deve ser um angu na cabeça de todas.

Comecei a ser mais seletiva em relação aos filmes. Teve um que foi bem importante na minha vida, na época que eu estava na faculdade de Letras. Um dia, fui a um bailinho da faculdade de Medicina e conheci um rapaz que por acaso veio a ser meu marido. No dia seguinte, ele me convidou para ir ao cinema, assistir a *Neste Mundo e no Outro* (*Stairway to Heaven*, Michael Powell e Emeric Pressburger, 1946). Comecei a olhar para aquele talvez futuro namorado como se

N
d
SEY

in NEW CHROMA TECHNICOLO

ele fosse o príncipe encantado da minha vida. Foi uma coincidência tão grande ele me chamar no dia seguinte para ver um filme que se chamava *Stairway to Heaven*, achei que ele era o paraíso da minha vida. Embarquei nesse paraíso e um ano depois estava casada. Foi uma vida ótima enquanto durou, porque o amor é sempre assim, bom enquanto dura. Fiquei casada por 20 anos, tive nove filhos. Com 10 anos de casada já tinha oito filhos, mas eu curtia muito! Quando meu marido se formou, fui morar no Paraná, em Cornélio Procópio, onde a única diversão era ir ao cinema. Todo santo dia mudava o filme, e eu queria passar de carro ali na frente todos os dias, pois a única propaganda que tinha era uma placa de madeira. Eu largava meus filhos em casa sozinhos (risos) e ia com meu marido ver os filmes.

A primeira vez que deixei o meu filho em casa, ele tinha um mês e pouco. Sabe o que eu fiz? Naquele tempo se embrulhava as crianças num xale, eu o embrulhei bem e prendi com alfinete, e prendia as duas mãos dele no xale, porque assim ele não podia se afogar. Eu deixava todo mundo sozinho, era maluca... Ia ver os filmes com meu marido e, conforme o filme, chegávamos em casa e fazíamos um teatrinho, ele imitava o bandido; se o filme era de amor ficávamos ali, embalando. O cinema saía da sala e entrava na cabeça da gente, por termos absorvido a história. É como se, de repente, fosse toda a continuação daquilo na vida da gente, quando chegávamos em casa. Era muito divertido, morei lá por quatro anos, sempre nessa batida. Não tinha televisão, e fizemos uma porção de filhos no Paraná. (risos)

Nunca me prendi por causa de filho. Vou dar um exemplo para vocês. Sempre trabalhei fora e nunca deixei de fazer alguma coisa por causa dos meus filhos. Culminou quando eu – também por causa do cinema – estava divorciada. Um dia meu ex-marido chegou para mim e disse que era difícil conviver. Eu era da segunda turma de cinema da ECA (Escola de Comunicação e Artes da USP), resolvi assumir o cinema na minha vida. Começou a ficar muito difícil, porque eu tinha que filmar, viajar, voltar e não abria mão, continuava fazendo. Aí não deu mais certo, porque ou era o cinema ou ele. Hoje ele está todo feliz com uma segunda mulher, e eu estou toda feliz com meu cinema. Não quis saber de outro namorado ou outro homem a não ser o cinema (risos).

Eu me formei, entrei para a TV Cultura, fiz 55 trabalhos lá, de 1971 a 1988, e no meio disso parei e fui fazer mestrado em Nova York. Para isso, deixei todos os meus filhos aqui, e eles ficaram uns tomando conta dos outros. Eu fui para lá e fiquei três anos, uma das minhas filhas já estava com 16 anos e tomou conta da casa, compras e tudo mais; fiquei numa boa lá, com aulas das 8 da manhã às 5 da tarde, aprendendo aquilo que eu realmente queria dominar e saber da melhor maneira possível. Senti que estava crescendo e digo, francamente, que tudo o que eu sei de cinema aprendi nesses três anos que fiquei lá. Foi nessa época que comecei a redescobrir muitos dos filmes que eu não encontrava ou não conhecia, como o Godard, Eisenstein. Eram filmes que fui descobrindo no começo da minha carreira como profissional.

A última influência muito grande no meu estilo foram filmes alemães que eu vi, talvez fazendo uma ponte com o *Allotria*. Me encontrei no cinema alemão da década de 1970, quando assisti aos filmes como gente grande, de salto alto e procurando direcionar todo o meu estilo para aquilo, que era realmente o que eu queria fazer.

Agradeço muito a vocês e peço que vocês procurem ver o *Hotel Atlântico*, que é o meu filme mais recente. Se gostarem, por favor, façam um boca-a-boca para me ajudar. A Globo não quer saber do tipo de filmes que eu faço, que não são *Os Normais*... Agradeço a vocês do fundo do coração.

HOTEL ATLÂN

—GIORGETTI
UGO

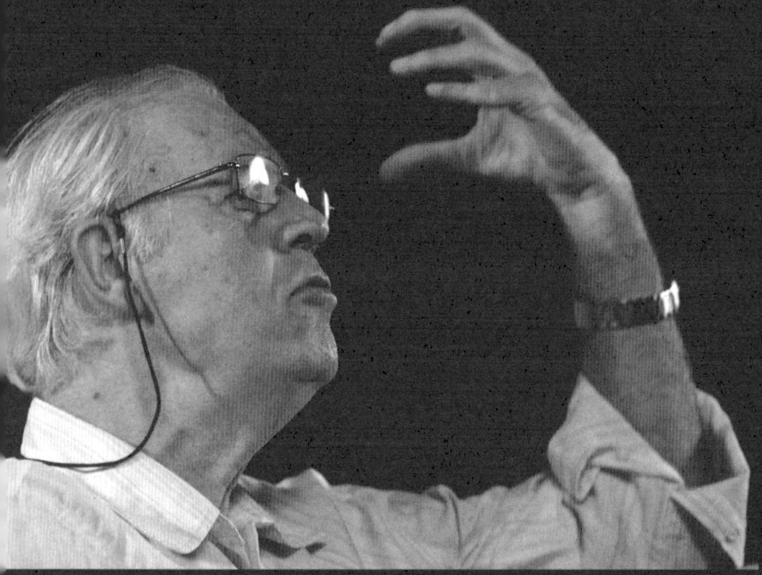

Na verdade, eu não deveria estar aqui. Quem deveria estar aqui é o Gilberto Dimenstein. Me pediram para substituí-lo e eu faço de bom grado, pois gosto muito da Mostra, do Leon, da Renata, e isso me dá uma certa irresponsabilidade. Fui chamado em cima da hora, o que me agrada perfeitamente, porque eu não penso muito nessas coisas. Não sou um acadêmico, não sou um crítico, sou um aficionado especial do cinema. É apenas a minha profissão, uma profissão que está interligada com outras artes. Me interesso muito por literatura, teatro, e tudo isso envolvido faz com que eu veja o cinema de uma maneira muito particular. Só que o tema é "os filmes da minha vida", e aí tem um complicador: que vida? Quando eu tinha 20 anos, 40 ou agora, que tenho mais de 60? Na verdade, a gente não tem uma vida, tem várias. E o cinema acompanha todas, porque eu faço parte de uma geração não assediada pela televisão. O cinema era a arte audiovisual por excelência quando eu era garoto.

As influências que eu sofri do cinema são muito precoces. Meus problemas com o cinema começam na infância. Comecei a odiar o cinema quando vi um filme, eu devia ter uns 7 anos mais ou menos... O meu pai tinha acabado de ler para mim *A Ilha do Tesouro*, esse sim, "o livro da vida", porque era meu pai lendo, eu ainda não sabia ler. E aquele livro lido capítulo por capítulo, ia me enchendo a imaginação, é um livro realmente extraordinário, aqueles marinheiros, Long John Silver, Jim, era uma aventura maravilhosa para um garoto. No fim do livro, minha mãe disse: "Está passando a *Ilha do Tesouro* (*Treasure Island*, Victor Fleming, 1934) aqui perto, no cinema do bairro". Meu pai imediatamente me levou para vê-lo. Empolgadíssimo, lá vou eu ver esse filme que havia sido tirado desse livro fundamental para mim. Chego lá e vejo uma coisa tão absurda, não reconheci o livro. Os personagens estavam mal elencados. O capitão Billy Bones, por exemplo. A descrição dele no livro é – ainda me lembro como se fosse hoje – "um homem alto, forte, bronzeado, com as unhas quebradas, uma cicatriz linda que cortava a cara, não era um simples marinheiro, era um homem acostumado a dar pancadas". No filme, esse personagem aparecia dois minutos, fui descobrir depois, feito pelo Lionel Barrymore no fim da vida. Como aquele cara pode ser acostumado a dar pancada, aquele velhinho trôpego? E vai por aí afora. Eu saí do cinema arrasado, pensando, "não é certo, não é honesto terem feito isso com o filme". Mas esse se tornou um filme da minha vida, num certo sentido. Depois, descobri que ele tinha um casting muito importante para a época: Barrymore, Wallace Berry, Jack Cooper... O diretor eu não lembro, mas era um daqueles artesãos de Hollywood qualificados, não era um filme classe B, e no entanto aquele filme me arrasou.

Os filmes da vida de cada um vão sendo muito ligados à sua própria biografia. A sua experiência momentânea envolve os filmes, ou o filme as envolve, não importa, há um intercâmbio para transformar esse filme num momento impressionante. Mas lembro de um outro filme na mesma epoca. Eu tinha uma tia que era uma pessoa fascinante, uma figura enigmática, alta, misteriosa, falava-se nela com uma certa delicadeza, evitava-se muito blá-blá-blá, ela era solteira, muito bonita... Aquilo me encantava. Eu era criança, e aquela tia era completamente diferente de todo mundo ao redor, muito elegante, statuesque como dizem os americanos. Essa mulher um dia chega e fala: "eu vou te levar ao cinema". Ela tinha ido visitar a família. Eu fiquei encantado. E ela me levou mesmo no próprio cinema do bairro, aqueles cinemas de mil lugares, aqueles templos. Tudo isso aí vai criando uma atmosfera, e o filme que vem, entra em você, quase que inevitavelmente como um grande filme. Era um western chamado *O Matador* (*The gunfighter*, Henry King, 1950), com o Gregory Peck. Saí do cinema encantado. Esse filme ficou muito tempo na minha cabeça como um dos maiores filmes que eu tinha visto na vida. Muitos anos depois, eu estava numa rua e vi o VHS do filme, não tinha nem DVD, e comprei. É legal, é um western bem feitinho, Gregory Peck está bem, tem aquelas coisa moralizantes americanas; não é um grande filme, mas é um

HIS ON
— A WO

THE

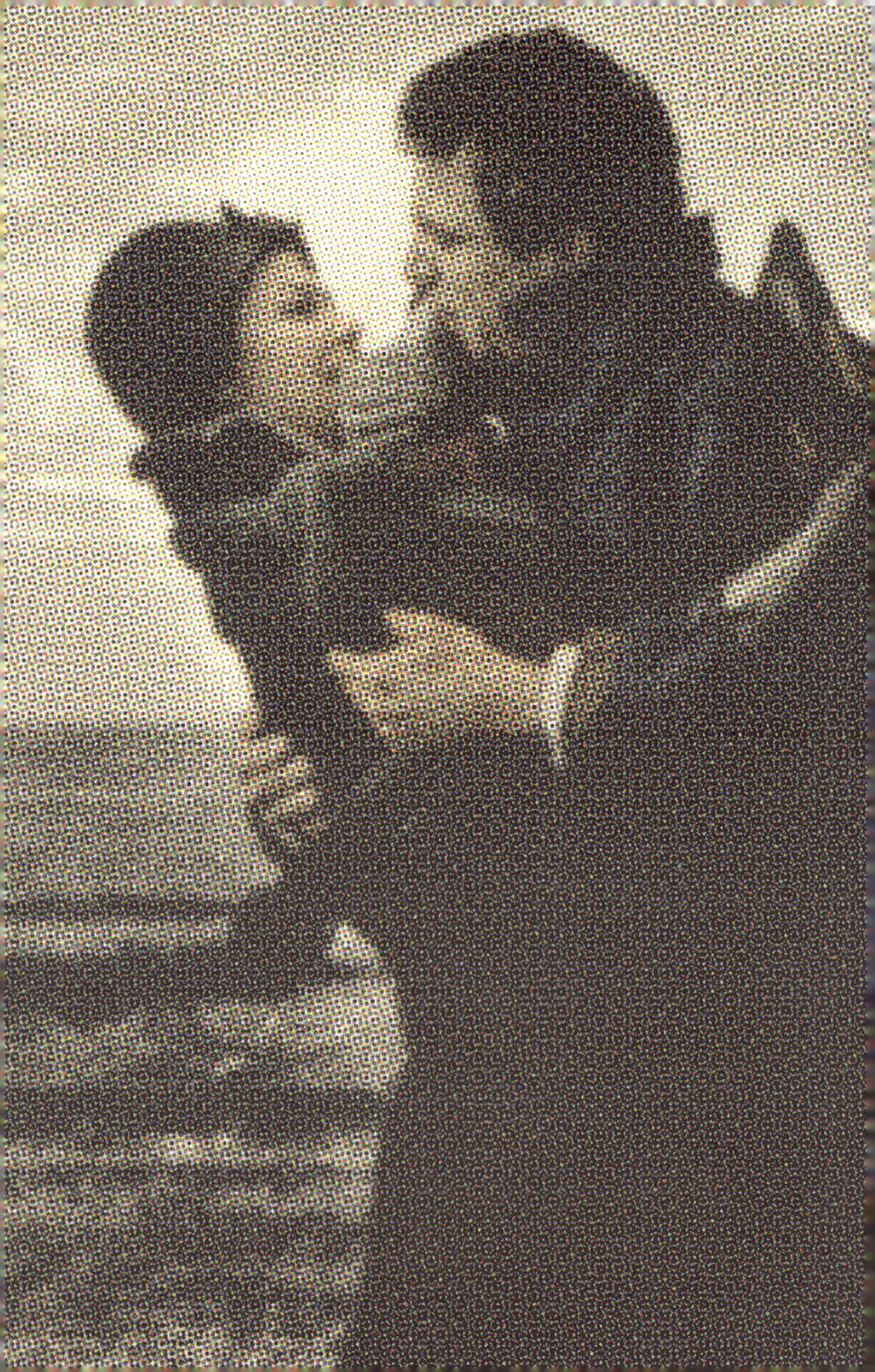

filme bem feito. As circunstâncias que envolveram esse filme o transformaram num dos filmes da minha vida.

Tem também os filmes de geração, que são importantes porque os outros falaram que são importantes, o meu grupo de amigos, final dos anos 1950. O mundo era outro, havia muitos filmes, chegavam filmes japoneses, franceses, italianos; italianos toda semana. As pessoas intercambiavam experiências, eram insistentes, ligavam às 8 horas da manhã: "Você não pode perder o que eu vi ontem, uma loucura". Você ia e acabava contaminado por esse tipo de informação, acabava às vezes gostando mais do que deveria. Por isso não tenho o costume de rever aqueles filmes dos anos 1960. Alguns que me ficaram muito presentes na cabeça eu não quero ver, porque o filme pode ter envelhecido. Os grandes filmes também são os filmes que você não viu mais. Me lembro de um filme com o qual eu fiquei tão chocado, de tão lindo, chamado *Senilidade* (*Senilità*, Mauro Bolognini, 1962), de um artesão italiano importante, mas que não era um Fellini. Era baseado num romance do Ítalo Svevo, muito bonito, que eu inclusive tenho. Mostra um burocrata solitário, solteirão, de uns 40 e poucos anos, que mora com a irmã, também solteirona, aquelas figuras que passam pela vida, na vida de quem nunca aconteceu muita coisa, mas que tem uma vida interior. De repente, esse cara se apaixona por uma prostituta. E daí a vida dele se transforma, vira um caos. É uma história mais ou menos clássica, esse tipo de situação não é nova. Só que se passa em Trieste, uma cidade muito particular da Itália, muito frio, muita névoa, que fazia parte do espírito desses personagens, mesquinhos, para dentro, tristes. Quando eu vi o filme do Bolognini, aliás, uma das coisas que sempre me preocupou, acho que por influência da *Ilha do Tesouro*, foi a compatibilização entre literatura e cinema. Sempre achei que não tem filme que seja igual a livro, não tem. Mas esse filme, com uma fotografia em preto e branco incrível, um casting deslumbrante, um ítalo-americano chamado Anthony Franciosa, Claudia Cardinale, era uma maravilha. Nunca mais vi esse filme. Só vi uma única vez, eu procuro e não acho. É incrível, esses filmes desaparecidos fazem mais parte da lista dos grandes filmes do que aqueles que você vê todo dia. Você pega o *Cidadão Kane* (*Citizen Kane*, Orson Welles, 1941). Todo mundo acha que é o maior filme, eu também acho; vou discutir com os críticos? Só que o filme perdeu muita coisa na minha imaginação, por tê-lo visto várias vezes e ter ouvido sempre falar nele como um grande filme. Com *Ladrões de Bicicleta* (*Ladri di biciclette*, Vittorio de Sica, 1948) todo mundo chora. Eu já vi quatro vezes, é um grande filme, sim! Mas o *Senilità* me encanta mais porque é um filme perdido. Tinha um outro do próprio Bolognini, *La viaccia* (*Caminho Amargo*, 1961), com Jean-Paul Belmondo e Claudia Cardinale, que se passa em Livorno, uma cidade portuária, que nunca aparece nos filmes, apesar de ter sido uma cidade importante no fim da Idade Média, uma cidade de banqueiros, um porto fantástico, com um recorte geográfico muito interessante. O filme é um drama... e nunca mais vi.

Eu me lembro de um western, gosto muito de westerns, talvez por causa de *O Matador*. Tinha um filme que eu vi, não me lembro o nome... O matador profissional chega numa cidade e não faz nada. Ele é famoso na região toda, entra e se registra no hotel com o nome verdadeiro. Imediatamente o cara do hotel passa a informação, e em cinco minutos todo mundo sabe que na cidade está um matador. E que, portanto, ele deve ter aparecido na cidade para matar alguém. Ele não faz nada o filme todo; simplesmente fica tomando uísque no bar do hotel. E a cidade entra em comoção querendo saber quem ele veio matar. Todas as pessoas que tinham algum motivo para ser mortas ou matar tornam-se suspeitas. É muito interessante. Não sei nem o nome desse filme. Eu o vi uma vez e, de repente, eu estou vendo, estou lembrando dele, de alguns planos. É muito estranha essa relação.

Falando em filmes de geração, tem um filme que eu recebi de forma muito curiosa, chamado *Caça às Feras* (*Yajû shisubeshi: fukushû no mekanikku*, Eizo Sugawa, 1973), um filme intelectualizado japonês. O entrecho todo é uma coisa dostoievskiana: um sujeito chega à conclusão de que a polícia e a justiça procuram um criminoso baseado nas razões pelas quais ele foi morto, e a quem interessa ter matado esse cara? Um sujeito, exclusivamente pelo prazer intelectual, resolve matar gratuitamente. Ele está andando de carro, vê um cara num ponto de ônibus, dá três tiros no cara e vai embora. Ele nunca viu o sujeito, o sujeito nunca fez nada para ele. E, de fato, a polícia fica sem nenhuma possibilidade de procurar, você procura nas vizinhanças, quem é esse cara, quem é a mulher dele, quem é o filho? Por quê? Quem no trabalho dele poderia ter feito isso? Ninguém. Esse crime se torna insolúvel, e esse cara vai matando pessoas. Como poderia se passar num livro do Dostoievski, ele começa a se aproximar da polícia e começa a deixar claro que ele é o assassino. Mas a polícia, sempre vinculada à motivação, não consegue conectar esse sujeito com os assassinatos. Ao contrário do final do *Crime e Castigo*, ele vai embora para Nova York de avião, e a aeromoça dá o drinque para ele. Ele toma, vira para a câmera e dá um sorriso de satisfação. Ele sai livre, é impossível pegar esse cara. É um filme que falava do crime gratuito, uma coisa muito em moda nos anos 1950 e 60, o crime sem motivação. E levanta o tema do crime insolúvel, no qual ninguém tocava muito na época. Principalmente nos filmes americanos, o caso era sempre resolvido, havia uma moralização. Esse filme coloca claramente que há crimes insolúveis, criminosos que não veem nenhum problema em matar e sair livres. Esse filme foi uma coisa tão absurdamente chocante que a gente ficou sem dormir. Teve gente que viu 12 vezes esse filme; eu vi uma. Muitos anos depois, aqui na Mostra de Cinema, teve uma retrospectiva Eizo Sugawa, e veio o filme. Eu não vi, lógico. O Leon Cakoff me arrumou um VHS do filme, só que ele me deu sem legendas. Eu tenho o filme em japonês, se alguém precisar, coloco à disposição, porque é um filme maravilhoso. Mesmo sem legenda, ele é poderosíssimo. Alguns filmes ficam.

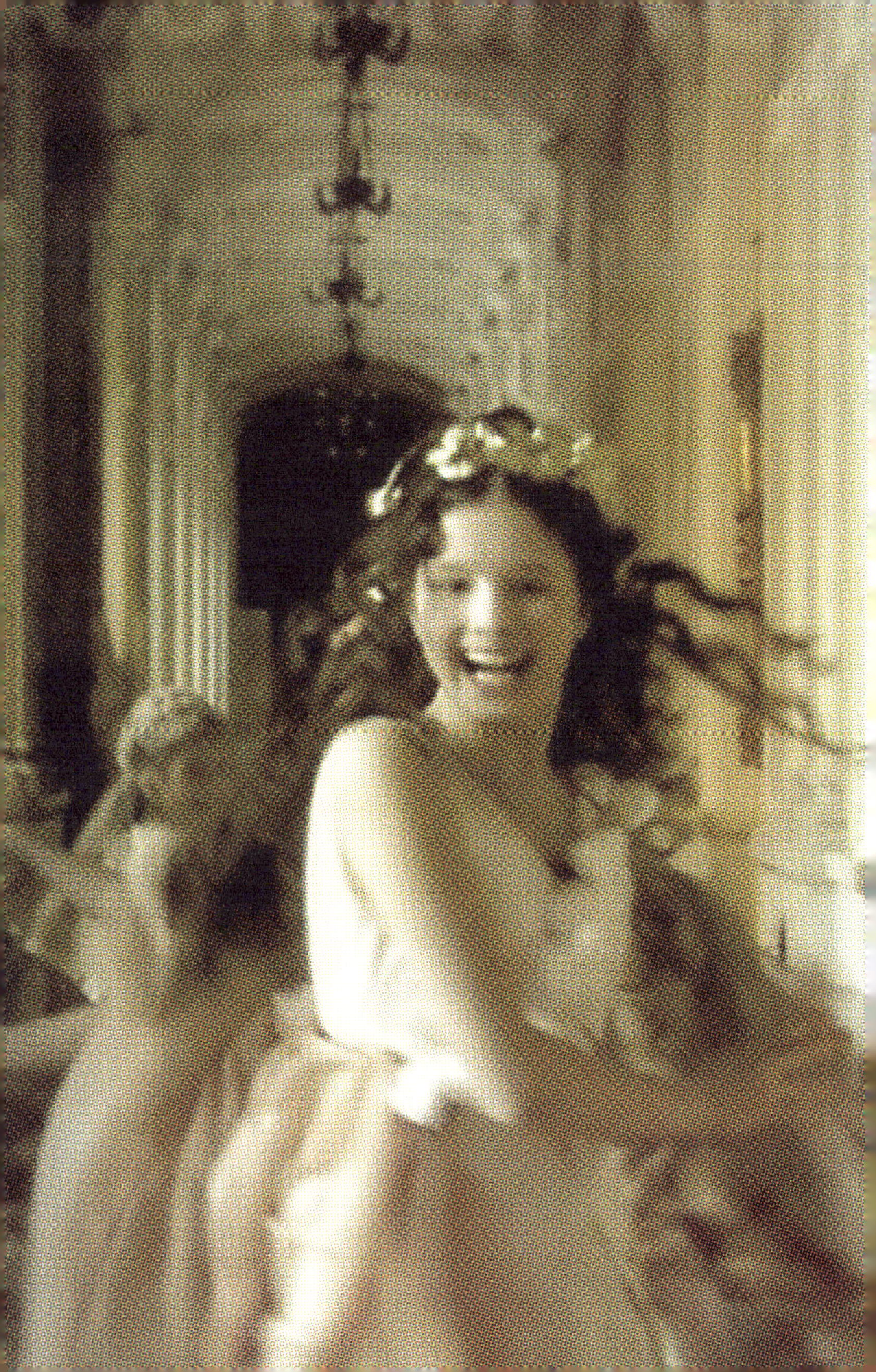

No fundo, você busca a si mesmo no filme; o que o filme fala não dele, mas de você. Um filme que eu vi umas quatro vezes e no qual me encontrei foi *Era uma vez na América* (*Once upon a time in América*, Sérgio Leone, 1984). Vi o meu bairro representado ali, evidentemente com outra referência. O filme se passa nos anos 1920, minha infância se passou nos anos 1940, mas era a mesma coisa. De repente, eu voltei um pouco ao passado, com aqueles planos de um bairro de imigração em Nova York. Vivi num bairro de imigração não homogênea. Lá tinha tudo – italianos, japoneses, poloneses –, gente que chegou depois do fim da guerra e que andava de capote e chapéu debaixo de uma temperatura de 35 graus, pessoas traumatizadas pela guerra. E havia um clima parecido no *Era uma vez na América*, aqueles moleques andando pela rua e aprontando coisas. Aquele bairro era uma representação exata do bairro onde eu vivi, um bairro muito miscigenado, judeus, italianos; você aprendia sotaques, mudava nomes, um chamava Rofel, você chamava de "fofo". Eu fiquei muito empolgado por esse filme nesse sentido, porque ele falava de mim. Se um filme te fala alguma coisa apenas do ponto de vista intelectual, para mim não é o suficiente, com algumas exceções.

O *Arca russa* (*Russkiy kovcheg*, Alexander Sokurov, 2002), por exemplo, é um filme que teoricamente não me diz nada, mas que me chocou muito. Não tanto pela mise en scène, um filme feito numa tomada só. É um percurso dentro de um museu que, para o espectador comum, não tem nenhum corte. Isso aí é um achievement técnico. Mas não foi isso que me chamou atenção. O sujeito percorre o museu e, ao mesmo tempo, vai em busca do significado da vida dele. Ele pergunta para os quadros, para as obras, o que ele é, o que é a pátria dele. E descobre que a resposta é nada. Você está sozinho no mundo, nada te responde. O filme é uma solidão absoluta. Isso me chocou muito.

Outro filme que me falou muito a respeito de mim foi o do Hugo Carvana, *Bar Esperança* (1983), que aparentemente é uma comédia banal, mas não é. Aliás, banal nunca foi, é uma comédia. E comédia, na opinião de muita gente é um gênero menor, como se Molière e Shakespeare fossem menores, mas tudo bem. E esse filme retrata o bar. O bar, para a minha geração, era uma coisa fantástica. Você ia para o bar, não havia outro lugar para ir, ninguém ia discutir na biblioteca ou no teatro municipal. Você ia ao boteco até para se discutir poesia. O Carvana pega esse bar e o coloca no centro da história. O bar que está para acabar, como todos os bares se acabaram, aqueles que eram centro de convivência e de reunião. Até hoje eu gosto muito desse filme.

Há algum tempo, a *Folha de S. Paulo* fez um livro chamado *Filmes que você levaria para uma ilha deserta* e me pediram a minha lista dos dez filmes. Eu não vou ver Godard numa ilha deserta, me entregaria aos tubarões imediatamente. É um outro conceito, você tem que levar filmes que te remetam ao mundo anterior, fora da ilha. Coloquei lá vários filmes que eu levaria para a ilha, o que não significa que sejam os melhores. Acho esquisito esse negócio de filme da vida; filmes, por alguns instantes, ficam. Eu coloquei nesse livro, por exemplo, *Cotton Club* (*The Cotton Club*, Francis Ford Coppola, 1984), um filme subestimadíssimo, que ninguém foi ver, foi um dos piores fracassos do Coppola. Um filme caríssimo, deve ter levado muita gente a perder dinheiro. Mas é um filme belíssimo, fantástico, divertido, aquele clima, mulheres, noite, gângsteres, uma trilha fantástica, músicas da época. É um filme da minha vida? É. Como de resto aqueles filmes que todo mundo coloca. *Morangos Silvestres* (*Smultronstället*, Ingmar Bergman, 1957), é lógico, vi três vezes na época. Os filmes do Antonioni, *Blow Up – Depois daquele beijo* (Michelangelo Antonioni, 1966), que deixou todo mundo impressionado, até por razões técnicas. Uma fotografia do Carlo di Palma maravilhosa, um final lindíssimo.

Isso também é engraçado, os filmes da sua vida. Ninguém lembra de um filme inteiro, eu não lembro nem do letreiro de alguns filmes. Você lembra de trechos, pedaços,

The Cotton Club

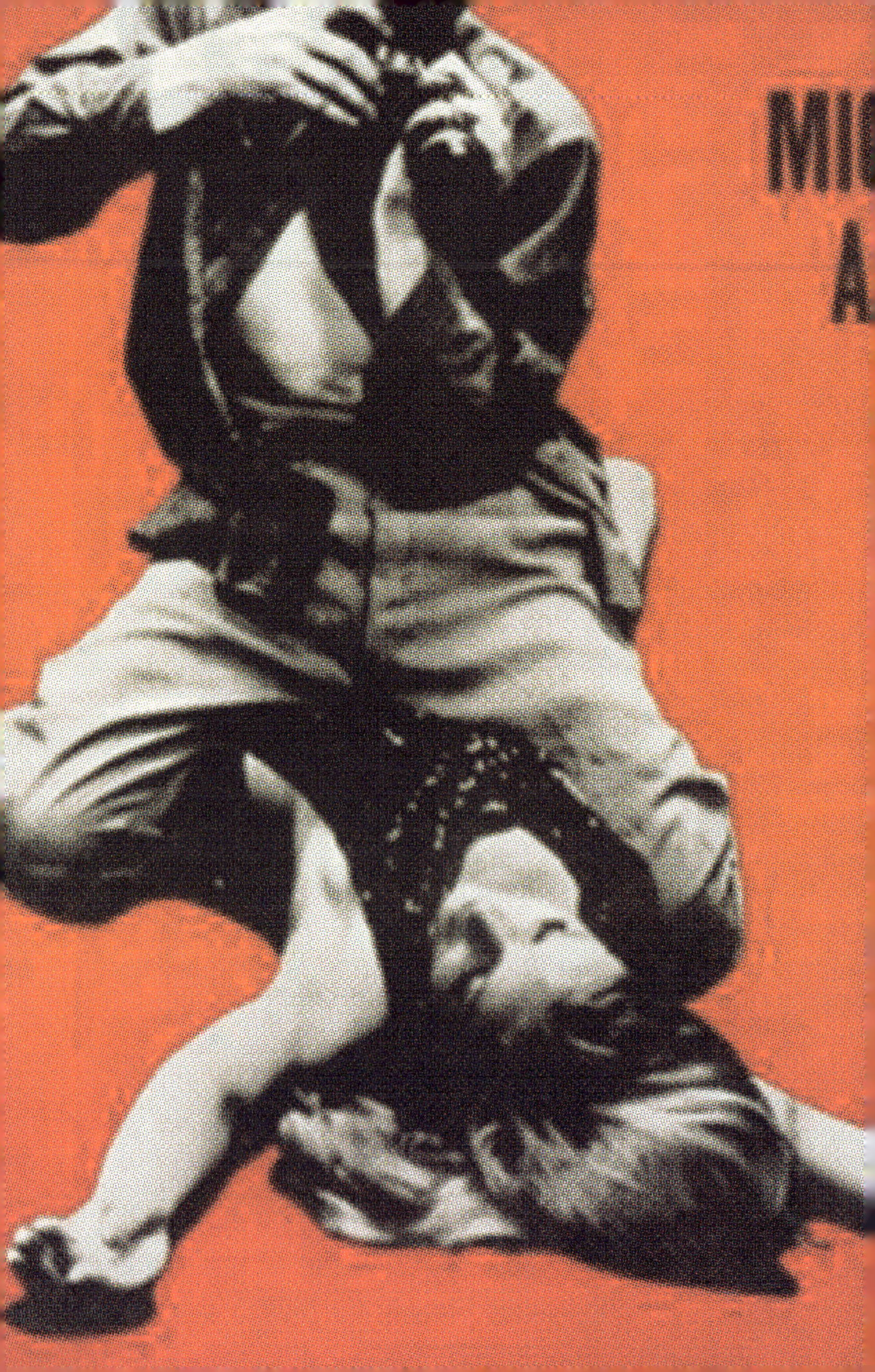

como você lembra de versos de um poema. Claro, tem sempre uns fanáticos que lembram de tudo. Mas uma pessoa normal lembra de um verso, uma cena. O final de *Blow Up* é fantástico, um jogo de tênis inútil, em que todo mundo joga sem bola e sem raquete. São as pessoas que voltam de uma noitada, aquelas noitadas típicas do fim dos anos 1960, onde acontecia absolutamente tudo. Eles vêem uma quadra e começam a jogar tênis, mas sem raquete, sem nada na mão. De repente, um cara dá um lance e eles olham para cima... É lindo. A suposta bola, a bola imaginária, cai fora da quadra, a quadra é real. Aí, o David Hemmings, o ator do filme, vai lá, pega a bola imaginária e joga para eles. Quer dizer, o jogo continua. É lindíssimo. Do resto do filme, lembro de uma ou outra cena. Um filme te causa determinados impactos, mas não o filme todo, é muito difícil. O filme todo circunda e acompanha o impacto. Se o filme for muito ruim e aparece uma cena muito boa, você já está cansado. Ninguém é de ferro. Filmes chatos são filmes chatos. E o que é um filme chato? É um filme em que o autor se coloca numa posição onde ele diz: "Eu estou lhe dizendo uma coisa, mas você não vai entender, porque você é um cara inferior a mim. Você se esforce um pouco, porque eu estou dizendo uma coisa importante, mas você não está entendendo. Eu ficarei no meu patamar e você no seu. Eu não sou obrigado a descer ao seu patamar, você é obrigado a ascender ao meu patamar". Eu nunca vi isso em outras artes, sinceramente. Está cheio de filme chato. Filme chato é aquele em que você não desvenda claramente o que o autor está querendo dizer para você. As pessoas têm que dizer a que vieram e dizer claramente. Porque senão é lícito eu suspeitar que atrás daquele emaranhado confuso não tenha nada. No fundo, tem um grande nada. Ele está involucrando, envolvendo esse nada numa bela embalagem enigmática, para eu não perceber que aquilo é nada. Isso para mim é um filme chato. Eu não vejo isso na literatura. Você pega um autor dito difícil, James Joyce, lê o *Finnegan's Wake*, é a história de um velho, cego, desiludido, no fim da vida. Tem situações enigmáticas, mas não é complicado, de jeito nenhum. O Guimarães Rosa, o grande Guimarães Rosa, tem um linguajar mais sofisticado, mas é um livro que flui, transcorre, coloca claramente as coisas. O cinema chato é realmente preocupante.

Eu não sou acadêmico, não sou crítico, sou um artista que vê as coisas de uma certa forma. É possível que amanhã venha um crítico aqui e destrua tudo o que eu falei, e com toda razão. Talvez não haja nenhuma verdade no que estou dizendo, então cuidado com o que eu falo. Não acreditem em nada. Aliás, isso aí é uma das coisas da minha geração de que eu me orgulho muito, que é a própria geração do Glauber. É uma falta de respeito com o professor, a gente tem que ter uma visão crítica das coisas. Colocar-se diante delas e passar tudo o que se fala na peneira do seu próprio entendimento. Não aceitar passivamente qualquer coisa, o que está impresso no jornal, no livro, no que uma pessoa encantadora diz. A autoridade é para ser contestada. É isso que eu acho que vocês devem fazer. Eu detestaria influir no gosto de alguém, acho detestável esse tipo de coisa. A gente vive numa época onde as pessoas querem parecer diferentes, todo mundo tem uma individualidade baseada em signos exteriores. Nunca vi uma geração tão cordata, todo mundo é muito cordato, se aceita muito o que se fala: "Aquele cara é um grande crítico, um grande estudioso". O que é isso? Não é possível, essa passividade é que torna as pessoas iguais, não é o fato de você se vestir igual. O Alfred Hitchcock, que é um dos maiores criadores do cinema, tinha seis ternos pretos, seis camisas brancas, seis gravatas pretas e seis sapatos pretos. Ele foi dirigir *Vertigo* (*Um Corpo que Cai*) na praia de terno e gravata, e é um dos maiores gênios do cinema. Hoje a forma é rebelde, mas o fundo não é, o fundo é passivo. É muito estranho. Por isso, não acreditem no que estou falando. De repente, um filme apaga a memória de outro. Eu continuo vendo filmes, não sou uma pessoa que deixa de ver, até por deformação profissional, eu quero ver o que eles estão fazendo, tecnicamente. Não sei o que vai acontecer agora com os filmes em digital, está havendo uma transformação enorme, que me faz questionar a posição do diretor. Essas inovações técnicas transformam em criador um sujeito que está no laboratório fazendo uma lente. Um velhinho que está lá é tão criador quanto os grandes cineastas. O Robert Altman, por exemplo, usou muito a teleobjetiva, aquelas lentes enormes. O cara que criou a tele não é um criador também? O cinema é filho da técnica, da Revolução Industrial. Sem a Revolução Industrial, não teria cinema. Acho que a gente tem que considerar também como autores dos filmes das nossas vidas aqueles velhinhos todos de branco debruçados nos laboratórios criando coisas, criando lentes. Esse cara está transformando a minha vida num inferno, porque, depois de 40 anos de cinema, tenho que apreender o que é o digital. Algum desgraçado na Alemanha, no Japão, sei lá onde, está inventando essas bugigangas, e quando eu vou falar com uma equipe, passo meia hora falando, 2 mil linhas, 4mil linhas... Isso é terrível, porque você se vê à mercê da técnica. Mas o cinema é assim. Ou seja, os filmes da nossa vida são feitos também por outras pessoas que não o diretor. Isso porque entende-se pouco; não é a atividade de um homem, mas de um exército de pessoas. Me lembro de uma coisa muito interessante. O filme em branco e preto tinha uma maquiagem. Quando se passou ao colorido, a maquiagem do preto e branco transformava as imagens a cores, com aquela maquiagem, num inferno. A cara do ator adquiria as conotações do fundo. Se o fundo era vermelho, o cara ficava vermelho. Não era possível filmar. Então chamaram o Max Factor, um cara que tinha feito as maquiagens do branco e preto, para resolver o problema da cor. E ele resolveu, criou uma maquiagem que criava a tonalidade da pele, e não do fundo. Portanto, o Max Factor é um autor de cinema. Ele tornou possível o filme colorido tanto quanto inúmeros fotógrafos. Um velhinho que está na Kodak agora inventando um filme em que você corta toda a luz e projeta lá no fundo, esse cara é um autor. Os filmes da nossa vida foram feitos por milhares de pessoas, muita gente, não só o diretor.

Não tenho nenhuma caixa de surpresa para vocês, nenhum filme senegalês que eu tenha visto, que ninguém viu e eu revele. Os filmes que eu gosto são provavelmente os filmes que a maioria de vocês gosta. Os filmes que eu citei e que por algumas razões extremamente pessoais, adquirem uma grandeza que provavelmente não têm, ou só se confirma muito tempo depois. Meu pensamento é absolutamente errático, dependo muito do auditório para conversar.

Respondi uma coisa uma vez e a pessoa tomou como brincadeira, mas não era. Para um diretor de cinema, a grande influência é a pessoa com quem ele aprendeu a trabalhar. Aquilo que está na tela é uma experiência intelectual, pessoal, mas há uma grande distância entre o que você vê como espectador e a prática do cinema. A feitura do cinema é outra coisa. Quando você está num estúdio diante de uma determinada cena, aquela referência te ajuda no roteiro, em outras instâncias, mas não na feitura, no seu caminho para você realizar um filme. Talvez as minhas grandes experiências tenham sido com os diretores com quem eu trabalhei. Não trabalhei com nenhum diretor de longa-metragem; venho do cinema publicitário. Talvez o diretor que mais tenha me influenciado na vida seja um sujeito chamado Julio Xavier da Silveira, o melhor diretor de publicidade que tinha na época, é o melhor ainda hoje. Foi com ele que cheguei ao set e comecei a ver o que você deveria fazer, onde se coloca uma câmera e por quê. A linguagem das lentes, que lente é essa, por que uma lente 75 é diferente de uma lente 18. Os filmes na tela não te dão isso, e sim as pessoas com quem você trabalha. Minhas influências são essas, no meu métier: o Chick Fowle, fotógrafo de *O Cangaceiro* (Lima Barreto, 1953), de *O Pagador de Promessas* (Anselmo Duarte, 1962), diretor técnico de uma empresa de comerciais. Quando eu tinha uma folga, ia lá, conversava com o velho Dick, um inglês maravilhoso até perto de morrer, era tão inglês mas tão brasileiro

VERA CRUZ

O CANGACE

também... E a gente ficava conversando sobre cinema. "Chick, por que essa luz aqui está assim, o que eu faço com essa luz?". Ele começava a me orientar. Dizia "faz isso, faz aquilo, esse negativo é mais sensível, esse é menos". A técnica do cinema é outra coisa. Eu supostamente aprendi a trabalhar com a Vera Cruz. Nunca trabalhei na Vera Cruz, mas com pessoas que saíram de lá e foram fazer publicidade, televisão. Eles tinham esse sistema da Vera Cruz, um sistema inglês, com muita disciplina, planejamento, reflexão anterior; quando você chega ao set, já tem que saber exatamente aquilo que vai fazer. Porque o imprevisto vai ter mesmo, então é bom você estar prevenido para as coisas previsíveis, para não acumular coisas previsíveis e imprevisíveis, aí fica um caos. É um cinema muito disciplinado. Não é uma coisa que dê muita margem para: "Oh, o que eu vou fazer agora?". Me arrepia isso, pensar numa equipe de 25 pessoas te esperando, e você falando: 'bem, talvez...". Isso é uma questão de planejamento, uma grande influência desse tipo de cinema, o que vai um pouco em desacordo com o cinema da minha época, que era o Cinema Novo, que eu respeito, foi um grande cinema e colocou o Brasil na tela. A Vera Cruz, com todo o respeito, não era Brasil. O Cinema Novo colocou o Brasil na tela, é inegável. Por outro lado, eles tinham uma forma de trabalhar que eu não consigo ter, e o cinema paulista não consegue. O Walter Hugo Khoury não trabalhava assim, o Roberto Santos, o Luis Sérgio Person, eles trabalhavam mais de acordo comigo, que é mais paulista nesse sentido. É uma cidade de indústria, portanto pressupõe-se uma divisão do trabalho, toda a disciplina, tem que chegar no horário, senão o patrão te manda embora. O paulista está mais acostumado com a disciplina pessoal do que o carioca, que é mais livre, mais solto, mais improvisado, é outra história. O que eu fico surpreso é quando eles nos excluem do Brasil. A gente é um dos Brasis possíveis, o Brasil é um conjunto de países, digamos. A gente é um dos Brasis, eles são legitimamente também, claro. Mas há diferentes maneiras de você trabalhar. São Paulo tem uma cara, uma personalidade. Você vê os cineastas mais jovens. O Beto Brant trabalha assim, que eu saiba, é uma linha.

PERGUNTA: VOCÊ SE CONSIDERA UM AUTOR MODERNO?

Há perguntas que eu pessoalmente não me faço. É dever do artista não se fazer esse tipo de pergunta. Duvido que qualquer grande artista na história da arte tenha dito: "eu vou ser moderno". Você esta vivendo na sua contemporaneidade. A questão da identidade é a mesma coisa. O meu filme é brasileiro porque eu sou brasileiro. Sou brasileiro com uma série de injunções que traz isso. Mas é possível verificar, ou não, se o filme é honesto. O que ele está querendo me dizer? Estou de acordo que é preciso saber a intenção do diretor. Se é ganhar dinheiro, impressionar o exterior, essa intenção é não só facilmente identificável como salta aos olhos de qualquer pessoa. Eu diria para você que o filme que tem identidade é honesto, esse cara quis me dizer exatamente isso. O que ele está querendo me dizer não está maculado por tensões puramente comerciais, de carreira, vaidade pessoal. É um artista que está se exprimindo. Buscar outras coisas, eu não sei. O filme brasileiro é como o negócio do moderno, você vive na contemporaneidade. Tem expressões que eu acho complicadas. "Pessoas à frente do seu tempo". O que é isso? O que é estar à frente do seu tempo? Uma pessoa é produto do seu tempo, não há um artista à frente dele. Isso é uma expressão que impressiona, é espirituosa, cheia de glamour, mas não quer dizer nada. É como a identidade. Qual é a identidade do Brasil? É uma cidade como São Paulo? É a Bahia, o Rio Grande do Sul? Não tem. Mas existem artistas que se expressam de uma maneira particular, mais visceral, mais pessoal. Quando você sente que o que ele quis dizer é realmente o que ele queria dizer, independente de qualquer outra coisa, ok! Mas às vezes você sente que aquilo está trespassado por intenções não muito claras, modismos, temas que se sucedem porque um filme anterior foi bem, ou uma corrente de filmes com o mesmo tema. Será que aquilo era uma coisa que respondia a um desejo interior, uma necessidade interior de se exprimir, do artista e da sua equipe, de uma equipe que acredita no artista? Acho que é bem por aí a identidade; é descobrir se aquele cara está sendo verdadeiro.

PERGUNTA: QUAL É O PAPEL DE UM DIRETOR DE CINEMA?

Acho que o diretor e os assistentes de direção são as pessoas que veem o filme claramente, como um todo. O diretor tem que ver; se não, tem que simular que está vendo. Ele tem que enganar a equipe, pois se a equipe perceber que o diretor não está vendo o filme, cada um começa a salvar seu próprio trabalho. É como se você estivesse num avião e as pessoas começassem a desconfiar que o piloto não sabe para onde o avião está indo. É trágico. O diretor tem que saber. Ele não precisa tocar os instrumentos, não precisa ser um fotógrafo, mas saber o que quer para obter um resultado que ele está vendo mais claramente que os outros. As funções no cinema são muito absorventes. Você fica com uma responsabilidade tremenda. Se eu dou para você a direção de arte do filme, o aspecto visual desse filme é sua responsabilidade. Você vai se enfronhar de tal maneira nisso que é inevitável que você perca a noção ampla, pelo menos tão ampla quanto a do diretor, porque é a função dele. Se eu te dou a fotografia, é uma coisa tão complicada tecnicamente, tão difícil, tão minuciosa, que depende de várias coisas (verba, condições de luz), é uma coisa obsessiva. As várias instâncias do filme têm uma profunda noção da sua função, mas uma noção não tão ampla do que está acontecendo. O diretor tem que ver tudo isso. E ouvir, porque eles vão formando o filme. Acho que o diretor, no fundo, finge que tem uma ideia clara. É um sujeito que consegue enganar a equipe que está vendo claramente, mas provavelmente não está. Ele tem uma ideia. Mas, se ele for um bom diretor, essa ideia tem que ser modificada.

Vou dar um exemplo (*sobre seu filme "Boleiros 2"*). Em direção de arte e cenografia isso é comum. A primeira coisa que um diretor de arte fala humildemente é: "como é que você está vendo esse cenário?". "Eu vejo um bar, no fundo tem não sei o quê... é um bar de jogador de futebol, tem que ter aquela poética". Quando volta o que a pessoa pensou, é um bar de dois andares. Eu nunca tinha pensado num bar de dois andares, com os jogadores em cima e o bar embaixo. Aí, você começa a falar: "sim, isso é muito bom. Eles vão descer como se estivessem na carreira, em cima ficam numa redoma, como se fossem prisioneiros da própria lei". O diretor burro é o que fala: "eu pensei num bar reto. Isso vai me causar problema, vai custar caro". O diretor inteligente, se vir uma concepção boa, muda sua ideia do filme. A produção vai dizer que vai custar mais caro, vai descabelar meio mundo, "eu não tinha pensado nisso". Dane-se, vai ficar melhor. O diretor acomoda a ideia que vem da equipe, se a equipe for boa, vão vindo contribuições, e você vai montando esse filme e simulando que sabe tudo. Às vezes você sente que o filme está fugindo, escapando e você se pergunta onde está indo. Impavidamente, você tem que simular que tudo está transcorrendo maravilhosamente. O pior de tudo é a equipe não confiar no diretor. Trabalhei com um chefe-eletricista que ganhou Palma de Ouro com *O Pagador de Promessas*, tem 50 anos de cinema. Caras como ele têm um faro, descobrem em cinco segundos se o diretor sabe ou não sabe. Se eles chegam à conclusão que você não sabe, dizem "vou salvar o meu", e aí vira uma colcha de retalhos.

Vou falar uma coisa perigosa: o cinema tem muito a ver com o exército, um talento militar. Discute-se antes, mas ninguém na hora da batalha vai falar: "desculpe, eu queria mudar isso ou aquilo". Porque o adversário é o tempo, ele está mandando fogo em você. Não tem muito o que discutir, tergiversar, o cinema feito na base do vamos ver é muito perigoso. Mas a equipe tem toda a liberdade de contestar, antes de começar a filmar. Provavelmente isso é contraditório, eu sou cheio de contradições.

PERGUNTA: MAS E SE, NA HORA DE FILMAGEM, VOCÊ PERCEBE QUE NÃO DÁ PARA SER ASSIM? VOCÊ ESTÁ NO MEIO DO CAMINHO QUE TRAÇOU, MAS DE REPENTE DESCOBRE QUE DE OUTRO JEITO É MELHOR?

Claro, o que eu estou dizendo é que você tem que mudar com ordem. Não é debandada, nem o caos. Mas é evidente, entre um take e outro, qualquer pessoa da equipe tem liberdade para chegar e dizer: "nesse plano aí, você está fazendo um negócio que não é assim". Perfeitamente. Você tem que ter é uma ordem, não pode virar um salseiro, não tem lugar para isso no cinema. Acabei de falar do cenário, mas um eletricista pode chegar e falar isso. Aliás, já falaram, quantas vezes o eletricista chegou e falou: "tem um figurante lá embaixo, ele está errado". Ele está perto das coisas, vendo por outro ângulo. Mas ele tem que vir no intervalo, falar e a gente corrige. No filme, você vai vendo o que está fazendo dia a dia. Antigamente, a gente via projetado numa tela, depois de revelado e copiado, todo dia ia ver o que tinha sido feito. À medida que você vai vendo as imagens, você vai formando sua cabeça. Ter uma surpresa é difícil, pois você vai vendo a imagem se formar dia a dia. Se você passou da metade, tem um filme caminhando numa determinada direção. Agora, com o digital, você vê até mais rapidamente. Mas fica sempre um sabor de "você devia ter feito outra coisa". A pior coisa que você pode fazer é avaliar mal o filme, ter um filme que requer X e achar que ele não requer isso, que você pode fazer com menos. É um erro fatal. Eu sempre fiz filmes cujo dinheiro era compatível com o roteiro que eu tinha. Mas a falha também é boa. Negócio muito perfeito não é humano.

Para falar de cinema, um acadêmico é muito melhor do que eu. Você está envolvido no centro do furacão. Tenho ideias que vou acumulando, mas não é sistemático. É capaz de alguém ver isso na USP e dizer: "é um monte de besteira o que esse cara está falando". Pouco me importa, mas é possível. Mas, como eu disse, a autoridade do professor é complicada, é para desafiar. Vamos deixar claro que quando eu falei "exército" é uma figura, não tenho nada contra. O exército é normal em qualquer nação, mas eu acho que o "símile" é esse. É a questão da disciplina e da batalha, você está numa batalha contra o tempo e contra o dinheiro. E contra suas próprias limitações, que também são grandes. Então, você tem que ter um plano de batalha.

INTERVENÇÃO: MAS NADA DISSO QUE VOCÊ FALOU PASSA QUANDO A GENTE VÊ A OBRA COMO PÚBLICO. É SÓ AQUELE PRODUTO QUE ESTÁ ALI.

Mas isso é importante. A imprensa é mal equipada em termos de entendimento do que é o cinema e seus subterrâneos. Nem tantos subterrâneos, até na sua superfície. Tem jornalistas excelentes, mas o jornalista vai à filmagem e vai entrevistar a atriz; não olha o que está acontecendo um pouco abaixo da superfície que é "o cinema". Então você cria lendas. O Fellini não tinha roteiro... Imagine! Ninguém sabia o que ia fazer, improvisava-se. Isso era muito comum nos anos 1960, para você justificar um pouco o seu próprio método de trabalhar. Então você justificava procurando analogias com grandes cineastas. O Fellini improvisava tudo! Tem um extra num filme do Fellini com o Terence Stamp (*Toby Dammit*, segmento do filme *Histórias Extraordinárias, Histoires Extraordinaires*, 1968), no qual ele fala daquela lenda de que o Fellini fazia as pessoas falarem números, ao invés de diálogos, e punha depois os diálogos na dublagem. As pessoas falavam números com as expressões que ele mandava e depois colocava o diálogo em cima. O Stamp, que é um ator inglês, chegou apavorado para fazer o filme com o Fellini, e disse: "Na maquiagem, na roupa, nesses aspectos, tinha muita improvisação, mas no roteiro não tinha. Eu vi uma mulher somente, que falava números, mas é porque ela não era atriz profissional, era uma nadadora e tinha algumas falas. Para evitar que se repetisse a cena, ela falava números. O resto da equipe toda falava texto". O cinema é impregnado de um glamour que, no fundo, ele não tem. Magia não tem, é um monte de gente preocupada, trabalhando como cães, dentro de um estúdio, às vezes quente pra caramba, todo mundo muito tenso. Você é obrigado a apaziguar, todo mundo confinado num mesmo ambiente, vários egos. O glamour é dado para se criar uma coisa mágica onde não tem. Daí fala-se que fulano de tal não usava roteiro, porque é bonito falar isso. Imagine se o produtor vai botar dinheiro num filme que não tenha roteiro. Quem é o maluco que vai fazer isso? O produtor pode ficar surpreendido com uma cena ou outra, um final que não estava no roteiro, mas o corpus do negócio tem que estar. Mas formaram-se lendas sobre o Fellini, justamente para justificar seu próprio cinema.

PERGUNTA: VOCÊ ACREDITA QUE A TELEVISÃO E A INTERNET VÃO MATAR O CINEMA?

Não me interessa muito como as pessoas vão ver o cinema. Como todas as artes, ele vai continuar falando sobre a vida. Se a vida continuar existindo e suscitando questões, os artistas vão falar. Como as pessoas vão receber essas obras não me importa muito. Eu não sou saudosista. Fiz comerciais de televisão por 30 anos, nunca entendi porque as pessoas falam que tem que trabalhar em close porque a tela é pequena. A tela é pequena, mas você está a três passos da tela. Só se for cego para não ver. Não entendo esse negócio da linguagem televisiva, corte aqui porque a tela é menor, não tem o menor cabimento. Para efeitos dessa sala (*o Cine Livraria Cultura*), essa tela é muito boa, para você exprimir o que você quiser. Aliás, do jeito que as pessoas estão se comportando hoje, prefiro ver em casa, assistindo um DVD, do que do lado de um idiota comendo um saco de pipoca desse tamanho, com um cheiro de pipoca horroroso, falando... Não é que eu seja saudosista, naquele tempo havia era uma corja também. Só que não se comia no cinema, o resto tudo bem. Não tenho nenhuma saudade desse negócio de tela grande. Agora a gente vai fazer filmes com 3D, mas não é isso o importante. Aonde vai se ver o seu filme não é importante; o importante é o que você falou. Se o filme é bom, vê numa televisão, vê num celular. Quando a transmissão implica em deturpar a realidade, aí é outra coisa. Estou falando de um aparelho de televisão que reproduza exatamente o que você vê na tela grande. Nada contra. Agora, ver num celular, já acho um problema. Se reproduzir exatamente as cores, os enquadramentos, tudo bem. Cada um vê do jeito que quer. O que eu acho que às vezes a transmissão é muito arruinada, a técnica da transmissão, e daí fica ruim o que você quis dizer. Mas se tiver uma boa projeção, pouco se me dá. Essas filigranas não levam a nada.

PERGUNTA: PARA O DIRETOR PODER DISTRIBUIR ESSA ENERGIA E SER ESSA PRESENÇA QUE ACALMA, QUE PERMITE QUE TUDO CONTINUE FLUINDO, EXISTE ALGUM TRABALHO PESSOAL PARA LIDAR COM TANTAS PRESSÕES?

Tem... Charme (risos). Depende, tem diretores que ficam muito tensos e que transmitem essa tensão, que pode até ser benéfica. A equipe tem que acreditar em você por alguma razão, e a razão maior é misteriosa. Você tem que convencer pessoas que seu projeto é bacana, que o filme tem que ser feito, e vamos lá. Eu não sei o segredo disso. Na hora da direção, você tem que dar um jeito de as pessoas continuarem a bordo, senão começa a saltar todo mundo, esse barco vai naufragar. Talvez a publicidade tenha me ensinado isso. Você tem que encantar um pouco a equipe, é verdade, ou açoitar a equipe. Tem vários métodos. O Truffaut, quando era crítico da *Cahiers du Cinéma*, escreveu uma vez numa crítica: "Só me interesso por filmes quando vejo na tela a alegria ou a dor do diretor de estar fazendo esse filme". No meu caso, não tem dor nenhuma, nunca tive. Provavelmente alegria. Mas eu acho essa frase fundamental. Ou você tem a alegria — não é a equipe saltitante, tem que ter tensão —, ou você está dolorosamente fazendo o filme. Só que sai todo mundo morto, extenuado, e depende da personalidade do diretor. Para mim me agrada fazer cinema; eu fazia, agora não faço mais, comerciais. De repente, estou sentindo o cheiro da tinta que estão passando no cenário que eu vou ver, é o que eu quero. Aquela é a essência do que eu faço, quando vejo a câmera ser montada. Filmo qualquer coisa. Entre filmar qualquer coisa e não filmar, filmo digital, não tem problema. Ontem passou um filme meu aqui na Mostra (*Solo*, 2009). Eu não vim porque estava filmando.

PERGUNTA: O QUE VOCÊ MAIS GOSTA NA PRODUÇÃO DE UM FILME ALÉM DE DIRIGIR?

Eu escrevo os roteiros, isso é um grande prazer. Pois quando você escreve os roteiros não tem ninguém objetando, é gostoso. O trabalho de direção tem aspectos muito bons. Isso da atmosfera você vai adquirindo. Não sei se gostar seja a palavra adequada, mas eu sinto falta de entrar no estúdio, coisa que fiz durante muitos anos. Ver, colocar a luz, ver o cara que está colocando luz, esse processo é necessário, mas gostar para valer mesmo, talvez seja o roteiro. Gosto de dirigir atores, gosto deles como pessoas, eu respeito um ator. Nunca tive problema com ator nenhum, pois talvez ele sinta se você gosta dele ou não. Você pode fazer filme e não gostar dos atores, do ator em si, da profissão, do métier; talvez você não saiba como falar com eles. Dirigir ator é um negócio que me agrada muito. O que eu não gosto é de montar. Ficar sentando ao lado do montador, corta aqui, põe ali. Pra que eu contrato o cara? Então contrata outro, um boy que tenha destreza no aparelho. Eu não gosto, ficar ali sentado, olhando a imagem.

PERGUNTA: COMO É O TRABALHO DO MONTADOR? ESSE TRABALHO PODE SAIR DIFERENTE DO QUE QUER O DIRETOR?

O montador não tem muita liberdade. Ele tem liberdade dentro do material que existe. O Hitchcock, quando veio para os Estados Unidos, trabalhava com o Selznick, que era um terror como produtor. O Selznick era o verdadeiro dono do filme, ele demitia o diretor no meio do processo. Ele demitiu dois em *E o vento levou* (*Gone with the wind*, Victor Fleming, 1939). Selznick encarnava o filme. Ele ia ver o material do Hitchcock e pedia várias opções ao montador, que dizia: "olha o que ele me mandou". Sabendo que o Selznick ia lá mexer no filme, o Hitchcock já mandava de uma maneira que não tinha nenhuma opção e acabou saindo. Acho que foi *Rebecca, a mulher inesquecível* (*Rebecca*, 1940) que ele fez com o Selznick e só. Porque ele não dava opção de montagem. Isso era intencional no caso do Hitchcock. Mas de qualquer maneira, em qualquer filme, o montador se move dentro de um universo de imagem que lhe é dado, ele não cria. A não ser que o filme seja uma loucura. Eu me lembro de um filme que eu vi há uns duzentos anos. Era um daqueles filmes B brasileiros, uma loucura completa, faltou material. O montador enlouqueceu! Um caminhão estava andando por um caminho rural e ele cortava para planos de árvores. Ele arrumou uns documentários sobre mata e cortava para uma árvore, depois voltava para o caminhão, depois para outra árvore, o caminhão andava. Isso é quando o material é precário ou quando o diretor não sabe o que ele quer. Quando ele sabe, o montador tem que seguir um caminho. Mas ele modifica sim, e às vezes com ideias muito boas, mas modifica dentro do material dado, não no filme todo. Uma sequência pode ficar muito melhor se um montador hábil percebe uma outra vertente naquele material, mas não no filme, nem o montador quer. Atores, montadores, fotógrafos têm horror da improvisação, você quer deixar um ator inseguro e fora de si é chegar para um ator e dizer: "Olha, você vai falar com ela, ela é sua amiga, vocês trabalham juntos, você gosta dela, improvisem aí um diálogo". Como assim? Primeiro que não é função deles escrever diálogos, nem criar diálogos. Isso dá uma insegurança tremenda para o ator. Pode acontecer de sair uma coisa maravilhosa, mas é um episódio. Se você fizer isso de maneira contumaz, é uma loucura. Ninguém gosta de ter a responsabilidade para fazer uma coisa que não é responsabilidade sua. "Vamos iluminar essa cena aqui, improvise". Como "improvise"? Principalmente para a fotografia há regras de ótica, de iluminação que têm que ser cumpridas.

ebecca

Joan FONTAINE

"CINEMA COMO POESIA
DO COTIDIANO"

— **GOMES MARCELO**

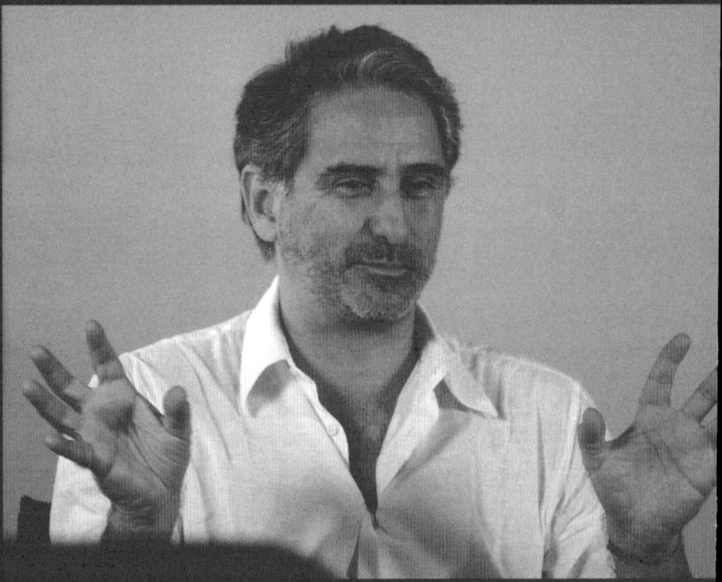

Minha história com o cinema começou com um cineclube no Recife, quando não existiam cinemas de arte. Eu e uns amigos, cansados de só termos como opção a programação de blockbusters americanos, construímos um cineclube chamado Jurando Vingar, que a gente jurava que ia dar certo. Depois desse cineclube, fui para a Inglaterra, estudei cinema lá, mas considero que esse cineclube foi a minha grande escola. Foi onde talvez eu vi a maioria dos filmes da minha vida, os quais vou falar agora.

Antes mesmo do Cineclube, e não sei por qual razão, eu procurava os cinemas da cidade que tivessem uma programação alternativa. Nessa época, existia um cinema chamado Teatro do Parque, que passava filmes fora do circuito comercial — a única opção que tinha na cidade. É meio inexplicável porque se escolhe um livro de um escritor e não de outro, e escolhemos um pintor e não outro, ou um tipo de cinema e não outro. Acho que existem dois tipos de filmes: aqueles que você assiste e se diverte e depois de uma semana ou duas, você esquece; e outros que você assiste e ele fica batendo na sua cabeça dias e dias, meses e anos. Filmes que instigam a sua imaginação, sua memória e sua emoção. Não sei por que a maioria desses filmes chamam-se autorais ou filmes de arte. Então vou tentar lembrar alguns desses filmes que assisti nos cinemas de arte e também que assisti nesse cineclube, que me influenciaram muito.

Primeiro tem um elemento muito importante: eu era muito ignorante em relação ao cinema brasileiro. O primeiro encontro forte foi uma vez que teve uma mostra dos filmes do Glauber Rocha, logo após a morte dele; um cinema do Recife passou todos os seus filmes. Nunca mais esqueço que fui ver *Maranhão 66* (1966), com o Glauber fazendo um documentário sobre a situação econômica, política e social do Maranhão. Ele mostrava imagens extremamente miseráveis da condição social da população, os hospitais públicos, as favelas da cidade de São Luís. E em off, você escutava o discurso de posse do governador do Maranhão, que na época era um senhor chamado José Sarney. Este filme do Glauber é de 1966, e o engraçado é que eu o assisti em 1986, época em que o Sarney era presidente (risos), hoje estamos em 2010 e o filme é extremamente contemporâneo, atual – tanto o discurso do Sarney, com todos os clichês de um discurso de um político tomando posse; e em contrapartida, as imagens da crueza da realidade do Maranhão. Nunca mais esqueci esse filme, porque o Glauber era muito famoso por *A Idade da Terra* (1980), um filme maravilhoso, que depois descobri que sempre passou no Brasil com os rolos trocados (gostei mais ainda do filme depois que soube isso). Gostei de *A Idade da Terra* tanto quanto gostava de *Deus e o Diabo na Terra do Sol* (1964), um filme que influenciou muito o meu primeiro filme – depois falo o porquê. É esse o tipo de cinema que considero incrível e impressionante. Quando você o faz, no caso em 1966, com uma simplicidade extrema, e depois de tanto tempo – 44 anos – o filme ainda diz muito da atual realidade política, econômica e social desse país

Nesse meu primeiro contato com o Glauber, fiquei muito tocado com os filmes dele, como em *O Dragão da Maldade Contra o Santo Guerreiro* (1969), que me impressionou pela construção alegórica que fazia do Brasil. E também filmes de uma compreensão mais difícil, como *Cabeças Cortadas* (1970). Foi realmente um grande impacto essa mostra dos filmes do Glauber Rocha. É engraçado, quando fui fazer meu primeiro filme, *Cinema, Aspirinas e Urubus* (2005), as pessoas falavam "nossa, a fotografia do seu filme parece muito com a fotografia dos filmes do Cinema Novo", o que para mim é bem sintomático. Porque os filmes que ficam na sua mente são os que vão influenciar seu trabalho lá na frente, e os filmes que você não guarda se esvaem.

Quando construí esse meu cineclube, eu tinha a preocupação grande de mostrar filmes brasileiros. Um dia, fomos exibir *Matou a Família e Foi ao Cinema* (1969), do Julio Bressane. Comecei a assistir àquele filme e de repente vejo aquelas duas mulheres loucas, uma rindo pra outra, tocando

CINEMA ASPIRINAS E URUBUS

UM FILME DE MARCELO GOMES

aquela música do Roberto Carlos no vinil, cada uma com um revólver se matando. Falei "meu Deus, e pode?" Pode fazer isso no cinema? Nunca mais esqueci essa cena.

A gente fazia várias mostras. Como no Recife tem vários consulados, a gente conseguia os filmes indo a eles. Uma vez, a gente exibiu um filme do Almodóvar que não havia nem estreado no Brasil. O filme era *Pepe, Luci, Bom y Otras Chicas del Montón* (1980). Fiquei muito curioso com aquele universo do Almodóvar, aquela mulher dona de casa apaixonada por um policial. E de repente aquela mulher fazendo xixi na cabeça do policial, e novamente eu falava "Pode ter essa liberdade no cinema?". Por que não falar do subconsciente das pessoas no cinema? Esses filmes foram fazendo a minha cabeça, e comecei a me interessar pela filmografia desses autores. Fui assistir *O Que é Que eu Fiz Para Merecer Isso?* (*¿Qué he hecho yo para merecer esto!!*, 1984), *A Lei do Desejo* (*La Ley del Deseo*, 1987) e outros filmes do Almodóvar.

A mesma coisa aconteceu com o Woody Allen. Ele é um caso interessante nesse assunto de gostar de um pintor e um escritor. Lembro que, aos 18 anos de idade, eu me interessava pela pintura de Salvador Dalí e hoje não gosto mais do Dalí. Com o passar do tempo a gente vai mudando o gosto, faz parte da vida. Isso acontece em literatura, pintura e cinema. O Woody Allen foi muito interessante, porque os primeiros filmes dele, *Bananas* (1971), *Sonhos de um Sedutor* (*Play it Again, Sam*, 1972) e *Tudo o Que Você Queria Saber Sobre Sexo...* (*Everything You Always Wanted to Know About Sex...*, 1972) foram filmes que me marcaram muito, porque também tinham essa liberdade, essa ousadia no pensar. Hoje em dia, abandonei completamente a cinematografia do Woody Allen, parei de ver os filmes dele há muito tempo. Acho que *A Era do Rádio* (*Radio Days*, 1987) e *A Rosa Púrpura do Cairo* (*The Purple Rose of Cairo*, 1985) foram os últimos que vi e realmente gostei. Da fase atual vi filmes como *Match Point – Ponto Final* (*Match Point*, 2005), *O Sonho de Cassandra* (*Cassandra's Dream*, 2007) e eles não me dizem muito, como diziam os

Everything you ys wanted to k about sex *

*"But were afraid to ask"

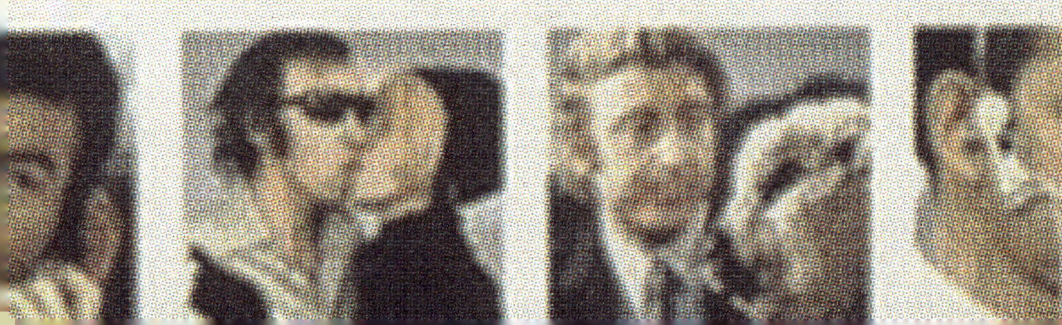

GOTTES

filmes que eu via antes. Talvez esses filmes, que não são os filmes da minha vida, como esses novos do Woody Allen, estão me ensinando que eu preciso me renovar dentro do meu pensamento, porque mudei também e tenho que ter pensamentos diferentes, ou seja, os não-filmes da minha vida vão me ensinar a fazer os filmes durante a minha vida.

Voltando para o meu cineclube, lembro que tive contato com meus primeiros filmes de vanguarda, tanto a americana como europeia. Foi ali que vi muitos filmes do Godard, do Truffaut, do novo cinema alemão e do novo cinema britânico, que na época (final dos anos 1980) estava muito em voga. Lembro ainda que vi muitos filmes do Herzog, um cineasta que até hoje – diferente do Woody Allen –, mesmo quando faz filmes que a própria crítica fala mal, eu vou assistir, porque ele fez uma série de experiências no cinema que me impressionaram muito. Houve três cineastas europeus que na época influenciaram muito a gente no Recife: o Bergman, o Herzog e o Fassbinder. Éramos muito jovens, tínhamos 17, 18 anos, e víamos muito esses filmes; tem um amigo nosso de lá que diz: "O Bergman acabou com a minha felicidade juvenil" (risos). No verão de 40 graus do Recife no verão, a gente assistia àqueles filmes frios, aquela atmosfera fria dos filmes do Herzog, do Bergman e do Fassbinder, e era uma experiência maravilhosa. Entre esses filmes posso citar o *Fata Morgana* (*Fata Morgana*, 1971) e o *Coração de Cristal* (*Herz aus Glas*, 1976), do Herzog – vim a descobrir que todos os atores desse filme foram hipnotizados para atuar. Após descobrir isso, vi o filme umas duas, três vezes. Sugiro a vocês que assistam também, é uma coisa impressionante. Nunca vi um filme com os atores em estado de hipnose.

Depois veio o *Fitzcarraldo* (1982), *Aguirre – A Cólera dos Deuses* (*Aguirre, der Zorn Gottes*, 1972). O primeiro, de uma forma ou de outra, tem um alemão na Amazônia, e no *Cinema, Aspirinas e Urubus* também tem um alemão indo para a Amazônia... Brinco muito quando as pessoas falam do meu filme e perguntam "O que aconteceu com aquele alemão do filme que vai para a Amazônia?", e eu respondo que foi trabalhar com o Fitzcarraldo. Esses filmes estão na minha cabeça e na minha memória, de uma forma ou de outra. Lembro de todos os filmes do Fassbinder, *Roleta Chinesa* (*Chinesisches Roulette*, 1976), *O Casamento de Maria Braun* (*Die Ehe der Maria Braun*, 1979), *O Amor é Mais Frio que a Morte* (*Liebe ist Kälter als der Tod*, 1969). Eram filmes tão estranhos que eu não entendia alguns deles na época.

No cinema tem filmes que você não entende, mas fica querendo ver novamente para talvez entender mais, mas só assistir já é uma grande experiência. E outro que você assiste, não entende e não quer entender e nunca mais ver. Esses filmes do Fassbinder e do Bergman eram do primeiro tipo. Fui ver *A Flauta Mágica* (*Trollflöjten*, 1975) e *Cenas de um Casamento* (*Scener ur Ett Äktenskap*, 1973) e não entendia completamente. Eu achava maravilhoso esse mistério, esse enigma dos filmes. Estou fazendo um filme no Recife sobre jovens e eles têm dramas existenciais muito fortes. O interessante é que são os mesmos dramas existenciais da juventude da Suécia, mas os daqui têm uma praia para ir, têm o sol. Mas os dramas são os mesmos. O que muda é o clima, a geografia, a latitude e longitude. O ser humano é ser humano. Há alguns anos vi um filme do Bergman, *Monika e o Desejo* (*Sommarem med Monika*, 1953). Conversando com os suecos que estão aqui na Mostra, achei engraçado porque o filme lá se chama 'O Verão de Monika'. Falei para eles que talvez fosse uma questão cultural (risos), que o desejo está sempre presente aqui no Brasil.

Saindo um pouco da Escandinávia e da Alemanha, indo para o Terceiro Mundo, também há filmes que tem uma semelhança política, econômica e social tão grande com a gente, que quando o filme começa você diz "nossa, que lugar parecido com o Brasil", e não é; é um filme mexicano, argentino ou talvez iraniano, filipino, e penso "meu Deus, como parece com o Recife essa cidade, só muda a língua" (risos). De uns anos para cá fui muito influenciado por esses filmes,

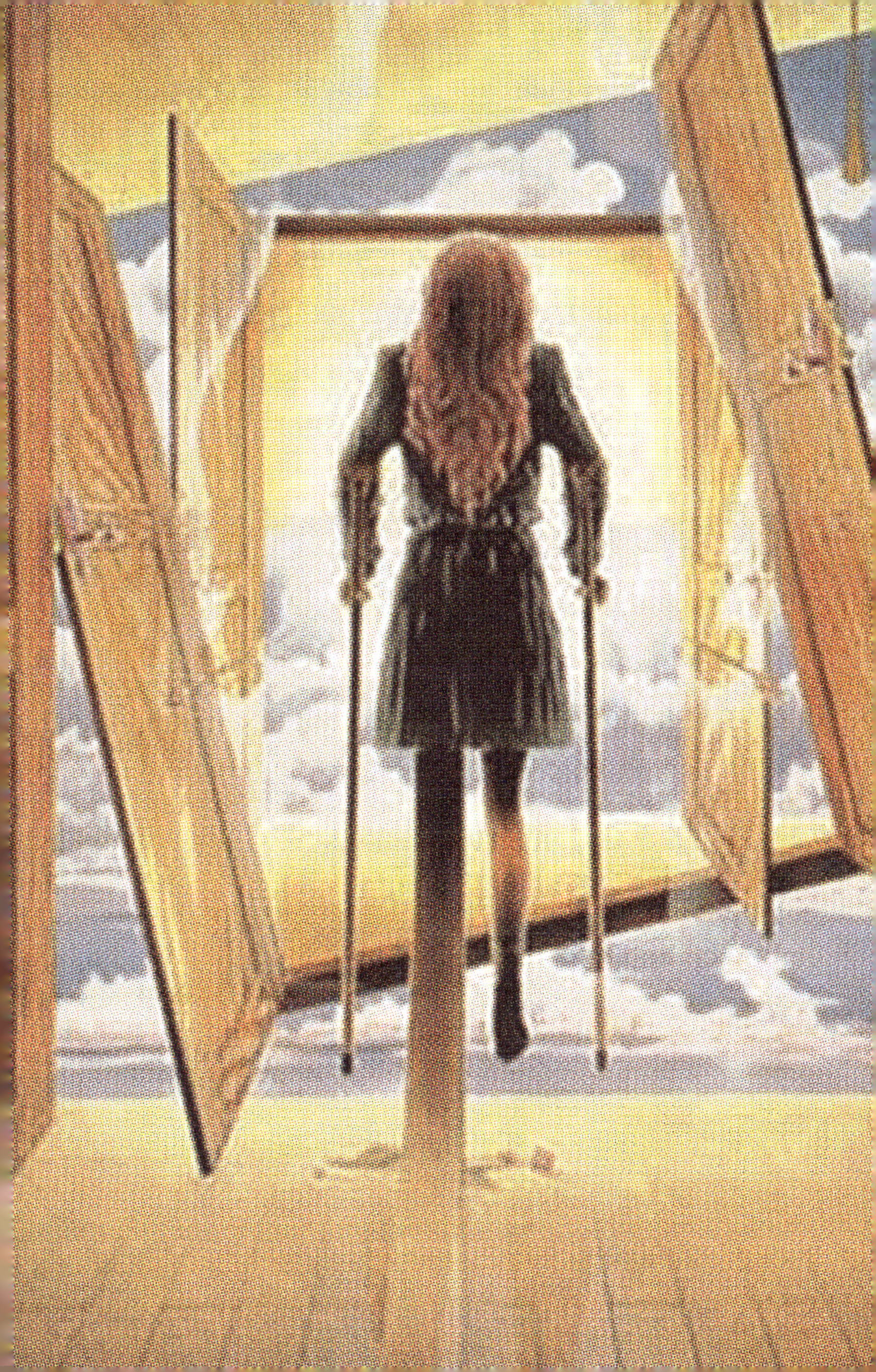

como o *Close-up* (*Nema-ye Nazdik*, 1990), do Abbas Kiarostami, um filme que me impressionou muito, assim como o *Gosto de Cereja* (*Ta'm e Guilass*, 1997). Marcaram muito a minha vida, pois me fizeram ver que era possível fazer filmes assim, onde não existe um final resolvido. O final fica dentro do espectador para construí-lo. E filmes como o Close-up em que não existe uma divisão tão forte entre documentário e ficção, verdade e mentira.

Tem alguns dogmas no cinema americano; um deles diz que a sua vida tem que ser espetacular para virar um filme. O Abbas Kiarostami me ensinou um pouco da poesia do cotidiano, que está na vida de cada um e que pode virar filme. O *Gosto de Cereja* influenciou demais o *Cinema, Aspirinas e Urubus* e, para minha alegria, no dia em que fui apresentar meu filme em Cannes, quem estava no júri era o Kiarostami. Achei que não ia ter coragem de apresentar meu filme a ele (risos). Quando acabou o festival, tive uma rápida conversa com ele, que me disse: "Seus filmes são iguais aos meus, não acontece nada!". Foi o maior elogio que eu poderia receber na minha vida de cineasta (risos), porque fui influenciado por esse tipo de cinema. Também há vários cineastas do Terceiro Mundo que me influenciaram muito, como *O Pântano* (*La Ciénaga*, 2001), da Lucrécia Martel. Quando acabei de assisti-lo, parecia que eu tinha feito duas horas de sessão de psicanálise! Aquela família dela era igual à minha, a infância dela era igual à minha, as brincadeiras, o jantar, o almoço... Todo mundo falava alto ao mesmo tempo e ninguém se entendia (risos). Tem filmes que transcendem o gostar ou não gostar. Tem muitos outros filmes que foram importantes para minha formação cinematográfica e me ensinaram mais sobre o Brasil do que muitos filmes brasileiros, como por exemplo os filmes mexicanos, iranianos, argentinos e vários outros da América Latina nos últimos dez anos.

De uns cinco anos para cá, acho que o cinema que mais tem me atraído é o asiático, do Hou Hsiao-hsien, Jia Zhang-ke, Tsai Ming-liang, Wong Kar Wai. Um deles é *Amores Ex-*

pressos (*Chong qing sen lin*, de Wong Kar Wai, 1994), que fala muito da solidão nas grandes cidades, com uma atmosfera de países em desenvolvimento como o nosso. São filmes que falam muito do Brasil. Estava pensando nisso, porque estou desenvolvendo um roteiro que fala muito de solidão... O Brasil é um país de grandes cidades, e poucos filmes falam sobre a questão da solidão nas grandes cidades, uma questão tão profunda. Os filmes asiáticos estão falando isso com uma propriedade muito grande. Assisti *O Mundo* (*Shijie*, 2004) do Jia Zhang-ke, sobre um lugar que tem na China que é como a Disneylândia e tem uma réplica de várias cidades do mundo. Como eles não podem viajar, já que o governo não deixa, eles construíram esse lugar onde você pode ir para Paris, Tóquio, Manhattan, e pequenos protótipos de cidades do mundo, onde trabalham pessoas de vários lugares para serem como os personagens daquelas microcidades. Tem uma cena com uma mulher que é indochinesa, que faz parte do grupo de figurantes dessa microcidade. Ela vai ao banheiro e se encontra com uma russa que está fazendo figuração em Moscou, no meio daquele Kremlin. Uma não sabe falar a língua da outra e isso cria uma cena maravilhosa, sem diálogo entre elas.

Desde que me tornei uma pessoa que trabalha com cinema, me interesso por filmes que tentam contar histórias de formas diferentes, porque acho que instigam mais a imaginação e me estimulam a continuar trabalhando. Filmes como *Amor à Flor da Pele* ((*In the Mood for Love*, 2000) e *Felizes Juntos* (*Happy Together*, 1997), do Wong Kar Wai, e *O Rio* (*He Liu*, 1997), do Tsai Ming-liang. O Ming-liang constrói filmes fantásticos a partir de pequenos fatos do cotidiano, com poucos diálogos e ações. Nesse momento são filmes que me influenciam muito, como *O Sabor da Melancia* (*Tian Bian Yi Duo Yun*, 2005), que é um musical, mas comédia, mas que parece um filme pornô e que na realidade é uma tragédia. Essa mescla de estilos me interessa muito.

Voltando um pouco ao passado, quero falar de outros filmes que têm muito a ver com esses filmes asiáticos, porque

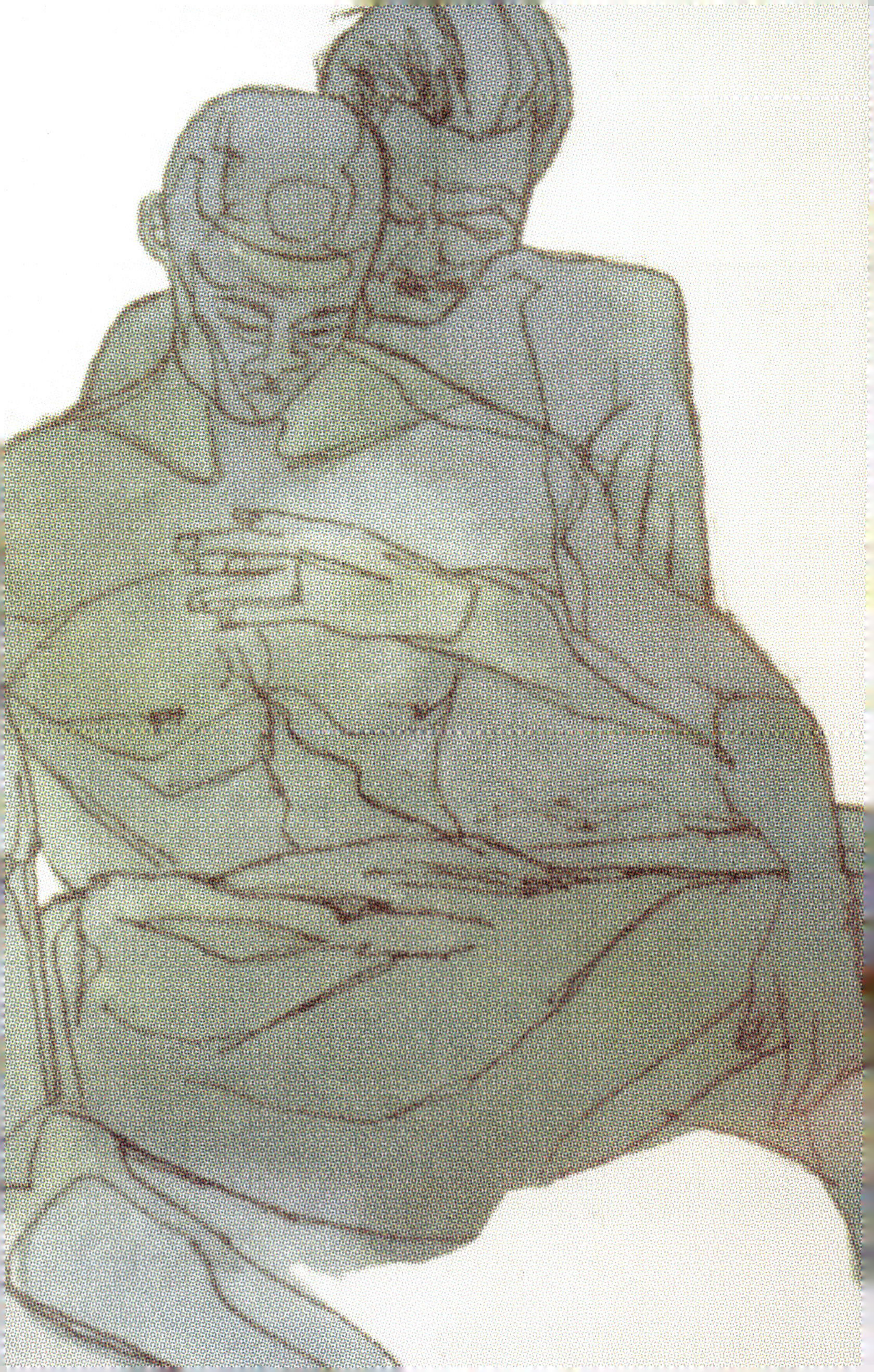

os influenciaram. Tem uma questão que o André Bazin (crítico de cinema) fala, sobre filmes "amigos". Os filmes do Michelangelo Antonioni influenciaram muito esse cinema asiático na questão da incomunicabilidade, como em *O Deserto Vermelho* (*Il Deserto Rosso*, 1964), *A Noite* (*La Notte*, 1961) e principalmente *O Passageiro – Profissão: Repórter* (*Professione: Reporter*, 1975), um filme amigo de *Cinema, Aspirinas e Urubus*, porque tem o repórter vivido pelo Jack Nicholson andando naquela estrada desértica e inóspita, convivendo com a cultura daquele deserto africano, completamente diferente da dele. E no meu filme tem aquele alemão que está viajando pelo sertão de Pernambuco é um "amigo" do *Profissão: Repórter*. Assim, a descoberta de um filme vai levando a gente a gostar de outros filmes.

Vocês viram que ainda não falei do cinema americano, mas é impossível. Saí do Recife e fui estudar cinema no interior da Inglaterra, o que foi um choque cultural em todos os aspectos: tive que estudar em uma língua estrangeira, dentro de um meio social que não era o meu. Tive que compreender as influências culturais que eles tinham para conseguir conviver com as pessoas e entender o que elas queriam refletir sobre cinema. Isso foi uma grande escola, foi quando eu tive um maior conhecimento, não só do cinema inglês, mas também do americano. Tive sorte de conhecer diretores como o John Cassavettes, com os filmes *Faces* (*Faces*, 1968) e *Sombras* (*Shadows*, 1959). Foram filmes que me mostraram que nos EUA também tinha gente fazendo aquele tipo de filme, com close-ups das pessoas, falando de problemas sobre os quais normalmente elas não falam. Também conheci filmes ingleses, principalmente de dois cineastas que me tocaram muito e que são bem "irmãos" do Kiarostami: Mike Leigh e Ken Loach. Os filmes deles mostram a verdade do cotidiano nas ruas. Tive muita influência dos filmes de Mike Leigh como *A Festa de Abigail* (*Abigail's Party*, 2007) e *Segredos e Mentiras* (*Secrets and Lies*, 1996). Ken Loach fez muitos filmes políticos, mas que não mostram aquela política panfletária e carregam em si toda uma estética cinematográfica, transcendendo a linguagem do cinema, coisa que o Sergei Eisenstein fez muito bem com o *Encouraçado Potemkin* (*Battleship Potemkin*, 1925).

Tem uma época de ouro do cinema americano que me influenciou muito quando fui fazer o *Aspirinas*, pois nele eu falava de questões políticas e sociais muito fortes dos anos 1940 e 50. Dentre esses filmes, cito o *Vinhas da Ira* (*The Grapes of Wrath*, 1940), do John Ford, que mostra uma família que entra num caminhão e vai para a Califórnia, em busca do sonho dourado americano. A viagem dá toda errada, o carro quebra, alguns personagens morrem e ao chegar lá o trabalho não paga bem.... O *Vinhas da Ira* parecia com aquelas histórias dos retirantes nordestinos vindo para São Paulo, que era a Califórnia deles. Outros filmes são *A Montanha dos Sete Abutres* (*Ace in the Hole*, 1951) e *Crepúsculo dos Deuses* (*Sunset Boulevard*, 1950), do Billy Wilder. São filmes daquela época dos anos 1940 e 50, que falam daquela verdade que a gente nunca escutava, parecia que você estava abrindo o diário secreto de alguém e contando dramas profundos. Talvez esse seja o grande momento do cinema americano, o período que mais me marcou.

Dentro do nosso cineclube fizemos várias mostras. Uma delas foi de filmes do Leon Hirszman. *Eles Não Usam Black Tie* (1981) é maravilhoso. Você pega um tema como greve de metalúrgicos, lutando por direitos trabalhistas. Um tema duro, jornalístico, e o filme é poético. E uma das cenas que nunca vou esquecer é a cena final, com o Gianfrancesco Guarnieri e a Fernanda Montenegro: já houve várias greves, a família está destruída e os dois sentam à mesa para escolher feijão. Nunca esqueço essa realidade tão dura e tão seca, mas tão poética que transcende o elemento político do filme. Também posso citar outro filme nesse sentido, que foi restaurado e exibido na 33ª Mostra, *A Hora da Estrela* (1985), da Suzana Amaral. Quando a Macabéa conversa com o homem que deseja seduzir, eles caminham e ela não tem o que falar, porque o personagem dela é destituído de qualquer forma de articulação de ideias para falar. Ela passa por uma loja de ferramentas, vê parafusos na janela e fala para ele: "Você gosta de parafuso?" Quando vi essa cena, isso me tocou de uma forma tão profunda que nunca mais esqueci esse filme, porque fala dos momentos da nossa vida que a gente quer mais esconder, as nossas imperfeições.

No cineclube não exibíamos só filmes que mostravam a incomunicabilidade e a política (risos), mas também filmes que eram comédias que ficam para sempre na memória. Todo mundo pensa que esse é um gênero menor de cinema, a comédia. Uma comédia que eu vi, por acaso era o primeiro filme desse cineasta de quem vou falar, é um dos que mais me marcaram: *Abismo de um Sonho* (*Sheik Bianco*, 1952), do Federico Fellini, sobre uma moça que se casa com um rapaz apenas para conhecer Roma e os estúdios da cidade onde se faziam as fotonovelas, um gênero que quase não existe mais, e o Sheik Branco, que era o galã. Ela descobre o quanto tudo era fake, os estúdios, os cenários, que tiram toda a fantasia que ela criou com a novela, que, assim como o cinema, é uma arte de mentir. Me emocionou o fato de ver um personagem descobrindo bastidores, sair da posição de espectador. A partir desse filme passei a admirar a comédia como gênero e os grandes valores desses filmes. A partir daí, conheci também a chanchada brasileira, com um filme que se chamava *O Homem do Sputnik* (1959, de Carlos Manga) e era fantástico, sobre um satélite espião russo que cai no quintal de uma casa no interior de Minas Gerais e faz com que os EUA e a França saiam em sua busca. A França manda uma mulher linda, parecida com a Brigitte Bardot, para seduzir o caipira, e os Estados Unidos mandam um cara com uma caixa de Coca-Cola para seduzi-lo. Falei "gente, esse filme é de 1950 e fala tanto da gente, esse fato colonialista que carregamos aqui é tão forte, que nos esquecemos de ridicularizar."

Hoje, nós nos acostumamos a falar tantas palavras em inglês na mesma frase... Estava até falando outro dia sobre

GRANDE OTELO — DINA SFAT —

MACUNA

MILTON GONÇALVES — JARDEL FILHO —

títulos de filmes e mesmo nomes de cinemas. Na minha época os nomes das salas eram "Cinema Glória", "Cinema Vitória, "Cinema Moderno". E hoje é Cinemark, Market Place Box Office... Cinema não tem mais nome em português! Essa carga de cultura americana estava tão forte naquele filme, que o tornava extremamente político, mesmo você rindo dele o tempo inteiro. Quando fui fazer o *Cinema, Aspirinas e Urubus*, achava o filme muito triste, sobre dois perdedores e sobre pessoas que não têm destino certo na vida, e achei que o filme ia deixar todo mundo muito triste quando passasse no Brasil. E uma das primeiras exibições dele no Brasil foi durante o Festival de Cinema de Manaus. As pessoas riram do inicio ao fim com o filme, e isso também aconteceu quando o filme entrou em cartaz, as pessoas não pararam de rir com o filme! E falei para o João, meu produtor: "Nossa, acho que fiz uma comédia sem querer". Acho que isso aconteceu porque esses filmes que traziam essa comédia me influenciaram muito. Pena que não lembro agora outros filmes do gênero que eu goste tanto. Acho que o humor faz parte da vida. O Woody Allen disse que humor é tragédia depois de um tempo, ou seja, é você rir depois de muito tempo de uma tragédia que aconteceu na sua vida. Todo drama tem um lado engraçado muito grande. Tive muita sorte por trabalhar com o João Miguel, que tem uma veia cômica extrema. Muitas pessoas falaram para ele que tinha muito do Mazzaropi no trabalho dele no filme. Pensei: "será que é o Homem do Sputnik que está ali no meu filme e eu não sabia?" Essa veia cômica é muito importante nos meus filmes.

O Brasil carrega o traço do humor em sua cultura. Por isso vou falar agora de um dos filmes mais importantes para mim. A primeira vez que eu o vi eu não o entendi; depois li o livro e adorei, porque é completamente diferente do filme e foi uma das grandes obras que influenciaram a minha vida: *Macunaíma* (1969), do Joaquim Pedro de Andrade. O filme tem toda essa brincadeira sobre a colonização estrangeira que o Brasil recebe. A cena de abertura do Macunaíma é genial, quando essa índia grávida feita pelo Paulo José vai ter o filho, e nasce Grande Otelo (risos), um negro filho da índia. E que conhece uma deusa das matas que lhe dá um baseado para ele fumar. Ele fuma e vira um príncipe loiro (risos), o qual é o Paulo José, que também interpreta. Mas pode isso? (risos). Pode e isso é a cara do Brasil, essa confusão étnica que a gente vive. Voltando para o *Aspirinas*, acho que ele é um meio de entender quais são os filmes da minha vida. O filme mostra um alemão que vai ao sertão e tem que conviver com um sertanejo, são dois personagens de culturas diferentes. A descoberta das diferenças entre um e outro é que faz a construção dessa amizade, que só é possível por um fato muito importante: você se descobrir mais ao entender o outro. Ter estudado na Inglaterra e convivido com esse embate cultural, além de querer entender quem são os brasileiros e que cultura é essa que a gente vive, me fez gostar muito desse filme, e construir essa história sobre diferenças em um mundo que hoje é tão intransigente, tem medo de religiões diferentes e de culturas diferentes. À medida que você se expõe, você aceita melhor essas diferenças. Por isso, *Macunaíma* permanece sempre comigo. O filme brinca com a nossa realidade brasileira de forma incrível. Lembro que, quando estava na Inglaterra, tínhamos que escolher um filme para mostrar à classe, e eu decidi mostrar um filme que tivesse uma profunda reflexão sobre a cultura brasileira. Fiquei entre *O Bandido da Luz Vermelha* e o *Macunaíma*, e mostrei o *Macunaíma*.

O Bandido da Luz Vermelha (de Rogério Sganzerla, 1968) é outro filme com o qual tenho uma ligação profunda. Novamente pelo humor presente e pelo rádio, outra coisa muito presente como elemento de comunicação popular, seja pela música que vem dele, como pelas notícias, as novelas. O rádio é presente como algo muito popular e o filme do Sganzerla é fantástico nesse aspecto, de como ele reflete a cultura brasileira com todas as suas contradições e com um humor incrível, daquele assaltante cheio de sedução, que

BANDIDO DA
VERMELHA

nem assaltar direito sabe. Esses dois filmes para mim realmente sintetizam a cultura brasileira.

Tem outros elementos do cinema americano que eu queria ressaltar. Nos anos 70, o cinema deles trouxe uma série de cineastas muito importantes para a renovação da linguagem cinematográfica como um todo, e também dentro do próprio cinema americano. Eu via muitos filmes de sessões de domingo, filmes-catástrofe e de ação, e esses que vou falar foram diferentes disso. São os filmes do Martin Scorsese e do Francis Ford Coppola. E veio a questão: "Pode um ator fazer o que esse cara fez?". O Robert De Niro ficava uma hora em frente ao espelho fazendo aquilo. Ali vi que havia filmes americanos que não eram apenas entretenimento.

E teve também o *Apocalypse Now* (*Apocalypse Now*, 1979), do Coppola, um filme fortíssimo. O Marlon Brando faz um personagem-chave da história e fica o filme inteiro ou de costas ou em silhueta; você quase não o vê e só o vê em uma cena, mas ele está tão presente no filme que você lembra dele como um filme do Marlon Brando. No filme que estou apresentando na Mostra, *Viajo Porque Preciso, Volto Porque te Amo*, decidi com o Karim Ainouz (codiretor do filme) não mostrar o personagem principal o filme inteiro – o que deve ter uma influencia do Coppola (risos). Não é preciso apresentar o personagem para que você acredite nele ou sinta o drama dele? Por isso decidimos não apresentar. Quando vi *Apocalypse*, fiquei impressionado porque o Marlon Brando ficava maior e mais presente no filme, pois você o via como um grande mistério. E há dois tipos de mistério, aqueles que você não quer desvendar e os que você não consegue desvendar, e que por isso ficam mais bacanas. Depois, em uma entrevista, o Coppola disse que o Marlon Brando foi filmado de costas porque não havia decorado o texto e teve que dublar suas falas. Outro filme que eu adoro é o *Cidadão Kane* (*Citizen Kane*, 1941), do Orson Welles, que reflete sobre o fato de que quanto mais você investiga a vida de uma pessoa, o mistério aumenta. Um filme ao qual eu já assisti certamente mais de dez vezes. No primeiro minuto do filme você o vê com aquela bola, e depois tem quinze minutos de noticiário jornalístico falando sobre a vida desse cara, você fica sabendo tudo da vida dele, mas não sabe o que ele queria dizer com "rosebud", a palavra que ele fica repetindo. E só depois você descobre que é o nome do trenó da infância dele, mas também pode ser outra coisa. Tem um fato aí muito bacana do Orson Welles, que às vezes deixa um mistério que não dá para desvendar, pois o cinema nunca vai dar conta de mostrar a vida completa de uma pessoa. Nem a gente consegue se compreender em nossa plenitude total, e é esse o grande barato do *Cidadão Kane*.

Falando em cinema como arte de mentir, o Abbas Kiarostami fez o *Close-up* filmado como documentário. Eu fazia documentários para a TV, o Kiarostami fez documentários, e ainda quero colocar o Orson Welles nesse assunto. O Kiarostami filmou esse cara que conheceu uma moça e, para a família dela consentir com o namoro, ele diz que é uma pessoa muito importante, o diretor de cinema Mohsen Makhmalbaf. Os pais dela acham muito bom e decidem convidá-lo para almoçar na casa deles, e alguém da família conhecia uma pessoa que conhecia o Makhmalbaf e pergunta como é ele fisicamente, descobrindo logo que é outro tipo físico. Eles armam uma câmera escondida na sala que filma esse provável impostor. Tudo é filmado como se fosse um documentário, para pegar o cara no flagra. Então fazem muitos jantares, conversam com ele sobre os filmes, ele conta o que ele está fazendo e o próximo que vai filmar, como foi dirigir a atriz e tal; ele mente de forma maravilhosa. Até que um dia, quando ele chega, é preso pela polícia, e é uma cena horrível, ele chora... Ele passa seis meses na cadeia, e o cara que filmou todo o documentário para prendê-lo fica com pena e decide dar um alento para a vida dele quando ele sai da prisão. O documentarista filma a saída dele da prisão, diz que foi ele que gravou tudo e o apresenta ao Mohsen Makhmalbaf. Quando vi esse filme, senti uma emoção muito grande, porque assisti com uma amiga minha e ela disse: "Nossa, como ele conseguiu que o rapaz não percebesse que estava sendo filmado? Que incrível esse documentário!" Falei para ela que achava que aquilo era uma ficção, e ficamos discutindo duas horas se aquilo era documentário ou ficção. Claro, fui pesquisar e falei a ela que era realmente uma ficção, e ela ficou arrasada, sentindo-se enganada. Na mesma época, li um texto do Kiarostami falando que ele passou dez anos da vida dele indo a debates sobre o filme, nos quais sempre perguntavam se era ficção ou documentário. Ele respondia uma coisa linda, dizendo que não importava se era ou não ficção, se o ator sabia ou não que estava sendo gravado. O que importa é que tudo é um processo cinematográfico, que você usa para atingir um objetivo. O que importa é que, se existir uma verdade, você acredita nela. Porque o que é um documentário? O Jornal Nacional é verdade? Tudo o que você lê no jornal é verdade? Acho bonito o Kiarostami dizer que a verdade é o espectador que cria. Nesse aspecto, foram dois filmes que me influenciaram muito – O *Close-up* e o *F for Fake* (*Verdades e Mentiras*, 1975), do Orson Welles.

    Verdades e Mentiras tem que ser revisto e revisitado para as próximas gerações. O Orson Welles coloca uma garota com um corpo lindo caminhando de minissaia pela cidade nos anos 1970 em Madri, e todos os homens ficam olhando para ela. Ela passa por um cara, mostra um close do cara olhando para ela; ela passa por outro cara e mostra close do outro cara olhando para ela. E o Welles diz que, na verdade, esses homens estavam em outra situação, a mais de mil quilômetros de onde ela estava caminhando; eles na verdade não estavam olhando para ela. Ele os dirigiu separadamente e montou-os juntos. E aí ele corta para mostrar a história de um pintor que faz quadros maravilhosos, e a gente descobre depois que ele é o maior impostor da história, que ele copia quadros de Matisse, Picasso e vende para outras pessoas, ganhando dinheiro com isso e sendo perseguido pela polícia. Tem uma cena maravilhosa, na qual ele desenha um quadro lindo e assina "Picasso", rasga e joga na lareira, refletindo sobre o que é a obra de arte e o que é falso na arte. Quando assisti, achei incrível e vi que também podia se refletir sobre isso dentro do cinema.

Essa é a magia de um filme, desses filmes todos que eu falei. São filmes nos quais eu acreditei, naquele mundo que foi colocado à minha frente. Talvez eu tenha acreditado em uma cena, no choro de um personagem ou no filme todo, mas acho que foram elementos que tinha ali que me trouxeram uma verdade, seja a verdade factual de um documentário ou a verdade de uma ficção científica, como *2001 – Uma Odisseia no Espaço* (*2001 – A Space Odissey*, de Stanley Kubrick, 1968), um dos filmes mais maravilhosos que existem. É uma pena que eu tenha esquecido de falar do Kubrick... Mas são filmes que trazem uma verdade, seja ela numa ficção científica ou num filme maravilhoso como *Iracema – Uma Transa Amazônica* (1981), do Jorge Bodanzky, que é quase documental. Eu falei com ele há dois dias, falei que tinha muito de Iracema no meu novo filme, e ele me disse: "Aguarde, porque o meu novo filme tem muito dos seus dois" (risos). Temos aí novamente os filmes amigos, que dialogam. Então seja o *2001* ou o *Iracema*, todos eles têm a sua verdade.

Esses são os filmes da minha vida.

MEUS MELHORES
FILMES DO MUNDO

—DIMENSTEIN, GILBERTO

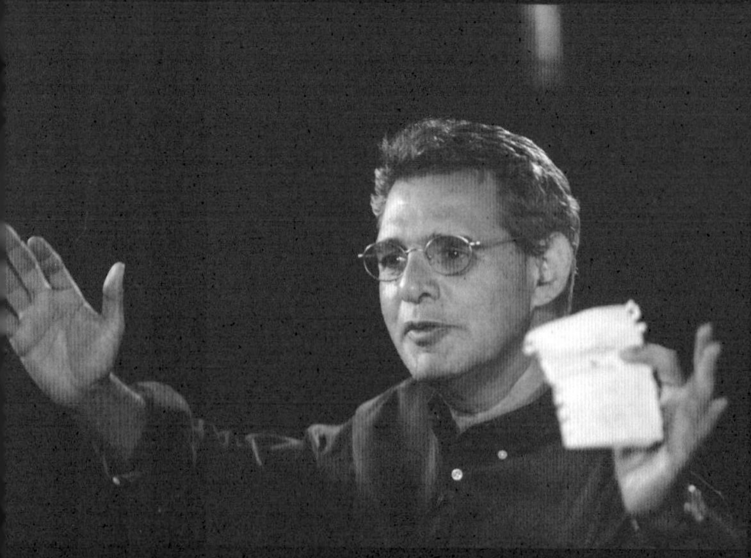

O filme que mais me marcou não é o melhor filme que assisti. Tive de esperar 53 anos para vê-lo – aliás, a idade que tenho hoje. Para entender a minha escolha, vocês vão ter que passar por outros filmes da minha vida.

Quando eu ainda estudava na PUC, vi um filme proibido chamado *Iracema* (*Iracema – Uma Transa Amazônica*, 1976), do Jorge Bodanzky, pai da Laís Bodanzky. Esse filme me marcou por vários motivos. Um deles é que eu nasci em São Paulo, mas sou de família amazônica, de judeus do Pará. Esse filme conta a história de um caminhoneiro que leva uma nativa em seu caminhão, e essa índia é prostituída. Nunca mais me esqueci as imagens do caminhoneiro com a menina.

Só que eu não sabia que essas imagens iriam produzir, muito tempo depois, uma das minhas mais importantes reportagens. Durante um ano, em 1991, investiguei a prostituição infantil no Brasil, descobrindo meninas mantidas como escravas.

Isso foi um ano depois de ter lançado o livro *A Guerra dos Meninos*, sobre o assassinato de crianças no Brasil, quando tinha notado em minhas viagens a questão da prostituição infantil, que rendeu as cenas mais dramáticas da minha investigação. Quando voltei daquela reportagem, comecei a estimular algumas mulheres a fazerem um trabalho sobre prostituição infantil. Tinha colocado uma frase de uma menina que me perguntou: "tio, é possível nascer de novo?". E outra perguntou: "existe pão doce no céu?". São frases muito dramáticas. *A Guerra dos Meninos*, aliás, virou um filme dirigido pela Sandra Werneck em 1991, um documentário que ajudou a colocar esse tema em grande escala. A rede ABC ganhou o mais importante prêmio para reportagens em televisão, usando a investigação baseada no livro e no filme.

Eu estava em Brasília, onde morava, já tinha bebido alguma coisa a mais como em todo sábado, e recebi uma ligação. A pessoa dizia ser da Fundação MacArthur, uma das mais famosas instituições mundiais de estímulo à pesquisa.

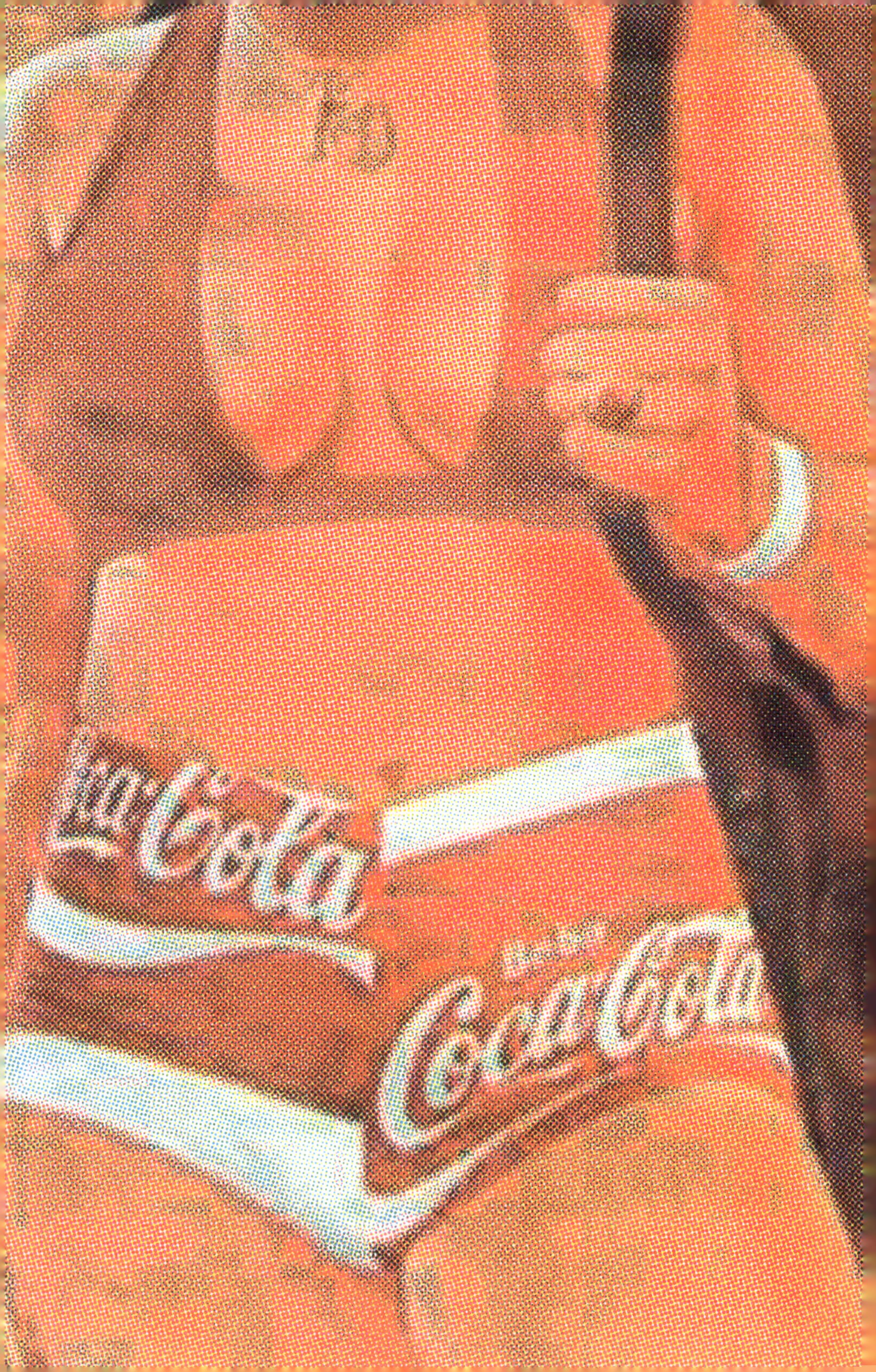
Coca-Cola

"Estamos chegando ao Brasil e queremos apoiar alguns projetos, você tem algum?". Respondi que não tinha. Eles disseram que ofereceriam um bom dinheiro. Pensei que fosse até uma pegadinha; nunca pensei que alguém pudesse oferecer isso por um projeto. Então disse a eles que gostaria que alguém fizesse uma investigação jornalística sobre a prostituição infantil, que ninguém estava acompanhando. Eles responderam que queriam bancar esse tipo de projeto. E assim começou minha investigação, que depois correu para o mundo inteiro. Era a época da ECO-92, e achei interessante lançar outra visão amazônica.

Certamente foi a reportagem mais importante da minha vida, e a mais difícil também, pois tinha que ir a alguns lugares vestido de médico, em outros precisava da proteção policial, entrava em lugares que eram literalmente cativeiros de meninas. A investigação foi uma das inspirações do filme *Anjos do Sol*, do Rudi Lagemann.

Eu via o lado diabo e o lado santo do jornalista, pois nunca havia visto uma situação tão dramática, me condoía por não poder libertá-las naquele momento, e ao mesmo tempo pensava que isso iria para o mundo todo, eu via as matérias prontas. E foi exatamente o que aconteceu, foi a matéria que teve mais impacto, uma série de matérias na *Folha de S. Paulo*, que depois viraram o livro. Ela colocou na agenda o tema da prostituição infantil, e foi tão forte que eu decidi, a partir daquele momento, mudar de vida. A partir dali, decidi que iria fazer outra coisa. Planejei minha ida a Nova York, fui trabalhar mais com Educação, com livros escolares e análise de temas educacionais. Fui embora do Brasil pensando em fazer coisas mais legais e mais interessantes. Porque a pior coisa que pode ter num ser humano é a pessoa ter saudades de si própria, ficar o tempo todo se repetindo. A pessoa tem sempre que ir pra frente, e Iracema tem esse dado.

A partir dali, educação e comunicação tornaram-se para mim uma única linguagem. O que me deixou, muitas vezes, sem saber o que eu fazia.

Volto agora ao tema do extermínio de crianças para falar do outro filme que, com *Iracema*, seria uma pauta fundamental. Foi *Pixote – A Lei do Mais Fraco* (de Hector Babenco, 1980).

Pixote é da década de 80, e quando o filme foi lançado, o Brasil não estava contaminado pela questão dos direitos humanos ligados à violência comum; esse é um tema muito atual. Naquela época, toda a preocupação era com a liberdade de expressão, a tortura, a anistia, a reconquista da democracia. O Brasil metido lá na redemocratização, com mil crises de tudo quanto era lado e jeito... Não estava no ar essa temática. Fiquei muito impressionado com o filme, me marcou profundamente, uma coisa que não se sabe explicar. Você só consegue entender depois que viveu ali. O que me marcou foi a realidade em cima do filme. Como vocês sabem, o principal ator do filme, o Fernando da Silva Ramos, depois foi assassinado numa circunstância muito parecida com a do personagem. Isso para mim foi um marco, uma coisa que tinha várias leituras simultâneas. Comecei a ser jornalista em 1976, já no finalzinho do regime militar, do período Geisel e da abertura. Mas ainda havia uma repressão, foi a época do (*Vladimir*) Herzog assassinado, e eu sempre com olhar político, fiz (e não concluí) Ciências Sociais na PUC. Tanto que virei repórter político mais tarde, durante quase toda a minha vida. Morei 13 anos em Brasília, fui diretor da *Folha*, fui do *Jornal do Brasil*, da *Veja*, mas foi na *Folha* que fiz minha maior carreira.

Aconteceu um fato que novamente foi circundado pelos fatos aleatórios: um dia, eu estava na redação em Brasília, que ficava no térreo – todo mundo entrava ali, naquele tempo era um caos aquela redação e as pessoas batiam tudo à máquina, tinha gente que entrava lá pensando que era curso de datilografia (risos). E chegou uma pessoa de um movimento do qual eu nunca havia ouvido falar, o Movimento Nacional dos Meninos e Meninas de Rua. A pessoa falou: "sou desse movimento e queria dar uma notinha...". Ouvi de má vontade o cara falar: "é que a gente vai fazer um con-

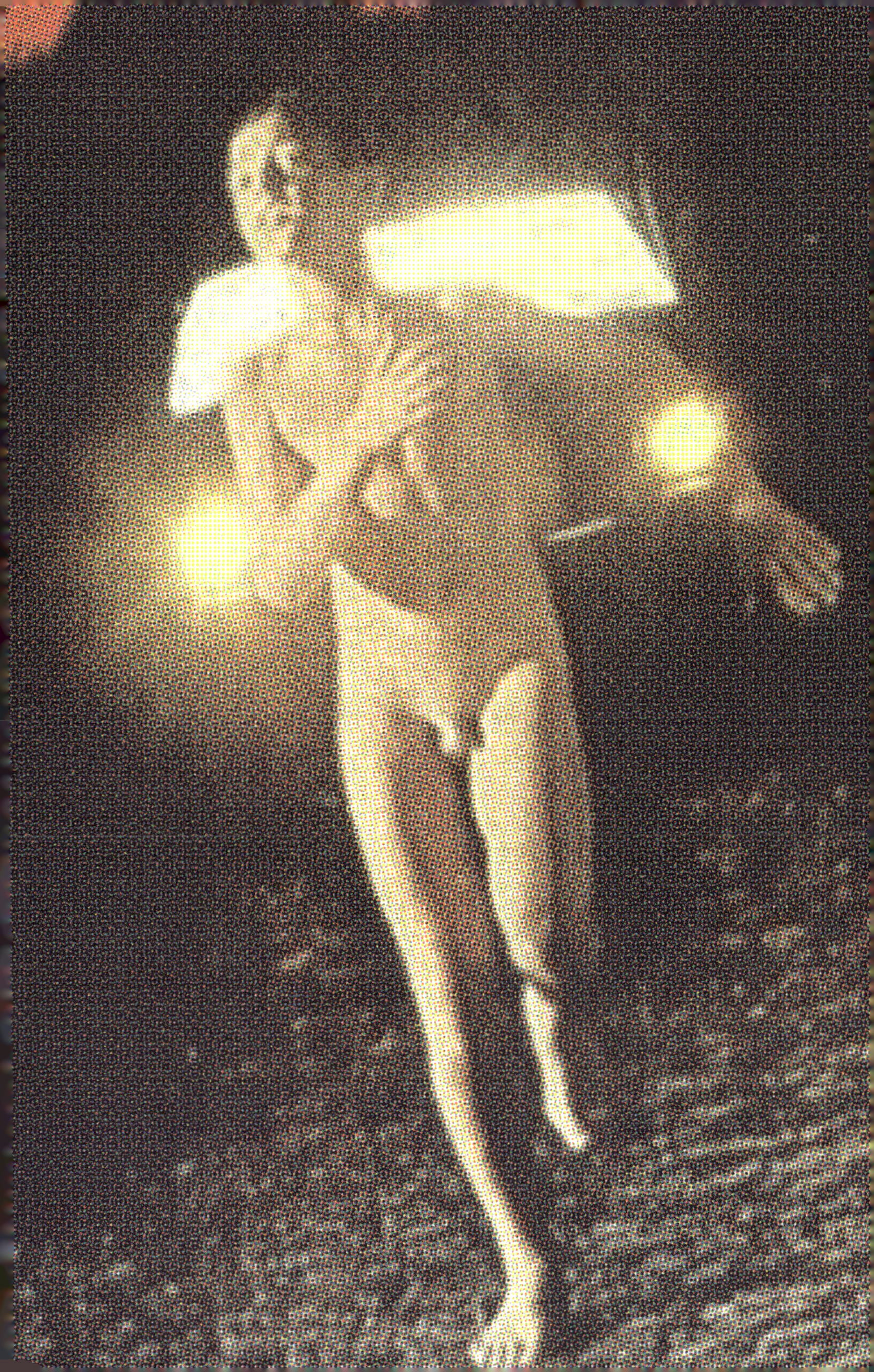

gresso, estou com o documento aqui para falar disso". Peguei o documento – isso foi em agosto de 1989 – e o cara disse que eles haviam detectado que no ano anterior foram assassinadas 300 crianças no Brasil.

Olhei aquele dado e comecei a perguntar como eles tinham chegado naquilo, e ele explicou que foi pelos jornais, uma coisa meio precária... Disse a ele: "isso é quase um assassinato por dia", e deu a sorte de naquele sábado nada ter acontecido de importante no Brasil. Geralmente sábado é um desespero para o jornalista, porque nada acontece em geral e você tem que fazer manchete. Daí escrevi: "Uma criança por dia é assassinada no Brasil", e a *Folha* fez uma matéria. Essa informação nunca tinha saído no país, até porque não havia esse olhar para os direitos humanos. Eu fazia muita reportagem de investigação política, era um assunto que merecia que eu entrasse nele. Eu fazia muita matéria sobre corrupção, oito meses investigando o Sarney já naquela época (que me deu meu primeiro Prêmio Esso) com a matéria "República dos Padrinhos", que virou livro. Era a mesma coisa que está agora

Fiz também uma matéria sobre uns roubos no Instituto de Previdência do Congresso (imagine só político roubando político). Imagina o grau de sofisticação que esse pessoal tinha. Eu achava que tinha alguma coisa de errado ali, me preocupava um pouco essa minha distância com o Brasil. Sempre tive uma visão bem nacional do Brasil, sou filho de nordestino com nortista. Para mim a Amazônia tinha uma questão forte, assim como o Nordeste.

Aí aconteceu um desastre: assumiu o Collor de Mello. Fiquei inconformado, e para quem conhecia o Collor de Brasília, achava que aquilo nunca podia dar em nada, como não deu mesmo. Ele era um playboy enlouquecido, e pensei "Como o Brasil elege um homem desses?". A minha geração imaginava que a democracia seria a cura de tudo, da distribuição de renda, de homens com impotência sexual, qualquer coisa ia resolver. Pobreza, miséria extrema, a democracia era o remédio para isso. Aí veio a democracia, o Tancredo morre, vem um cara como o Sarney que é substituído por um Collor... Imagine o que é isso, você passar por uma geração toda que se arriscou e colocou as melhores das suas intenções, e vê acontecer isso tudo. Eu fiquei bem mal. Não fiquei deprimido porque não sou de ficar deprimido, mas fiquei bem mal. Aí achei que era hora de tirar um tempo da *Folha* e sair pelo Brasil investigando o assassinato de crianças. "É o melhor que eu faço", pensei, porque eu não conseguia ver aquele sujeito ali, achava que era uma catástrofe para o país. Saí viajando pelo Brasil e planejei uma reportagem de Norte a Sul, andando pelas favelas, querendo contar os casos, contar as histórias, andando pelo país.

Deu para fazer assim a primeira reportagem de alcance nacional sobre o assassinato de crianças no país, que resultou em *A Guerra dos Meninos*, eu diria que foi o livro que me colocou na Educação. Ajudei a criar uma entidade chamada ANDI (Agência de Notícias dos Direitos da Infância), que ensinava direitos humanos para jornalistas, depois escrevi o Cidadão de Papel, que foi usado em todas as escolas por aí. Porque não me bastava só relatar, eu queria mudar essa realidade, e comecei mudando justamente com a educação. Foi aí que veio o rompimento com a coisa. O livro *Meninas da Noite* veio depois desse trabalho.

Quem me pautou nesse trabalho foi o Babenco. Sem a imagem do Pixote na minha cabeça, eu possivelmente não teria tido a habilidade de falar para o cara na *Folha*: "espera um pouquinho, me deixa eu ler esse documento". Porque de alguma forma o Pixote me puxou para isso, já que o jornalista da minha geração em estado natural vai beber, principalmente num sábado de sol em Brasília. Tanto que, quando eu escrevi *A Guerra dos Meninos*, coloquei o Pixote como referencial. Ela se tornou uma reportagem completa, foi traduzida para o mundo todo em japonês, italiano, francês. Foi a reportagem que serviu como base para os relatórios da Anistia, foi quando o tema do assassinato de crianças entrou em pauta. Por isso me defino como jornalista e como ser humano antes e depois de *A Guerra dos Meninos*. *Meninas da Noite* foi mais bem feita como reportagem, porque eu tinha mais recursos para ficar explorando.

Eu tive sorte, era colunista de um dos maiores jornais do país, sem muitos concorrentes, vindo da campanha das Diretas e cheio de pautas fáceis, que poderia ter trazido para a questão social, fazendo a ligação entre Brasília e o resto do Brasil. Por isso os dois filmes foram muito importantes, senão não teria ido a Nova York e visto toda a emergência do combate à violência lá; a emergência do Brasil de toda a questão do Terceiro Setor, que não era um conceito; a emergência dos novos currículos escolares, dos quais eu participei.

Minha ida a Nova York foi exatamente para ver uma cidade laboratório na área social, que ajudaria a preparar, depois de tanto tempo, minha volta para São Paulo. Todo aquele passado moldou meu olhar sobre Nova York – assim como, em parte, claro, os filmes de Woody Allen. Nenhum deles tão forte como *Manhattan*. Gosto tanto de Nova York como da Vila Madalena. Na minha cabeça, é como se fossem apenas uma cidade.

Vamos agora não só a São Paulo, mas à minha adolescência na cidade.

Lembro-me que fui ver um filme chamado *A Noite dos Desesperados* (*They Shoot Horses, Don't They?*, 1969), do Sidney Pollack. Naquela época tinha um cinema que não exigia carteirinha, o Cine Bijou da Praça Roosevelt. Era lá que a gente via os filmes que não entendia e dizia que entendia. Por ali tinha um quadrilátero com tudo o que era necessário. Como eu frequentava a sinagoga na rua Antonio Carlos, tinha ao lado o Cine Belas Artes; a melhor pizzaria da época, que era a Zi Tereza; e um pouco mais para cima do cemitério tinha um puteiro (Olga) especializado em adolescentes. Então você tinha cinema, pizza, Deus e as putas, todos colocados ali. Se eu fosse escritor, ia escrever sobre esse quadrado.

Um pouco mais para baixo você tinha o Colégio Equipe

e baixando mais um pouco, o Cine Bijou. Eu tinha uma namorada que hoje é arquiteta (Betty Birger), foi quem me ensinou a coisa da estética, era bailarina e me ensinou muito sobre música, dança e tal. Aí fui ver o filme do Pollack e talvez tenha sido o filme sobre a pobreza que mais me impressionou. Ele se passa na época da Depressão Americana e mostra um concurso de dança, as pessoas ficavam dançando para ganhar um prêmio até sobrar o último. Era estarrecedor, não me lembro de uma situação de miséria me incomodar tanto assim. Fiquei realmente tocado, o filme era uma obra-prima. Toda a ideia da miséria se instalou naquela ideia da dança infinita, em que as pessoas vão desmontando, cada casal é um drama, até que sobram os vencedores.

A Noite dos Desesperados não sai da minha memória por causa de uma cena. Não no filme, mas fora dele. A Praça Roosevelt era horrorosa, e estava um dia cinzento, um dia que parecia contar o filme. Andando pela praça, entrou um raio de sol, e tive a sensação imediata de que eu tinha me apaixonado pela minha então namorada Betty Birger. Nunca tinha sentido paixão. Ali descobri a ideia da paixão, que veio com a Praça Roosevelt e *A Noite dos Desesperados*.

Outro filme que me tocou de verdade foi um do qual lembro muitos detalhes. Eu devia ter uns 6, 7 anos de idade, e era aniversario de um primo meu; os adultos nos levaram para assistir a *Casinha Pequenina* (de Glauco Mirko Laurelli, 1963), com o Mazzaropi, no Cine Astor. Eu nunca tinha visto Mazzaropi antes, me lembro que cada criança ganhou um drops Dulcora, que você desembrulhava e era embalado um a um, com aquele celofane. Peguei o de cereja vendo o filme, e por acaso eu era o menor da turma. Minha prima, que era bem mais velha, me deu a caixa inteira do drops Dulcora, não queira saber o que foi isso (risos). Na última cena, chorei quando o Mazzaropi volta sozinho pra casa. Foi marcante porque eu não sabia que arte fazia emocionar. E para mim, arte que é arte emociona. Eu nunca tinha lidado com essa sensação de arte, emoção e choro, e quando fui reler sobre o

Casinha Pequenina, descobri que era um dos filmes nos quais o Mazzaropi mais falava sobre injustiça, a questão do negro (que não é ridicularizado nem motivo de piada), a questão do abuso dos coronéis, do pano de fundo da escravidão.

Nesses filmes aparece a questão do adolescente, da miséria do Brasil, e posso dizer com toda certeza que esses filmes tão diferentes ainda fazem sentido hoje. Todos me contam que eu tinha uma tendência a trabalhar os elementos da Comunicação com a Educação. Que havia um garoto que queria educar pela comunicação, que queria comunicar educando, para quem a importância da palavra era a mutação, que era capaz de ver as trevas de um lado e a luz de outro.

Poucos anos depois, mais um filme da minha vida: *Fahrenheit 451*, dirigido por Truffaut, que vi não muito tempo depois de *Casinha Pequenina*. Fiquei muito impressionado com aquela história que as pessoas eram proibidas de ter livros. Os leitores eram perseguidos, os livros queimados. Havia um grupo de resistência, que ficavam decorando os livros e transmitindo para as crianças.

Saí do cinema e fui direto numa livraria, comprei o livro com o dinheiro destinado ao hot-dog e sorvete. Foi o primeiro livro que comprei por conta própria. Quando olho para trás, vejo aquelas imagens como parte do meu prazer da leitura e da liberdade de expressão.

Para terminar, volto agora primeiro parágrafo deste texto. O filme da minha vida foi *As Melhores Coisas do Mundo* (2010), dirigido por Laís Bodanzky e roteirizado por seu marido, Luiz Bolognesi. Coincidentemente (se é que coincidências existem), Laís é filha do Jorge, que criou *Iracema*.

Observando meus dois filhos – Marcos e Gabriel – suspeitei que faltava um livro para dialogar com os adolescentes metropolitanos, cercados de violência, metidos numa série de novos conflitos. Aprendi a me observar pelos olhos dos meus filhos e fui obrigado a tentar me reinventar.

Marcos e Gabriel me ensinaram a ver o que a vida tinha de essencial. O essencial não era fazer sucesso e ganhar prêmios (ganhei todos que alguém podia ganhar, no Brasil, como jornalista e escritor). Eles me ensinaram o ridículo de estar tão longe de quem está perto e se buscar estar perto de quem não se vê e está longe. O essencial é que somos o que compartihamos. Eles me fizeram pensar, de verdade, o que são as melhores coisas do mundo e como nos apegamos a bobagens.

Com a participação (fundamental, diga-se) da escritora Heloísa Prieto, nascia Mano. É um livro sobre um garoto urbano, mas que trabalha as questões da sexualidade, drogas, violência, com uma temática muito paulistana – inclusive da Vila Madalena, mas que é uma Vila universal. Várias pessoas que fizeram parte do meu aprendizado entraram no livro, como Anna Penido, minha mulher, espalhados, como meus filhos, em diversos personagens. Eu próprio, com todos os meus defeitos, estava lá,

A Warner quis colocar o livro nas telas e perguntou quem eu aconselharia como diretor. Eu disse "não aconselho, não conheço nada. Não faço a menor ideia de quem dirige, quem faz roteiro. Escolham vocês". E me perguntaram o que eu achava da Laís Bodanzky, que tinha dirigido o *Bicho de 7 Cabeças* (2001).

Ela estava dirigindo uma peça sobre adolescentes (*Essa Nossa Juventude*) no Sesc Anchieta, me lembro que o Paulo Vilhena estava na peça. Não o conhecia, mas ele já era pop. Eu fui e o teatro estava meio vazio, nós não nos conhecíamos e ela pediu para eu dizer o que havia achado da peça. Achei uma coisa maravilhosa, e disse a ela: "Me mandaram aqui para ver se você servia para o meu filme, acho que você mais do que serve para o meu filme". E foi assim que eu a conheci, nesse debate.

Olha como as coisas vão se juntando. Eu não sabia opinar sobre roteiro, diretor e muito menos casting. Quando começaram a fazer o casting, escolheram um menino conhecido como Fran, que por acaso ia muito à minha casa por causa da minha enteada, chamada Joana. Eu nem sabia que tinham escolhido ele, que nasceu no mesmo dia que eu, 28 de agosto. A Laís fez casting num centro cultural que é grudado em um beco, o Beco do Aprendiz, na Vila Madalena, onde, desde que voltei participei do desenvolvimento do modelo de bairros educativos, que hoje se espalhada pelo Brasil.

Fui chamado para assistir, num sábado, uma versão ainda provisória do filme, reescrito a partir da sugestão de dezenas de adolescentes que participaram de oficinas comandadas por Laís e Luiz. Era quase um copião, faltava acabamento, não tinha música. Era uma tela pequena de uma pequena sala de cinema. Mas nunca, nem remotamente, uma imagem me marcou tanto.

Eu assistia ao filme e havia, por trás, as imagens que sintetizam meu aprendizado de jornalista e educador. Ia, aos poucos, revendo-me. E vendo-me, sentado ali ao lado dos meus dois filhos, que inspiraram, no livro, os personagens principais. Era como se eu estivesse numa sala com diversas projeções simultâneas de filmes diferentes, misturando realidade e ficção – e todos falassem sobre mim.

Misturavam-se meus filhos; Anna, minha mulher; São Paulo, Nova York, Brasília; Laís; Jorge, com sua *Iracema; Pixote* e Babenco. Misturava-se também essa mistura confusa que me tornei de educador e jornalista.

A projeção servia para minhas projeções internas. A sala do Espaço Unibanco, na Augusta, fica exatamente onde era antes o Cine Majestic. Por isso, podem colocar aí mais um na lista dos filmes mais marcantes da minha vida. Quando eu era adolescente, quase um personagem de *As Melhores Coisas do Mundo*, meu primeiro beijo na boca foi no cine Majestic durante o filme *O Enigma de Andrômeda*, do qual não me lembro, por motivos óbvios, nem do começo, nem do meio, nem do final.

Foi por esse motivo que sem explicar as razões, sugeri e todos toparam que o lançamento do filme fosse exatamente naquele cinema.

S MELHORES
COISAS
MUND

SOBRE OS AUTORES

TERRA EM TRANSE

UM FILME DE GLAUBER ROCHA

ELIANE CAFFÉ
Nasceu em São Paulo em 1961. Formou-se em Psicologia pela PUC de São Paulo e fez pós-graduação em Estética e Teoria das Artes em Madri. Começou a carreira de cineasta realizando os curtas *O Nariz* (1987), *Arabesco* (1990, 14ª Mostra) e *Caligrama* (1995). Em 1997, realizou seu primeiro longa, *Kenoma* (1998, 22ª Mostra), vencedor do prêmio de melhor filme no Festival de Biarritz, na França. Dirigiu ainda *Narradores de Javé* (2003, 27ª Mostra) e *O Sol do Meio-Dia* (2009, 33ª Mostra).

GILBERTO DIMENSTEIN
Nasceu em São Paulo em 1956. Formou-se em jornalismo pela Faculdade Cásper Líbero. Trabalhou no *Jornal do Brasil*, *Correio Braziliense*, *Última Hora*, revista *Veja* e *Visão*, e foi diretor da sucursal de Brasília e correspondente em Nova York do jornal *Folha de S. Paulo*. Foi um dos criadores da Andi – Agência de Notícias dos Direitos da Infância – e recebeu, entre outros, o Prêmio Nacional de Direitos Humanos e o Prêmio Criança e Paz, do Unicef, pelos projetos sociais desenvolvidos. É colunista da Rádio CBN e da *Folha de S. Paulo* e membro do conselho editorial do jornal.

ISAY WEINFELD
Nasceu em São Paulo em 1952. Formado em Arquitetura, trabalha com cinema desde 1974. Sempre em dupla com Márcio Kogan, realizou 14 curtas-metragens, sendo treze em super-8 e um em 35 mm. Além de uma premiada carreira na arquitetura e no cinema, a dupla também se dedica a exposições que reúnem humor e arquitetura. Seus primeiros filmes participaram de festivais de Super-8 nos anos 70. Em 1984, eles filmaram o seu primeiro curta em 35mm, *Idos com o Vento*, premiado como melhor filme no Festival de Gramado e no Festival de Cine Ibero-Americano de Huelva, Espanha. Em 1988, a dupla dirigiu seu primeiro longa-metragem, *Fogo e Paixão*, que fez parte da seleção da 12ª Mostra.

LUIS CARLOS MERTEN
Nasceu em Porto Alegre em 1945. É jornalista e crítico de cinema brasileiro. Começou a carreira como crítico de cinema no extinto jornal *Folha da Manhã* e trabalhou no jornal *Diário do Sul*. Escreve matérias e críticas de cinema no jornal *O Estado de S. Paulo*. É autor do livro *Anselmo Duarte: O Homem da Palma de Ouro*, publicado pela Imprensa Oficial, obra-depoimento que analisa a obra do ator e diretor de *O Pagador de Promessas*, filme que conquistou a Palma de Ouro no Festival de Cannes de 1962. Também escreveu *Cinema – Entre a realidade e o Artifício* (2003) que parte dos primórdios do cinema, desde os irmãos Lumière e dos primeiros cinematógrafos, para atravessar décadas de evolução da sétima arte. Mantém um blog de cinema na internet (http://blogs.estadao.com.br/luiz-carlos-merten).

MARCELO GOMES
Nasceu em Pernambuco em 1963 e estudou Cinema na Universidade de Bristol, Inglaterra. Dirigiu os curtas *Maracatu, Maracatus* (1995) e *Clandestina Felicidade* (1998), este último sobre a infância da escritora Clarice Lispector. Assinou o roteiro do curta *Tempo de Ira* (2003, 27ª Mostra) e foi corroteirista de *Madame Satã* (2002), de Karim Aïnouz. Seu primeiro longa como diretor, *Cinema, Aspirinas e Urubus* (2005), venceu os Prêmios do Júri e da Crítica na 29ª *Mostra*. Também dirigiu, em parceria com Karin Aïnouz, o longa *Viajo Porque Preciso, Volto Porque Te Amo* (2009).

SERGINHO GROISMAN
Nasceu em São Paulo em 1950. Formou-se em Jornalismo pela FAAP em 1977 e começou sua carreira na televisão com o programa *TV Mix*, na Gazeta, no fim da década de 1980. Em 1990, comandava o programa *Matéria Prima,* na TV Cultura, onde criou o formato no qual a plateia participa do programa fazendo perguntas para os entrevistados. Em 1991, foi contratado pelo SBT no para comandar o *Programa Livre*. Trabalha na Rede Globo desde 2000, onde apresenta os programas *Ação*, exibido nas manhãs de sábados, e *Altas Horas*, nas madrugadas de sábado para domingo. Escreveu, em parceria com Marcelo Rubens Paiva, o roteiro do documentário *Fiel* (2009), de Andrea Pasquini.

SÉRGIO MACHADO
Nasceu em Salvador, Bahia, em 1968. Jornalista, roteirista e diretor, foi assistente de direção dos longas *Central do Brasil* (1998) e *Abril Despedaçado* (2001), ambos de Walter Salles, e *O Primeiro Dia* (2000, 23ª Mostra), de Walter Salles e Daniela Thomas. Estreou na direção de longas-metragens com o documentário *Onde a Terra Acaba* (2001), que recebeu o prêmio do júri internacional de melhor documentário na 25ª Mostra e o prêmio do júri no Festival de Gramado. Seu primeiro longa-metragem de ficção, *Cidade Baixa* (2005, 29ª Mostra), foi selecionado para a mostra Um Certo Olhar do Festival de Cannes. Também dirigiu dois episódios da série televisiva *Alice* (2008), o curta-metragem *O Príncipe Encantado* (2009, 33ª Mostra), codirigido por Fátima Toledo, e o longa *Quincas Berro d'Água* (2010).

SUZANA AMARAL
Formou-se na Universidade de São Paulo e na Tisch School of the Arts, Films and TV da Universidade de Nova York. Dirigiu documentários e séries de televisão. Sua estreia em longas-metragens, *A Hora da Estrela* (1985, 33ª Mostra), conquistou o Urso de Prata de melhor atriz para Marcélia Cartaxo no Festival de Berlim. Também realizou os longas-metragens *Uma Vida em Segredo* (2000) e *Hotel Atlântico* (2009, 33ª Mostra). Participou do júri da 33ª Mostra.

UGO GIORGETTI
Nasceu em São Paulo em 1942. Produtor e diretor com grande experiência em publicidade, passou à ficção com filmes como os longas-metragens *Jogo Duro* (1985), *Quebrando a Cara* (1986), *Festa* (1989, 18ª Mostra) e *Sábado* (1995). Com *Boleiros, Era Uma Vez o Futebol* (1998), ganhou o prêmio de melhor diretor no Festival de Amiens, na França, e o prêmio APCA (Associação Paulista dos Críticos de Arte) de melhor roteiro. Ganhou o APCA novamente com *O Príncipe* (2002). Dirigiu ainda os documentários *Pizza* (2005, 29ª Mostra) e *Solo* (2009, 33ª Mostra) e o média-metragem *Paredes Nuas* (2009, 33ª Mostra).

FILMOGRAFIA CITADA

**2001, UMA ODISSEIA NO ESPAÇO
(2001, A SPACE ODYSSEY)**
EUA / 1968 / COR / 141 MIN
DIREÇÃO Stanley Kubrick
ROTEIRO Stanley Kubrick,
Arthur C. Clarke
FOTOGRAFIA Geoffrey Unsworth
ELENCO Keir Dullea, Gary Lockwood,
William Sylvester
PRODUTOR Stanley Kubrick

**A CHINESA
(LA CHINOISE)**
FRANÇA / 1967 / COR / 96 MIN
DIREÇÃO Jean-Luc Godard
ROTEIRO Jean-Luc Godard
FOTOGRAFIA Raoul Coutard
ELENCO Jean-Pierre Léaud,
Anne Wiazemsky
PRODUTOR Philippe Dussart

**A DOCE VIDA
(LA DOLCE VITA)**
ITÁLIA, FRANÇA / 1960 /
P&B / 174 MIN
DIREÇÃO Federico Fellini
ROTEIRO Federico Fellini,
Ennio Flaiano, Tullio Pinelli
FOTOGRAFIA Otello Martelli
MÚSICA Nino Rota
ELENCO Marcello Mastroianni,
Anita Ekberg, Anouk Aimée
PRODUTOR Giuseppe Amato,
Angelo Rizzoli

**A ERA DO RÁDIO
(RADIO DAYS)**
EUA / 1987 / COR / 88 MIN
DIREÇÃO Woody Allen
ROTEIRO Woody Allen
FOTOGRAFIA Carlo Di Palma
ELENCO Mia Farrow, Diane Keaton,
Dianne Wiest, William H. Macy,
Woody Allen
PRODUTOR Robert Greenhut

**A FESTA DE ABIGAIL
(ABIGAIL'S PARTY)**
REINO UNIDO / 1977 / COLOR /
102 MIN
DIREÇÃO Mike Leigh
ROTEIRO Mike Leigh
FOTOGRAFIA David Mutton
ELENCO Alison Steadman,
Tim Stern, Janine Duvitski
PRODUTOR Margaret Matheson

**A FLAUTA MÁGICA
(TROLLFLÖJTEN)**
SUÉCIA / 1975 / COR / 135 MIN
DIREÇÃO Ingmar Bergman
ROTEIRO Ingmar Bergman
FOTOGRAFIA Sven Nykvist
MÚSICA Eric Ericson
ELENCO Josef Köstlinger, Irma Urrila,
Håkan Hagegård, Elisabeth Erikson
PRODUTOR Måns Reuterswärd

A GUERRA DOS MENINOS
BRASIL / 1991 / COR / 52 MIN
DIREÇÃO Sandra Werneck
ROTEIRO Sandra Werneck,
Clara Moraes
FOTOGRAFIA Guy Gonçalves
MÚSICA David Tygel
PRODUTOR Jaime Arthur Schwartz

A HORA DA ESTRELA
BRASIL / 1985 / COR / 96 MIN
DIREÇÃO Suzana Amaral
ROTEIRO Suzana Amaral,
Alfredo Oroz
(adaptado do romance
de Clarice Lispector)
FOTOGRAFIA Edgar Moura
MÚSICA Marcus Vinicius
ELENCO Marcelia Cartaxo,
José Dumont, Tamara Taxman,
Fernanda Montenegro
PRODUTOR Assunção Hernandes

A IDADE DA TERRA
BRASIL / 1980 / COR / 140 MIN
DIREÇÃO Glauber Rocha
ROTEIRO Glauber Rocha (baseado
no poema de Castro Alves)
FOTOGRAFIA Pedro de Moraes,
Roberto Pires
MÚSICA Rogério Duarte
ELENCO Maurício do Valle,
Jece Valadão, Antonio Pitanga,
Tarcísio Meira, Geraldo Del Rey
PRODUTOR Glauber Rocha

**A ILHA DO TESOURO
(TREASURE ISLAND)**
EUA / 1934 / P&B / 110 MIN
DIREÇÃO Victor Fleming
ROTEIRO John Lee Mahin
(baseado no romance
de Robert Louis Stevenson)
FOTOGRAFIA Clyde DeVinna,
Ray June, Harold Rosson
MÚSICA Herbert Stothart
ELENCO Wallace Beery,
Jackie Cooper,
Lionel Barrymore,
Otto Kruger
PRODUTOR Hunt Stromberg

**A LEI DO DESEJO
(LA LEY DEL DESEO)**
ESPANHA / 1987 / COR /
102 MIN
DIREÇÃO Pedro Almodóvar
ROTEIRO Pedro Almodóvar
FOTOGRAFIA Ángel Luis Fernández
ELENCO Antonio Banderas,
Carmen Maura, Eusebio Poncela
PRODUTOR Miguel Ángel Pérez
Campos, Agustín Almodóvar

**A MASCOTE DO REGIMENTO
(THE LITTLE COLONEL)**
EUA / 1935 / P&B / 80 MIN
DIREÇÃO David Butler
ROTEIRO William M. Conselman
FOTOGRAFIA Arthur C. Miller
MÚSICA Cyril J. Mockridge
ELENCO Shirley Temple, Lionel
Barrymore, Hattie McDaniel
PRODUTOR Buddy G. DeSylva

**A MONTANHA DOS SETE
ABUTRES
(ACE IN THE HOLE)**
EUA / 1951 / P&B / 111 MIN
DIREÇÃO Billy Wilder
ROTEIRO Billy Wilder, Lesser
Samuels, Walter Newman
FOTOGRAFIA Charles Lang
MÚSICA Hugo Friedhofer
ELENCO Kirk Douglas,
Jan Sterling, Robert Arthur
PRODUTOR Billy Wilder

**A NOITE
(LA NOTTE)**
ITÁLIA / 1961 / P&B / 115 MIN
DIREÇÃO Michelangelo Antonioni
ROTEIRO Michelangelo Antonioni,
Ennio Flaiano, Tonino Guerra
FOTOGRAFIA Gianni di Venanzo
MÚSICA Giorgio Gaslini
ELENCO Marcello Mastroianni, Jeanne
Moreau, Monica Vitti
PRODUTOR Emanuele Cassuto

**A NOITE AMERICANA
(LA NUIT AMÉRICAINE)**
FRANÇA, ITÁLIA / 1973 / COR / 115 MIN
DIREÇÃO François Truffaut
ROTEIRO François Truffaut,
Jean-Louis Richard, Suzanne
Schifmann
FOTOGRAFIA Pierre-William Glenn
MÚSICA Georges Delerue
ELENCO François Truffaut, Jacqueline
Bisset, Jean-Pierre Léaud
PRODUTOR Marcel Berbert

**A NOITE DOS DESESPERADOS
(THEY SHOOT HORSES,
DON'T THEY?)**
EUA / 1969 / COR / 129 MIN
DIREÇÃO Sidney Pollack
ROTEIRO James Poe, Robert E.
Thompson (baseados no romance
They Shoot Horses, Don't They?,
de Horace McCoy)
FOTOGRAFIA Philip H. Lathrop
MÚSICA John Green
ELENCO Jane Fonda, Michael
Sarrazin, Susannah York,
Bruce Dern
PRODUTOR Robert Chartoff,
Irwin Winkler

**A PAIXÃO DE JOANA D'ARC
(LA PASSION DE JEANNE D'ARC)**
FRANÇA / 1928 / P&B / 110 MIN
DIREÇÃO Carl Theodor Dreyer
ROTEIRO Carl Theodor Dreyer,
Joseph Delteil
FOTOGRAFIA Rudolph Maté
MÚSICA Ole Schmidt
ELENCO Maria Falconetti,
Eugene Silvain, André Berley

**A ROSA PÚRPURA DO CAIRO
(THE PURPLE ROSE OF CAIRO)**
EUA / 1985 / COR P&B / 82 MIN
DIREÇÃO Woody Allen
ROTEIRO Woody Allen
FOTOGRAFIA Gordon Willis
MÚSICA Dick Hyman
ELENCO Mia Farrow, Jeff Daniels, Danny Aiello
PRODUTOR Robert Greenhut

**ABISMO DE UM SONHO
(LO SCEICCO BIANCO)**
ITÁLIA / 1952 / P&B / 86 MIN
DIREÇÃO Federico Fellini
ROTEIRO Federico Fellini, Tullio Pinelli, Michelangelo Antonioni
FOTOGRAFIA Arturo Gallea
MÚSICA Nino Rota
ELENCO Alberto Sordi, Giulietta Masina, Brunella Bovo
PRODUTOR Luigi Rovere

**ACOSSADO
(À BOUT DE SOUFFLE)**
FRANÇA / 1960 / P&B / 90 MIN
DIREÇÃO Jean-Luc Godard
ROTEIRO Jean-Luc Godard
FOTOGRAFIA Raoul Coutard
MÚSICA Martial Solal
ELENCO Jean-Paul Belmondo, Jean Seberg, Daniel Boulanger
PRODUTOR Georges de Beauregard

**AGUIRRE –
A CÓLERA DOS DEUSES
(AGUIRRE, DER ZORN GOTTES)**
ALEMANHA / 1972 / COR / 93 MIN
DIREÇÃO Werner Herzog
ROTEIRO Werner Herzog
FOTOGRAFIA Thomas Mauch
MÚSICA Popol Vuh
ELENCO Klaus Kinski, Helena Rojo, Ruy Guerra
PRODUTOR Werner Herzog, Hans Prescher

ALLOTRIA
ALEMANHA / 1936 / P&B / 94 MIN
DIREÇÃO Willi Forst
ROTEIRO Willi Forst, Jochen Huth
FOTOGRAFIA Werner Bohne, Ted Pahle
MÚSICA Peter Kreuder
ELENCO Renate Müller, Jenny Jugo, Anton Walbrook
PRODUTOR Fritz Klotsch

AMARCORD
ITÁLIA / 1973 / COR / 123 MIN
DIREÇÃO Federico Fellini
ROTEIRO Federico Fellini, Tonino Guerra
FOTOGRAFIA Giuseppe Rotunno
MÚSICA Nino Rota
ELENCO Pupella Maggio, Armando Brancia, Magali Noël
PRODUTOR Franco Cristaldi

**AMOR À FLOR DA PELE
(FA YEUNG NIN WA)**
HONG KONG, FRANÇA / 2000 / COR / 98 MIN
DIREÇÃO Wong Kar Wai
ROTEIRO Wong Kar Wai
FOTOGRAFIA Christopher Doyle, Kwan Pung Leung, Pin Bing Lee
MÚSICA Michael Galasso, Shigeru Umebayashi
ELENCO Maggie Cheung, Tony Leung Chiu Wai, Ping Lam Siu
PRODUTOR Wong Kar Wai

**AMORES EXPRESSOS
(CHUNG HING SAM LAM)**
HONG KONG / 1994 / COR / 98 MIN
DIREÇÃO Wong Kar Wai
ROTEIRO Wong Kar Wai
FOTOGRAFIA Christopher Doyle, Lau Wai Keung
MÚSICA Frankie Chan, Michael Galasso, Roel A. García
ELENCO Tony Leung Chiu Wai, Takeshi Kaneshiro, Valerie Chow
PRODUTOR Yi-kan Chan, Jeffrey Lau

**ANDREI RUBLEV –
O ARTISTA MALDITO
(ANDREY RUBLYOV)**
PAÍS / 1966 / COR P&B / 165 MIN
DIREÇÃO Andrei Tarkovski
ROTEIRO Andrei Tarkovski, Andrey Konchalovski

FOTOGRAFIA Vadim Yusov
MÚSICA Vyacheslav Ovchinnikov
ELENCO Anatoli Solonitsyn, Ivan Lapikov, Nikolai Grinko
PRODUTOR Tamara Ogorodnikova

ANJOS DO SOL
BRASIL / 2006 / COR / 90 MINUTOS
DIREÇÃO Rudi Lagemann
ROTEIRO Rudi Lagemann
FOTOGRAFIA Tuca Moraes
MÚSICA Nervoso, Felipe Radicetti, Flu
ELENCO Antonio Calloni, Otavio Augusto, Darlene Glória, Vera Holtz
PRODUTOR Daniel Filho, Rudi Lagemann, Luiz Leitão

APOCALYPSE NOW
EUA / 1979 / COR / 153 MIN
DIREÇÃO Francis Ford Coppola
ROTEIRO Francis Ford Coppola, John Milius (baseado no romance de Joseph Conrad)
FOTOGRAFIA Vittorio Storaro
MÚSICA Francis Ford Coppola, Carmine Coppola
ELENCO Martin Sheen, Marlon Brando, Robert Duvall, Dennis Hopper, Harrison Ford
PRODUTOR Francis Ford Coppola

ARCA RUSSA
(RUSSKIY KOVCHEG)
RÚSSIA / 2002 / COR / 99 MIN
DIREÇÃO Alexander Sokurov
ROTEIRO Alexander Sokurov, Anatoli Nikiforov
FOTOGRAFIA Tilman Büttner
MÚSICA Sergei Yevtuschenko
ELENCO Sergei Dontsov, Mariya Kuznetsova, Leonid Mozgovoy
PRODUTOR Andrey Deryabin, Jens Meurer, Karsten Stöter

AS MELHORES COISAS DO MUNDO
BRASIL / 2010 / COR / 100 MIN
DIREÇÃO Laís Bodanzky
ROTEIRO Luiz Bolognesi
FOTOGRAFIA Mauro Pinheiro Jr.

MÚSICA Eduardo Bid
ELENCO Caio Blat, Denise Fraga, Paulo Vilhena, Fiuk
PRODUTOR Caio Gullane, Fabiano Gullane

AS NOITES DE CABÍRIA
(LE NOTTI DI CABIRIA)
ITÁLIA / 1957 / COR P&B / 110 MIN
DIREÇÃO Federico Fellini
ROTEIRO Pier Paolo Pasolini, Federico Fellini, Ennio Flaiano, Tullio Pinelli
FOTOGRAFIA Aldo Tonti
MÚSICA Nino Rota
ELENCO Giulietta Masina, François Périer, Franca Marzi
PRODUTOR Dino de Laurentiis

BANANAS
EUA / 1971 / COR / 82 MIN
DIREÇÃO Woody Allen
ROTEIRO Woody Allen, Mickey Rose
FOTOGRAFIA Andrew M. Costikyan
MÚSICA Marvin Hamlisch
ELENCO Woody Allen, Louise Lasser, Carlos Montalbán
PRODUTOR Jack Grossberg

BAR ESPERANÇA
BRASIL / 1983 / COR / 127 MIN
DIREÇÃO Hugo Carvana
ROTEIRO Hugo Carvana, Martha Alencar, Denise Bandeira, Euclydes Marinho, Armando Costa
FOTOGRAFIA Edgar Moura
MÚSICA Tomas Improta
ELENCO Marília Pêra, Hugo Carvana, Paulo César Peréio, Silvia Bandeira
PRODUTOR Carlos Alberto Diniz

BASTARDOS INGLÓRIOS
(INGLORIOUS BASTERDS)
EUA / 2009 / COR / 153 MIN
DIREÇÃO Quentin Tarantino
ROTEIRO Quentin Tarantino
FOTOGRAFIA Robert Richardson
ELENCO Brad Pitt, Mélanie Laurent, Christoph Waltz, Eli Roth, Michael Fassbender
PRODUTOR Lawrence Bender

BICHO DE SETE CABEÇAS
BRASIL / 2001 / COR / 74 MIN
DIREÇÃO Laís Bodanzky
ROTEIRO Luiz Bolognesi (baseado na autobiografia Cantos dos Malditos, de Austregésilo Carrano Bueno.
FOTOGRAFIA Hugo Kovensky
MÚSICA André Abujamra, Arnaldo Antunes
ELENCO Rodrigo Santoro, Othon Bastos, Cassia Kiss, Gero Camilo, Caco Ciocler
PRODUTOR Luiz Bolognesi, Caio Gullane, Fabiano Gullane, Maria Ionescu, Marco Mueller, Sara Silveira

BLOW-UP – DEPOIS DAQUELE BEIJO (BLOW-UP)
REINO UNIDO, ITÁLIA, EUA / 1966 / COR / 111 MIN
DIREÇÃO Michelangelo Antonioni
ROTEIRO Michelangelo Antonioni, Tonino Guerra (baseado em conto de Julio Cortázar)
FOTOGRAFIA Carlo Di Palma
MÚSICA Herbie Hancock
ELENCO David Hemmings, Vanessa Redgrave, Sarah Miles, Jane Birkin
PRODUTOR Carlo Ponti

BOLEIROS 2
BRASIL / 2006 / COR / 86 MIN
DIREÇÃO Ugo Giorgetti
ROTEIRO Ugo Giorgetti
FOTOGRAFIA Pedro Paulo Lazzarini, Rodolfo Sánchez
MÚSICA Mauro Giorgetti
ELENCO Otávio Augusto, Renato Consorte, Denise Fraga, Cássio Gabus, Petrônio Gontijo
PRODUTOR Malu Oliveira

BRANCA DE NEVE E OS SETE ANÕES (SNOW WHITE AND THE SEVEN DWARFS)
USA / 1937 / COR / 83 MIN
DIREÇÃO David Hand
ROTEIRO Ted Sears, Richard Creedon e outros (baseado no conto de fadas dos irmãos Grimm)
MÚSICA Frank Churchill, Leigh Harline, Paul J. Smith
ELENCO (vozes) Adriana Caselotti, Lucille da Verne, Pinto Colvig
PRODUTOR Walt Disney

BRINCANDO NOS CAMPOS DO SENHOR (AT PLAY IN THE FIELDS OF THE LORD)
EUA / 1991 / COR / 189 MIN
DIREÇÃO Hector Babenco
ROTEIRO Hector Babenco, Jean-Claude Carrière
FOTOGRAFIA Lauro Escorel
MÚSICA Zbigniew Preisner
ELENCO Tom Berenger, John Lithgow, Daryl Hannah
PRODUTOR Saul Zaentz

CABEÇAS CORTADAS (CABEZAS CORTADAS)
BRASIL, ESPANHA / 1970 / COR / 94 MIN
DIREÇÃO Glauber Rocha
ROTEIRO Glauber Rocha, Augusto Martínez Torres, Ricardo Muñoz Suay
FOTOGRAFIA Jaime Deu Casas
ELENCO Francisco Rabal, Marta May, Rosa Maria Penna, Emma Cohen, Luis Ciges
PRODUTOR Perez I. Fages, Ricardo Muñoz Suay, Juan Palomeras

CAÇA ÀS FERAS (YAJÛ SHISUBESHI: FUKUSHÛ NO MEKANIKKU)
JAPÃO / 1973 / COR / 86 MIN
DIREÇÃO Eizo Sugawa
ROTEIRO Eizo Sugawa, Yoshio Shirasaka
FOTOGRAFIA Daisaku Kimura
MÚSICA Kunihiko Murai
ELENCO Hiroshi Fujioka, Toshio Kurosawa, Hôsei Komatsu
PRODUTOR Masakatsu Kaneko

CAMINHO AMARGO
(LA VIACCIA)
ITÁLIA, FRANÇA / 1961 /
P&B / 100 MIN
DIREÇÃO Mauro Bolognini
ROTEIRO Vasco Pratolini,
Pasquale Festa Campanile,
Massimo Franciosa,
(baseado no romance L'eredità,
de Mario Pratesi)
FOTOGRAFIA Leonida Barboni
MÚSICA Piero Piccioni
ELENCO Jean-Paul Belmondo,
Claudia Carndinale,
Pietro Germi, Romolo Valli
PRODUTOR Alfredo Bini

CASINHA PEQUENINA
BRASIL / 1963 / COR / 95 MIN
DIREÇÃO Glauco Mirko Laurelli
ROTEIRO Milton Amaral,
Mara Lux, Amácio Mazzaropi,
Péricles Moreira
FOTOGRAFIA Rudolf Icsey
ELENCO Tarcisio Meira,
Amácio Mazzaropi, Geny Prado,
Roberto Duval
PRODUTOR Amácio Mazzaropi

CENAS DE UM CASAMENTO
(SCENER UR ETT ÄKTENSKAP)
SUÉCIA / 1973 / COR / 167 MIN
DIREÇÃO Ingmar Bergman
ROTEIRO Ingmar Bergman
FOTOGRAFIA Sven Kykvist
ELENCO Liv Ullmann, Erland
Josephson, Bibi Andersson
PRODUTOR Lars-Owe Carlberg

CIDADÃO KANE
(CITIZEN KANE)
EUA / 1941 / P&B /
119 min
DIREÇÃO Orson Welles
ROTEIRO Orson Welles, Herman
Manckiewicz
FOTOGRAFIA Gregg Toland
MÚSICA Bernard Herrmann
ELENCO Joseph Cotten, Dorothy
Comingore, Agnes Moorehead
PRODUTOR Orson Welles

CINEMA, ASPIRINAS
E URUBUS
BRASIL / 2005 / COR /
99 MIN
DIREÇÃO Marcelo Gomes
ROTEIRO Marcelo Gomes,
Paulo Caldas, Karim Ainouz
FOTOGRAFIA Mauro Pinheiro Jr.
MÚSICA Tomaz Alves Souza
ELENCO João Miguel,
Peter Ketnath, Hermila Guedes
PRODUTOR João Vieira Jr,
Maria Ionescu

CLOSE-UP
(NEMA-YE NAZDIK)
IRÃ / 1991 / COR / 98 MIN
DIREÇÃO Abbas Kiarostami
ROTEIRO Abbas Kiarostami
FOTOGRAFIA Ali Reza Zarrindast
ELENCO Hossain Sabzian,
Mohsen Makhmalbaf,
Abolfazl Ahankhah
PRODUTOR Ali Reza Zarrin

CORAÇÃO DE CRISTAL
(HERZ AUS GLAS)
ALEMANHA / 1976 / COR /
94 MIN
DIREÇÃO Werner Herzog
ROTEIRO Werner Herzog,
Richard Achternbusch
FOTOGRAFIA Jörh Schmidt-Reitwein
MÚSICA Popol Vuh
ELENCO Josef Bierbichler,
Stefan Güttler,
Clemens Scheitz
PRODUTOR Werner Herzog

COTTON CLUB
(THE COTTON CLUB)
EUA / 1984 / COR / 127 MIN
DIREÇÃO Francis Ford Coppola
ROTEIRO William Kennedy,
Francis Ford Coppola
FOTOGRAFIA Stephen Goldblatt
MÚSICA John Barry
ELENCO Richard Gere,
Gregory Hines, Diane Lane,
Bob Hoskins
PRODUTOR Robert Evans

CREPÚSCULO DOS DEUSES
(SUNSET BLVD)
EUA / 1950 / P&B / 110 MIN
DIREÇÃO Billy Wilder
ROTEIRO Billy Wilder, Charles Brackett, D.M. Marshman Jr.
FOTOGRAFIA John F. Seitz
MÚSICA Franz Waxman
ELENCO William Holden, Gloria Swanson, Erich von Stroheim
PRODUTOR Charles Brackett

DE OLHOS BEM FECHADOS
(EYES WIDE SHUT)
REINO UNIDO, EUA / 1999 / COR / 159 MIN
DIREÇÃO Stanley Kubrick
ROTEIRO Stanley Kubrick, Frederic Raphael
FOTOGRAFIA Larry Smith
MÚSICA Jocelyn Pook
ELENCO Tom Cruise, Nicole Kidman, Sydney Pollack
PRODUTOR Stanley Kubrick

DEPOIS DO VENDAVAL
(THE QUIET)
EUA / 1952 / P&B / 129 MIN
DIREÇÃO John Ford
ROTEIRO Frank S. Nugent
FOTOGRAFIA Winton C. Hoch
MÚSICA Victor Young
ELENCO John Wayne, Maureen O'Hara, Barry Fitzgerald
PRODUTOR John Ford, Merian C. Cooper

DEUS E O DIABO NA TERRA DO SOL
BRASIL / 1964 / PB / 120 MIN
DIREÇÃO Glauber Rocha
ROTEIRO Glauber Rocha
FOTOGRAFIA Waldemar Lima
MÚSICA Sérgio Ricardo
ELENCO Geraldo Del Rey, Yoná Magalhães, Othon Bastos, Maurício do Valle, Lidio Silva
PRODUTOR Luis Augusto Mendes

DRÁCULA
(DRACULA)
EUA / 1931 / P&B / 75 MIN
DIREÇÃO Tod Browning
ROTEIRO Hamilton Deane, John L. Balderston
FOTOGRAFIA Karl Freund
ELENCO Bela Lugosi, Helen Chandler, David Manners
PRODUTOR Tod Browning, Carl Laemmle Jr.

E LA NAVE VA
ITÁLIA, FRANÇA / 1983 / COR P&B / 132 MIN
DIREÇÃO Federico Fellini
ROTEIRO Federico Fellini, Tonino Guerra
FOTOGRAFIA Giuseppe Rotunno
MÚSICA Gianfranco Plenizio
ELENCO Freddie Jones, Barbara Jefford, Victor Poletti
PRODUTOR Franco Cristaldi

E O VENTO LEVOU
(GONE WITH THE WIND)
EUA / 1939 / COR / 238 MIN
DIREÇÃO Victor Fleming
ROTEIRO Sidney Howard
FOTOGRAFIA Ernest Haller
MÚSICA Max Steiner
ELENCO Vivien Leigh, Clark Gable, Hattie McDaniel
PRODUTOR David O. Selznick

ELES NÃO USAM BLACK TIE
BRASIL / 1981 / COR / 120 MIN
DIREÇÃO Leon Hirszman
ROTEIRO Leon Hirszman, baseado na peça de Gianfrancesco Guarnieri
FOTOGRAFIA Lauro Escorel
MÚSICA Adoniran Barbosa, Chico Buarque de Hollanda, Gianfrancesco Guarnieri
ELENCO Gianfrancesco Guarnieri, Fernanda Montenegro, Carlos Alberto Riccelli, Milton Gonçalves
PRODUTOR Leon Hirszman

EMPIRE
EUA / 1964 / P&B / 485 MIN
DIREÇÃO Andy Warhol
FOTOGRAFIA Jonas Mekas
PRODUTOR Andy Warhol

ERA UMA VEZ NA AMÉRICA (ONCE UPON A TIME IN AMÉRICA)
ITÁLIA, EUA / 1984 / COR / 229 MIN
DIREÇÃO Sergio Leone
ROTEIRO Sergio Leone, Leonardo Benvenuti, Piero De Bernardi e outros baseado no romance de Harry Grey
FOTOGRAFIA Tonino Delli Colli
MÚSICA Ennio Morricone
ELENCO Robert De Niro, James Woods, Joe Pesci, Elizabeth McGovern
PRODUTOR Arnon Milchan

ESSE OBSCURO OBJETO DO DESEJO (CET OBSCUR OBJET DU DÉSIR)
PAÍS / 1977 / COR / 102 MIN
DIREÇÃO Luis Buñuel
ROTEIRO Luis Buñuel, Jean-Claude Carrière
FOTOGRAFIA Edmond Richard
ELENCO Fernando Rey, Carole Bouquet, Ángela Molina, Julien Bertheau
PRODUTOR Serge Silberman

F FOR FAKE (VÉRITÉS ET MENSONGES)
FRANÇA, IRÃ, ALEMANHA / 1973 / COR / 89 MIN
DIREÇÃO Orson Welles
ROTEIRO Orson Welles
FOTOGRAFIA François Reichenbach
MÚSICA Michel Legrand
ELENCO Orson Welles, Oja Kodar, Joseph Cotten
PRODUTOR François Reichenbach

FACA NA ÁGUA (NÓŻ W WODZIE)
POLÔNIA / 1962 / P&B / 94MIN
DIREÇÃO Roman Polanski
ROTEIRO Jakub Goldberg, Roman Polanski
FOTOGRAFIA Jerzy Lipman
MÚSICA Krzysztof T. Komeda
ELENCO Leon Niemczyk, Jolanta Umecka, Zygmunt Malanowicz
PRODUTOR Stanislaw Zylewicz

FACES
EUA / 1968 / P&B / 130 MIN
DIREÇÃO John Cassavetes
ROTEIRO John Cassavetes
FOTOGRAFIA Al Ruban
ELENCO John Marley, Gena Rowlands, Lynn Carlin
PRODUTOR Maurice McEndree

FAHRENHEIT 451
REINO UNIDO / 1966 / COR / 112 MIN
DIREÇÃO François Truffaut
ROTEIRO François Truffaut, Jean-Louis Richard (baseado no romance de Ray Bradbury!)
FOTOGRAFIA Nicolas Roeg
MÚSICA Bernard Herrmann
ELENCO Oskar Werner, Julie Christie, Cyril Cusack, Jeremy Spenser
PRODUTOR Lewis M. Allen

FANNY E ALEXANDRE (FANNY OCH ALEXANDER)
SUÉCIA, FRANÇA, ALEMANHA / 1982 / COR / 188MIN
DIREÇÃO Ingmar Bergman
ROTEIRO Ingmar Bergman
FOTOGRAFIA Sven Nykvist
MÚSICA Daniel Bell
ELENCO Pernilla Allwin, Bertil Guve, Börje Ahlstedt
PRODUTOR Jörn Donner

FATA MORGANA
ALEMANHA / 1971 / COR / 79 MIN
DIREÇÃO Werner Herzog
ROTEIRO Werner Herzog
FOTOGRAFIA Jörg Schmidt-Reitwein
MÚSICA Blind Faith, The Third Ear Band
ELENCO Lotte Eisner (narrador), Eugen Des Montagnes, James William Gledhill
PRODUTOR Joschi Arpa

**FELIZES JUNTOS
(CHUN GWONG CHA SIT)**
HONG KONG / 1997 / COR P&B /
96 MIN
DIREÇÃO Kar Wai Wong
ROTEIRO Kar Wai Wong
FOTOGRAFIA Christopher Doyle
MÚSICA Danny Chung
ELENCO Leslie Cheung,
Tony Leung Chiu Wai,
Chen Chang
PRODUTOR Ye-cheng Chan

FIEL
BRASIL / 2009 / COR / 92 MIN
DIREÇÃO Andrea Pasquin
ROTEIRO Marcelo Rubens Paiva,
Serginho Groisman
FOTOGRAFIA Luiz Miyasaka
MÚSICA Luiz Macedo
PRODUTOR Gustavo Ioschpe

FITZCARRALDO
PERU, ALEMANHA / 1982 /
COR / 158 MIN
DIREÇÃO Werner Herzog
ROTEIRO Werner Herzog
FOTOGRAFIA Thomas Mauch
MÚSICA Popol Vuh
ELENCO Klaus Kinski, Claudia
Cardinale, José Lewgoy
PRODUTOR Werner Herzog,
Willi Segler, Lucki Stipetic

FLESH
EUA / 1968 / COR / 105 MIN
DIREÇÃO Paul Morrissey
ROTEIRO Paul Morrissey
FOTOGRAFIA Paul Morrissey
ELENCO Joe Dallesandro,
Geraldine Smith,
Patti D'Arbanville
PRODUTOR Andy Warhol

FLESH FOR FRANKENSTEIN
EUA, ITÁLIA, FRANÇA / 1973 /
COR / 95 MIN
DIREÇÃO Paul Morrissey,
Antonio Margheriti
ROTEIRO Paul Morrissey
FOTOGRAFIA Luigi Kuveiller
MÚSICA Claudio Gizzi
ELENCO Joe Dallesandro,
Monique van Vooren, Udo Kier
PRODUTOR Andy Warhol,
Louis Peraino

FOGO E PAIXÃO
BRASIL / 1988 / COR / 90MIN
DIREÇÃO Marcio Kogan,
Isay Weinfeld
ROTEIRO Marcio Kogan,
Isay Weinfeld
FOTOGRAFIA Pedro Farkas
MÚSICA Sérvulo Augusto,
Gil Reyes
ELENCO Fernanda Montenegro,
Paulo Autran, Tônia Carrero

GILDA
EUA / 1946 / P&B / 110 MIN
DIREÇÃO Charles Vidor
ROTEIRO Marion Parsonnet
FOTOGRAFIA Rudolph Maté
MÚSICA Hugo Friedhofer
ELENCO Rita Hayworth,
Glenn Ford, George Macready,
Joseph Calleia
PRODUTOR Virginia Van Upp

**GLEN OU GLENDA?
(GLEN OR GLENDA)**
EUA / 1953 / P&B / 74 MIN
DIREÇÃO Edward D. Wood Jr.
ROTEIRO Edward D. Wood Jr.
FOTOGRAFIA William C. Thompson
MÚSICA Sandford H. Dickinson
(consultoria)
ELENCO Bela Lugosi, Lyle Talbot,
Timothy Farrell
PRODUTOR George Weiss

**GOSTO DE CEREJA
(TA'M E GUILASS)**
IRÃ, FRANÇA / 1997 / COR /
95 MIN
DIREÇÃO Abbas Kiarostami
ROTEIRO Abbas Kiarostami
FOTOGRAFIA Homayun Payvar
ELENCO Homayoun Ershadi,
Abdolrahman Bagheri,
Afshin Khorshid Bakhtiari
PRODUTOR Abbas Kiarostami

HATARI
EUA / 1962 / COLOR / 147 MIN
DIREÇÃO Howard Hawks
ROTEIRO Harry Kurnitz,
Leigh Brackett
FOTOGRAFIA Russell Harlan
MÚSICA Henry Mancini
ELENCO John Wayne,
Hardy Krüger, Elsa Martinelli
PRODUTOR Howard Hawks

HEAT
EUA / 1972 / COR / 102 MIN
DIREÇÃO Paul Morrissey
ROTEIRO Paul Morrissey
FOTOGRAFIA Paul Morrissey
MÚSICA John Cale
ELENCO Joe Dallesandro,
Sylvia Miles, Andrea Feldman
PRODUTOR Andy Warhol

HIGH SCHOOL MUSICAL
EUA / 2006 / COR / 98 MIN
DIREÇÃO Kenny Ortega
ROTEIRO Peter Barsocchini
FOTOGRAFIA Gordon C. Lonsdale
MÚSICA David Lawrence
ELENCO Zac Efron, Vanessa
Hudgens, Ashley Tisdale
PRODUTOR Don Schain

HIROSHIMA MEU AMOR (HIROSHIMA MON AMOUR)
FRANÇA, JAPÃO / 1959 / COLOR / 90 MIN
DIREÇÃO Alain Resnais
ROTEIRO Marguerite Duras
FOTOGRAFIA Sacha Vierny,
Takahashi Michio
MÚSICA Georges Delerue,
Giovanni Fusco
ELENCO Emmanuelle Riva,
Eiji Okada, Stella Dassas
PRODUTOR Anatole Dauman,
Samy Halfon

HISTÓRIAS EXTRAORDINÁRIAS (HISTOIRES EXTRAORDINAIRES)
FRANÇA, ITÁLIA / 1968 / COR / 121 MIN
DIREÇÃO Federico Fellini,
Louis Malle, Roger Vadim
ROTEIRO Roger Vadim,
Pascal Cousin, Louis Malle,
Clement Biddle Wood Bernardino
Zapponi, Federico Fellini
FOTOGRAFIA Giuseppe Rotunno,
Claude Renoir, Tonino Delli Colli
MÚSICA Nino Rota, Jean
Prodromidès, Diego Masson
ELENCO Brigitte Bardot,
Alain Delon, Jane Fonda,
Terence Stamp
PRODUTOR Raymond Eger

HOTEL ATLÂNTICO
BRASIL / 2009 / COR / 110 MIN
DIREÇÃO Suzana Amaral
ROTEIRO Suzana Amaral
FOTOGRAFIA José Roberto Eliezer
MÚSICA Luiz Henrique Xavier
ELENCO Gero Camilo, Mariana
Ximenes, João Miguel
PRODUTOR Ary Pini

IDOS COM O VENTO
BRASIL / 1983 / COR / 8 MIN
DIREÇÃO Isay Weinfeld
e Marcio Kogan
ROTEIRO Isay Weinfeld
e Marcio Kogan
FOTOGRAFIA Pedro Farkas
ELENCO Mira Haar, Patrício Bisso

INGMAR BERGMAN COMPLETO (INGMAR BERGMAN – 3 DOKUMENTÄRER OM FILM, TEATER, FÅRÖ OCH LIVET)
SUÉCIA / 2004 / COR P&B / 174 MIN
DIREÇÃO Marie Nyreröd
FOTOGRAFIA Arne Carlsson
ELENCO Ingmar Bergman,
Erland Josephson

IRACEMA – UMA TRANSA AMAZÔNICA
BRASIL, ALEMANHA, FRANÇA / 1976 / COR / 90 MIN
DIREÇÃO Jorge Bodanzky,
Orlando Senna
ROTEIRO Jorge Bodanzky,
Orlando Senna, Hermano Penna
FOTOGRAFIA Jorge Bodanzky

MÚSICA Jorge Bodanzky,
Achim Tappen
ELENCO Paulo Cesar Peréio,
Edna de Cássia, Lucio dos Santos,
Elma Martins
PRODUTOR Orlando Senna

JANELA INDISCRETA
(REAR WINDOW)
EUA / 1954 / COR / 112 MIN
DIREÇÃO Alfred Hitchcock
ROTEIRO John Michael Hayes
FOTOGRAFIA Robert Burks
MÚSICA Franz Waxman
ELENCO James Stewart, Grace Kelly, Wendell Corey, Thelma Ritter
PRODUTOR Alfred Hitchcock

JULES E JIM
(JULES ET JIM)
FRANÇA / 1962 / P&B / 105 MIN
DIREÇÃO François Truffaut
ROTEIRO François Truffaut, Jean Gruault (baseado no romance de Henri-Pierre Roché)
FOTOGRAFIA Raoul Coutard
MÚSICA Georges Delerue
ELENCO Jeanne Moreau, Oskar Werner, Henri Serre
PRODUTOR François Truffaut

KING KONG
EUA / 1933 / P&B / 104 MIN
DIREÇÃO Ernest B. Schoedsack, Merian C. Cooper
ROTEIRO James Creelman, Ruth Rose
FOTOGRAFIA Edward Linden, J.O. Taylor, Vernon L. Walker
MÚSICA Max Steiner
ELENCO Fay Wray, Robert Armstrong, Frank Reicher
PRODUTOR David O. Selznick, Merian C. Cooper

O BEIJO
(KISS)
EUA / 1963 / P&B / 50 MIN
DIREÇÃO Andy Warhol
ELENCO Rufus Collins, Ed Sanders, Johnny Dodd, Freddie Herko, Mark Lancaster

LADRÕES DE BICICLETA
(LADRI DI BICICLETTE)
ITÁLIA / 1948 / P&B / 93 MIN
DIREÇÃO Vittorio De Sica
ROTEIRO Cesare Zavattini, Suso d'Amico, Vittorio De Sica, Oreste Biancoli, Adolfo Franci, Gerardo Guerrieri (baseado no romance Ladri di biciclette de Luigi Bartolini)
FOTOGRAFIA Carlo Montuori
MÚSICA Alessandro Cicognini
ELENCO Lamberto Maggiorani, Enzo Staiola, Lianella Carell, Gino Saltamerenda
PRODUTOR Giuseppe Amato

LARANJA MECÂNICA
(A CLOCKWORK ORANGE)
REINO UNIDO, EUA / 1971 / COR / 136 MIN
DIREÇÃO Stanley Kubrick
ROTEIRO Stanley Kubrick (baseado no romance de Anthony Burgess)
FOTOGRAFIA John Alcott
MÚSICA Walter Carlos
ELENCO Malcom McDowell, Patrick Magee, Adrienne Corri, Warren Clarke, Michael Tarn
PRODUTOR Stanley Kubrick

M – O VAMPIRO
DE DUSSELDORF
(M)
ALEMANHA / 1931 / P&B / 117 MIN
DIREÇÃO Fritz Lang
ROTEIRO Fritz Lang, Thea von Harbou
FOTOGRAFIA Fritz Arno Wagner
ELENCO Peter Lorre, Ellen Widmann, Inge Landgut
PRODUTOR Seymour Nebenzal

MACUNAÍMA
BRASIL / 1969 / COR / 110 MIN
DIREÇÃO Joaquim Pedro de Andrade
ROTEIRO Joaquim Pedro de Andrade (baseado no romance de Mario de Andrade)

FOTOGRAFIA Guido Cosulich
ELENCO Grande Otelo, Paulo José, Dina Sfat, Milton Gonçalves, Jardel Filho
PRODUTOR Joaquim Pedro de Andrade, K.M. Eckstein

MANHATTAN
EUA / 1979 / P&B / 96 MIN
DIREÇÃO Woody Allen
ROTEIRO Woody Allen, Marshall Brickman
FOTOGRAFIA Gordon Willis
MÚSICA Tom Pierson
ELENCO Woody Allen, Diane Keaton, Michael Murphy
PRODUTOR Jack Rollins, Charles H. Joffe

MARANHÃO 66
BRASIL / 1966 / PB / 10 MIN
DIREÇÃO Glauber Rocha
FOTOGRAFIA Fernando Duarte
PRODUTOR Zelito Viana

MATOU A FAMÍLIA E FOI AO CINEMA
BRASIL / 1969 / P&B / 78 MIN
DIREÇÃO Julio Bressane
ROTEIRO Julio Bressane
FOTOGRAFIA Thiago Veloso
MÚSICA Julio Bressane
ELENCO Marcia Rodrigues, Renata Sorrah, Antero de Oliveira, Vanda Lacerda
PRODUTOR Julio Bressane

MEU TIO (MON ONCLE)
FRANÇA, ITÁLIA / 1958 / COR / 117 MIN
DIREÇÃO Jacques Tati
ROTEIRO Jacques Tati
FOTOGRAFIA Jean Bourgoin
MÚSICA Franck Barcellini, Alain Romans
ELENCO Jean-Pierre Zola, Adrienne Servantie, Lucien Frégis, Betty Schneider
PRODUTOR Jacques Tati

MONIKA E O DESEJO (SOMMAREN MED MONIKA)
SUÉCIA / 1953 / P&B / 96 MIN
DIREÇÃO Ingmar Bergman
ROTEIRO Per Anders Fogelström
FOTOGRAFIA Gunnar Fischer
MÚSICA Erik Nordgren
ELENCO Harriet Andersson, Lars Ekborg, Dagmar Ebbesen, Åke Fridell, Naemi Briese
PRODUTOR Allan Ekelund

MORANGOS SILVESTRES (SMULLTRONSTÄLLET)
SUÉCIA / 1957 / P&B / 91 MIN
DIREÇÃO Ingmar Bergman
ROTEIRO Ingmar Bergman
FOTOGRAFIA Gunnar Fischer
MÚSICA Erik Nordgren
ELENCO Victor Sjöström, Bibi Andersson, Ingrid Thulin, Gunnar Björnstrand
PRODUTOR Allan Ekelund

MORTE EM VENEZA (MORTE A VENEZIA)
ITÁLIA, FRANÇA / 1971 / COR / 130 MIN
DIREÇÃO Luchino Visconti
ROTEIRO Luchino Visconti, Nicola Badalucco, (baseado no romance de Thomas Mann)
FOTOGRAFIA Pasquale De Santis
MÚSICA Franco Mannino
ELENCO Dirk Bogarde, Romolo Valli, Marisa Berenson, Carole André, Björn Andrésen
PRODUTOR Luchino Visconti

MOULIN ROUGE – AMOR EM VERMELHO (MOULIN ROUGE)
EUA, AUTRÁLIA / 2001 / COLOR / 127 MIN
DIREÇÃO Baz Luhrmann
ROTEIRO Baz Luhrmann, Craig Pearce
FOTOGRAFIA Donald McAlpine
MÚSICA Craig Armstrong
ELENCO Nicole Kidman, Ewan McGregor, John Leguizamo
PRODUTOR Fred Baron, Martin Brown, Baz Luhrmann

**NESTE MUNDO E NO OUTRO
(STAIRWAY TO HEAVEN)**
REINO UNIDO / 1946 /
COR P&B / 104 MIN
DIREÇÃO Michael Powell
e Emeric Pressburger
ROTEIRO Michael Powell
e Emeric Pressburger
FOTOGRAFIA Jack Cardiff
MÚSICA Allan Gray
ELENCO David Niven, Kim
Hunter, Richard Attenborough,
Kathleen Byron
PRODUTOR Michael Powell,
Emeric Pressburger

**NOITE E NEBLINA
(NUIT ET BROUILLARD)**
FRANÇA / 1955 / COR P&B /
32 MIN
DIREÇÃO Alain Resnais
ROTEIRO Jean Cayrol
FOTOGRAFIA Ghislain Cloquet,
Sacha Vierny
MÚSICA Hanns Eisler
ELENCO Michel Bouquet, Reinhard
Heydrich, Heinrich Himmler
PRODUTOR Anatole Dauman,
Samy Halfon, Philippe Lifchitz

**O AMOR É MAIS FRIO
QUE A MORTE
(LIEBE IST KÄLTER
ALS DER TOD)**
ALEMANHA / 1969 / P&B / 88 MIN
DIREÇÃO Rainer Werner Fassbinder
ROTEIRO Rainer Werner Fassbinder
FOTOGRAFIA Dietrich Lohmann
MÚSICA Holger Münzer, Peer Raben
ELENCO Ulli Lommel, Hanna
Schygulla, Katrin Schaake,
Liz Soellner
PRODUTOR Peer Raben,
Thomas Schamoni

O AMULETO DE OGUM
BRASIL / 1974 / COR / 112 MIN
DIREÇÃO Nelson Pereira dos Santos
ROTEIRO Nelson Pereira dos Santos,
Francisco Santos
FOTOGRAFIA José Cavalcanti, Nelson
Pereira dos Santos, Hélio Silva
MÚSICA Jards Macalé
ELENCO Ney Santanna, Anecy
Rocha, Joffre Soares, Maria Ribeiro
PRODUTOR Nelson Pereira
dos Santos

O BANDIDO DA LUZ VERMELHA
BRASIL / 1968 / COR / 92 MIN
DIREÇÃO Rogério Sganzerla
ROTEIRO Rogério Sganzerla
FOTOGRAFIA Peter Overbeck
MÚSICA Rogério Sganzerla
ELENCO Helena Ignez, Paulo Villaça,
Pagano Sobrinho, Luiz Linhares,
Sonia Braga
PRODUTOR José da Costa Cordeiro,
José Alberto Reis, Rogério
Sganzerla

**O CANDELABRO ITALIANO
(ROME ADVENTURE)**
EUA / 1972 / COR / 119 MIN
DIREÇÃO Delmer Daves
ROTEIRO Delmer Daves (baseado
no romance de Irving Fineman)
FOTOGRAFIA Charles Lawton
MÚSICA Max Steiner
ELENCO Troy Donahue, Angie
Dickinson, Rossano Brazzi,
Suzanne Pleshette
PRODUTOR Delmer Daves

O CANGACEIRO
BRASIL / 1953 / P&B / 105 MIN
DIREÇÃO Lima Barreto
ROTEIRO Lima Barreto,
Rachel de Queiroz
FOTOGRAFIA Chick Fowle
MÚSICA Gabriel Migliori
ELENCO Alberto Ruschel,
Marisa Prado, Milton Ribeiro,
Vanja Orico, Adoniran Barbosa
PRODUTOR Cid Leite da Silva

**O CASAMENTO
DE MARIA BRAUN
(DIE EHE DER MARIA BRAUN)**
ALEMANHA / 1979 / COR / 120 MIN
DIREÇÃO Rainer Werner Fassbinder
ROTEIRO Rainer Werner Fassbinder,
Pea Fröhlich, Peter Märthesheimer
FOTOGRAFIA Michael Ballhaus

MÚSICA Peer Raben
ELENCO Hanna Schygulla, Klaus Löwitsch, Ivan Desny, Gottfried John
PRODUTOR Wolf-Dietrich Brücker, Volker Canaris, Michael Fengler

O CORINTIANO
BRASIL / 1967 / COR P&B / 95 MIN
DIREÇÃO Milton Amaral
ROTEIRO Milton Amaral, Amácio Mazzaropi
FOTOGRAFIA Rudolf Icsey
MÚSICA Hector Lagna Fietta
ELENCO Nicolau Guzzardi, Amácio Mazzaropi, Elizabeth Marinho, Lúcia Lambertini
PRODUTOR Amácio Mazzaropi

O DESERTO VERMELHO
(IL DESERTO ROSSO)
ITÁLIA, FRANÇA / 1964 / COR P&B / 120 MIN
DIREÇÃO Michelangelo Antonioni
ROTEIRO Michelangelo Antonioni, Tonino Guerra
FOTOGRAFIA Carlo Di Palma
MÚSICA Giovanni Fusco
ELENCO Monica Vitti, Richard Harris, Carlo Chionetti, Xenia Valderi
PRODUTOR Tonino Cervi

O DISCRETO CHARME DA BURGUESIA
(LE CHARME DISCRET DE LA BOURGEOISIE)
FRANÇA, ITÁLIA, ESPANHA / 1972 / COR / 102 MIN
DIREÇÃO Luis Buñuel
ROTEIRO Luis Buñuel, Jean-Claude Carrière
FOTOGRAFIA Edmond Richard
ELENCO Fernando Rey, Delphine Seyrig, Paul Frankeur, Bulle Ogier, Jean-Pierre Cassel
PRODUTOR Serge Silberman

O DRAGÃO DA MALDADE CONTRA O SANTO GUERREIRO
BRASIL / 1969 / COR / 100 MIN
DIREÇÃO Glauber Rocha
ROTEIRO Glauber Rocha
FOTOGRAFIA Affonso Beato
MÚSICA Sérgio Ricardo, Walter Queiroz
ELENCO Maurício do Valle, Odete Lara, Othon Bastos, Hugo Carvana, Joffre Soares
PRODUTOR Claude-Antoine, Glauber Rocha

O ECLIPSE
(L'ECLISSE)
ITÁLIA, FRANÇA / 1962 / P&B / 126 MIN
DIREÇÃO Michelangelo Antonioni
ROTEIRO Michelangelo Antonioni, Tonino Guerra
FOTOGRAFIA Gianni Di Venanzo
MÚSICA Giovanni Fusco
ELENCO Monica Vitti, Alain Delon, Francisco Rabal, Louis Seigner
PRODUTOR Raymond Hakim, Robert Hakim

O ENCOURAÇADO POTEMKIN
(BRONENOSETS POTYOMKIN)
UNIÃO SOVIETICA / 1925 / P&B / 75 MIN
DIREÇÃO Sergei M. Eisenstein
ROTEIRO Nina Agadzhanova
FOTOGRAFIA Eduard Tisse
MÚSICA Eric Allaman, Yati Durant, Vladimir Heifetz
ELENCO Aleksandr Antonov, Vladimir Barsky, Grigori Aleksandrov
PRODUTOR Brian Shirey

O ENIGMA DE ANDRÔMEDA
(THE ANDROMEDA STRAIN)
EUA / 1971 / COR / 131 MIN
DIREÇÃO Robert Wise
ROTEIRO Nelson Gidding, baseado no romance de Michael Chrichton
FOTOGRAFIA Richard H. Kline
MÚSICA Gil Mellé
ELENCO Arthur Hill, David Wayne, James Olson, Kate Reid
PRODUTOR Robert Wise

O FANTASMA DA LIBERDADE
(LE FANTÔME DE LA LIBERTÉ)
ITÁLIA, FRANÇA / 1974 / COR / 104 MIN

DIREÇÃO Luis Buñuel
ROTEIRO Luis Buñuel,
Jean-Claude Carrière
FOTOGRAFIA Edmond Richard
ELENCO Adriana Asti, Julien
Bertheau, Jean-Claude Brialy,
Adolfo Celi
PRODUTOR Serge Silberman

O GAROTO SELVAGEM
(L'ENFANT SAUVAGE)
FRANÇA / 1970 / P&B / 83 MIN
DIREÇÃO François Truffaut
ROTEIRO François Truffaut,
Jean Gruault
FOTOGRAFIA Nestor Almendros
MÚSICA Antoine Duhamel
ELENCO Jean-Pierre Cargol,
François Truffaut, Françoise
Seigner, Jean Dasté, Claude Miller
PRODUTOR Claude Miller

O HOMEM DO SPUTNIK
BRASIL / 1959 / P&B / 98 MIN
DIREÇÃO Carlos Manga
ROTEIRO Cajado Filho
FOTOGRAFIA Ozen Sermet
MÚSICA Radamés Gnatalli
ELENCO Oscarito, Zezé Macedo, Cyll
Farney, Jô Soares, Norma Benguell
PRODUTOR Cyl Farney

O LOUCO DOS VIADUTOS
BRASIL
DIREÇÃO Eliane Caffé
ROTEIRO Eliane Caffé, Christine
Röhrig, Alvise Camozzi
MÚSICA Thomas Rohrer,
Mauríco Takara,
Miguel Barella, Josh Abrams
ELENCO Nilson Garrido,
João Miguel, Alvise Camozzi, Maria
do Carmo Soares, Luci Pereira

O MATADOR
(THE GUNFIGHTER)
EUA / 1950 / P&B / 85 MIN
DIREÇÃO Henry King
ROTEIRO William Bowers,
William Sellers
FOTOGRAFIA Arthur C. Miller
MÚSICA Alfred Newman

ELENCO Gregory Peck, Helen
Westcott, Millard Mitchell,
Jean Parker
PRODUTOR Nunnaly Johnson

O MUNDO
(SHIJIE)
CHINA, JAPÃO, FRANÇA /
2004 / COR / 140 MIN
DIREÇÃO Jia Zhang-ke
ROTEIRO Jia Zhang-ke
FOTOGRAFIA Yu Lik-wai
MÚSICA Lim Giong
ELENCO Tao Zhao, Taisheng Chen,
Jue Jing, Jiang Zhong-wei
PRODUTOR Keung Chow, Shozo
Ichiyama, Hengameth Panahi,
Ren Zhong-lun, Takio Yoshida

O NASCIMENTO
DE UMA NAÇÃO
(THE BIRTH OF A NATION)
EUA / 1915 / P&B / 190 MIN
DIREÇÃO D.W. Griffith
ROTEIRO D.W. Griffith,
Frank E. Woods
FOTOGRAFIA G.W. Bitzer
MÚSICA Joseph Carl Breil,
D.W. Griffith
ELENCO Lillian Gish,
Mae Marsh, Henry B. Walthall
PRODUTOR D.W. Griffith

O PAGADOR DE PROMESSAS
BRASIL / 1962 / P&B / 98 MIN
DIREÇÃO Anselmo Duarte
ROTEIRO Anselmo Duarte,
Dias Gomes
FOTOGRAFIA Chick Fowle
MÚSICA Gabriel Migliori
ELENCO Leonardo Villar, Glória
Menezes, Dionísio Azevedo,
Geraldo Del Rey, Norma Bengell
PRODUTOR Oswaldo Massaini

O PÂNTANO
(LA CIÉNAGA)
ARGENTINA, FRANÇA, ESPANHA /
2001 / COR / 103 MIN
DIREÇÃO Lucrécia Martel
ROTEIRO Lucrécia Martel
FOTOGRAFIA Hugo Colace

ELENCO Mercedes Morán,
Graciela Borges, Martín Adjemián,
Leonora Balcarce
PRODUTOR Lita Stantic

O PASSAGEIRO –
PROFISSÃO: REPÓRTER
(PROFESSIONE: REPORTER)
ITÁLIA, ESPANHA, FRANÇA /
1975 / COR / 126 MIN
DIREÇÃO Michelangelo Antonioni
ROTEIRO Mark Peploe, Peter Wollen,
Michelangelo Antonioni
FOTOGRAFIA Luciano Tovoli
MÚSICA Ivan Vandor
ELENCO Jack Nicholson,
Maria Schneider, Jenny Runacre,
Ian Hendry
PRODUTOR Carlo Ponti

O QUE É QUE EU FIZ PARA
MERECER ISSO?
(¿QUÉ HE HECHO YO PARA
MERECER ESTO?!)
ESPANHA / 1984 / COR P&B /
101MIN
DIREÇÃO Pedro Almodóvar
ROTEIRO Pedro Almodóvar
FOTOGRAFIA Angel L. Fernandez
MÚSICA Bernardo Bonezzi
ELENCO Carmen Maura, Cecilia Roth,
Luis Hostalot, Ryo Hiruma
PRODUTOR Hervé Hachuel

O RIO
(HE LIU)
TAIWAN / 1997 / COR / 115 MIN
DIREÇÃO Tsai Ming-Liang
ROTEIRO Tsai Ming-liang,
Tsai Yi-chun, Yang Pi-ying
FOTOGRAFIA Liao Pen-jung
ELENCO Tien Miao, Kang-sheng Lee,
Yi-Ching Lu, Ann Hui
PRODUTOR Chiu Shun-Ching,
Hsu Li-Kong

O SABOR DA MELANCIA
(TIAN BIAN YI DUO YUN)
FRANÇA, TAIWAN / 2005 /
COLOR / 114 MIN
DIREÇÃO Tsai Ming-liang
ROTEIRO Tsai Ming-liang

FOTOGRAFIA Liao Pen-jung
ELENCO Lee Kang-sheng,
Chen Shiang-chyi, Lu Yi-Ching
PRODUTOR Bruno Pésery

O SONHO DE CASSANDRA
(CASSANDRA'S DREAM)
EUA, REINO UNIDO, FRANÇA /
2007 / COR / 108 MIN
DIREÇÃO Woody Allen
ROTEIRO Woody Allen
FOTOGRAFIA Vilmos Zsigmond
MÚSICA Philip Glass
ELENCO Ewan McGregor,
Collin Farrell, Sally Hawkins,
Andrew Howard
PRODUTOR Letty Aronson, Stephen
Tenenbaum, Gareth Wiley

O SOL POR TESTEMUNHA
(PLEIN SOLEIL)
FRANÇA, ITÁLIA / 1960 /
COLOR / 118 MIN
DIREÇÃO René Clément
ROTEIRO René Clément,
Paul Gégauff (baseado na obra
de Patricia Highsmith)
FOTOGRAFIA Henri Decaë
MÚSICA Nino Rota
ELENCO Alain Delon,
Maurice Ronet, Marie Laforêt
PRODUTOR Raymond Hakim,
Robert Hakim

OS 5.000 DEDOS DO DOUTOR T.
(THE 5,000 FINGERS OF DR. T.)
EUA / 1953 / COR / 89 MIN
DIREÇÃO Roy Rowland
ROTEIRO Dr. Seuss, Allan Scott
(baseado no livro de Dr. Seuss)
FOTOGRAFIA Frank Planer
MÚSICA Frederick Hollander
ELENCO Peter Lind Hayes,
Mary Healy, Hans Conried,
Tommy Rettig
PRODUTOR Stanley Kramer

OS COMPANHEIROS
(I COMPAGNI)
ITÁLIA, FRANÇA, YUGOSLÁVIA /
1963 / PB / 130MIN
DIREÇÃO Mario Monicelli

ROTEIRO Mario Monicelli,
Agenore Incrocci, Furio Scarpelli
FOTOGRAFIA Giuseppe Rotunno
MÚSICA Luigi Urbini
ELENCO Marcello Mastroianni,
Renato Salvatori,
Gabriella Giorgelli
PRODUTOR Franco Cristaldi

OS NARRADORES DE JAVÉ
BRASIL / 2003 / COR / 100MIN
DIREÇÃO Eliane Caffé
ROTEIRO Eliane Caffé,
Luis Alberto de Abreu
FOTOGRAFIA Hugo Kovensky
MÚSICA DJ Dolores
ELENCO José Dumont,
Nelson Xavier, Rui Resende
PRODUTOR Vânia Catani

OS NORMAIS
BRASIL / 2003 / COR / 110MIN
DIREÇÃO José Alvarenga Jr.
ROTEIRO Jorge Furtado, Fernanda Young, Alexandre Machado
FOTOGRAFIA Tuca Moraes
MÚSICA Márcio Lomiranda
ELENCO Luiz Fernando Guimarães, Fernanda Torres, Marisa Orth, Evandro Mesquita
PRODUTOR Carlos Eduardo Rodrigues

OS PÁSSAROS
(THE BIRDS)
EUA / 1963 / COR / 119MIN
DIREÇÃO Alfred Hitchcock
ROTEIRO Eva Hunter,
Daphne Du Maurier
FOTOGRAFIA Robert Burks
ELENCO Tippi Hedren, Suzanne Pleshette, Rod Taylor
PRODUTOR Alfred Hitchcock

OITO E MEIO
(OTTO E MEZZO)
ITÁLIA, FRANÇA / 1963 / P&B / 138 MIN
DIREÇÃO Federico Fellini
ROTEIRO Ennio Flaiano, Tullio Pinelli, Federico Fellini, Brunello Rondi
FOTOGRAFIA Gianni Di Venanzo
MÚSICA Nino Rota

ELENCO Marcello Mastroianni,
Claudia Cardinale, Anouk Aimée
PRODUTOR Angelo Rizzoli

PEPI, LUCI, BOM E OUTRAS GAROTAS DE MONTÃO
(PEPE, LUCI, BOM Y OTRAS CHICAS DEL MONTÓN)
ESPANHA / 1980 / COR / 82MIN
DIREÇÃO Pedro Almodóvar
ROTEIRO Pedro Almodóvar
FOTOGRAFIA Paco Femenia
ELENCO Carmen Maura, Félix Rotaeta, Olvido Gara, Eva Siva
PRODUTOR Pepón Coromina, Pastora Delgado, Ester Rambal

PERSONA
(NAISEN NAAMIO – PERSONA)
SUÉCIA / 1967 / PB / 85MIN
DIREÇÃO Ingmar Bergman
ROTEIRO Ingmar Bergman
FOTOGRAFIA Sven Nykvist
MÚSICA Lars Johan Werle
ELENCO Bibi Andersson,
Liv Ullmann, Margaretha Krook
PRODUTOR Ingmar Bergman

PIXOTE – A LEI DO MAIS FRACO
BRASIL / 1981 / COR / 128 MIN
DIREÇÃO Hector Babenco
ROTEIRO Hector Babenco, Jorge Durán (baseado no romance Infância dos Mortos, de José Louzeiro)
FOTOGRAFIA Rodolfo Sanchez
MÚSICA John Neschling
ELENCO Fernando Ramos da Silva, Marília Pêra, Jardel Filho, Rubens de Falco
PRODUTOR Sylvia Naves,
Paulo Francini, José Pinto

PLAYTIME – TEMPO DE DIVERSÃO
(PLAY TIME)
FRANÇA / 1967 / COR / 155MIN
DIREÇÃO Jacques Tati
ROTEIRO Jacques Tati,
Jacques Lagrange
FOTOGRAFIA Jean Badal,
Andréas Winding

MÚSICA Francis Lemarque
ELENCO Jacques Tati, Barbara Dennek, Rita Maiden
PRODUTOR Bernard Maurice

PONTO FINAL – MATCH POINT (MATCH POINT)
REINO UNIDO, EUA, IRLANDA, RUSSIA / 2005 / COR / 124 MIN
DIREÇÃO Woody Allen
ROTEIRO Woody Allen
FOTOGRAFIA Remi Adefarasin
ELENCO Jonathan Rhys Meyers, Scarlett Johansson, Emily Mortimer, Matthew Goode, Brian Cox
PRODUTOR Letty Aronson, Lucy Darwin, Gareth Wiley

PSICOSE (PSYCO)
EUA / 1960 / PB / 109MIN
DIREÇÃO Alfred Hitchcock
ROTEIRO Joseph Stefano (baseado no romance de Robert Bloch)
FOTOGRAFIA John L. Russell
MÚSICA Bernard Herrmann
ELENCO Anthony Perkins, Vera Miles, John Gavin, Janet Leigh
PRODUTOR Alfred Hitchcock

RAINHA CRISTINA (QUEEN CHRISTINA)
EUA / 1933 / P&B / 99 MIN
DIREÇÃO Rouben Mamoulian
ROTEIRO H.M. Harwood, Salka Viertel
FOTOGRAFIA William H. Daniels
MÚSICA Herbert Stothart
ELENCO Greta Garbo, John Gilbert, Ian Keith
PRODUTOR Walter Wanger

RASTROS DE ÓDIO (THE SEARCHERS)
EUA / 1956 / COLOR / 119 MIN
DIREÇÃO John Ford
ROTEIRO Frank S. Nugent
FOTOGRAFIA Winton C. Hoch
MÚSICA Max Steiner
ELENCO John Wayne, Jeffrey Hunter, Vera Miles
PRODUTOR Merian C. Cooper

REBECCA, A MULHER INESQUECÍVEL (REBECCA)
EUA / 1940 / PB / 130MIN
DIREÇÃO Alfred Hitchcock
ROTEIRO Robert E. Sherwood, Joan Harrison (baseado no romance de Daphne Du Maurier)
FOTOGRAFIA George Barnes
MÚSICA Franz Waxman
ELENCO Laurence Olivier, Joan Fontaine, George Sanders
PRODUTOR David O. Selznick

RIO BRAVO – ONDE COMEÇA O INFERNO (RIO BRAVO)
EUA / 1959 / COLOR / 141 MIN
DIREÇÃO Howard Hawks
ROTEIRO Jules Furthman, Leigh Brackett
FOTOGRAFIA Russell Harlan
MÚSICA Dimitri Tiomkin
ELENCO John Wayne, Dean Martin, Ricky Nelson
PRODUTOR Howard Hawks

ROCCO E SEUS IRMÃOS (ROCCO E I SUOI FRATELLI)
ITÁLIA, FRANÇA / 1960 / P&B / 177 MIN
DIREÇÃO Luchino Visconti
ROTEIRO Suso Cecchi d'Amico, Pasquale Festa Campanile
FOTOGRAFIA Giuseppe Rotunno
MÚSICA Nino Rota
ELENCO Alain Delon, Renato Salvatori, Annie Girardot
PRODUTOR Goffredo Lombardo

ROLETA CHINESA (CHINESISCHES ROULETTE)
ALEMANHA / 1977 / COR / 96MIN
DIREÇÃO Rainer Werner Fassbinder
ROTEIRO Rainer Werner Fassbinder
FOTOGRAFIA Michael Ballhaus
MÚSICA Peer Raben

ELENCO Anna Karina, Margit Carstensen, Brigitte Mira
PRODUTOR Michael Fengler, Barbet Schroeder

ROMA CIDADE ABERTA (ROMA, CITTÀ APERTA)
ITÁLIA / 1945 / PB / 100MIN
DIREÇÃO Roberto Rossellini
ROTEIRO Sergio Amidei, Federico Fellini, Roberto Rossellini
FOTOGRAFIA Ubaldo Arata
MÚSICA Renzo Rossellini
ELENCO Aldo Fabrizi, Anna Magnani, Marcello Pagliero
PRODUTOR Giuseppe Amato, Ferruccio De Martino, Rod E. Geiger, Roberto Rossellini

SEDUÇÃO (AN EDUCATION)
REINO UNIDO / 2009 / COLOR / 100 MIN
DIREÇÃO Lone Scherfig
ROTEIRO Nick Hornby
FOTOGRAFIA John de Borman
MÚSICA Paul Englishby
ELENCO Carey Mulligan, Olivia Williams, Alfred Molina, Peter Sarsgaard
PRODUTOR Finola Dwyer, Amanda Posey

SEGREDOS E MENTIRAS (SECRETS & LIES)
FRANÇA, REINO UNIDO / 1996 / COR / 142MIN
DIREÇÃO Mike Leigh
ROTEIRO Mike Leigh
FOTOGRAFIA Dick Pope
MÚSICA Andrew Dickson
ELENCO Timothy Spall, Phyllis Logan, Brenda Blethyn
PRODUTOR Simon Channing Williams

SENILIDADE (SENILITÀ)
FRANÇA, ITÁLIA / 1962 / PB / 115MIN
DIREÇÃO Mauro Bolognini
ROTEIRO Mauro Bolognini, Tullio Pinelli, Goffredo Parise (baseado no romance de Italo Svevo)

FOTOGRAFIA Armando Nannuzzi
MÚSICA Piero Piccioni
ELENCO Anthony Franciosa, Claudia Cardinale, Betsy Blair
PRODUTOR Moris Ergas

SHIRIN
IRÃ / 2008 / COLOR / 92 MIN
DIREÇÃO Abbas Kiarostami
ROTEIRO Mohammad Rahmanian
FOTOGRAFIA Mahmoud Kalari, Houman Behmanesh
MÚSICA Heshmat Sanjari, Morteza Hananeh, Hossein Dehlavi
ELENCO Juliette Binoche, Niki Karimi, Golshifteh Farahani, Mahnaz Afshar, Taraneh Alidoosti
PRODUTOR Abbas Kiarostami

SID E NANCY (SID AND NANCY)
REINO UNIDO / 1986 / COR / 112MIN
DIREÇÃO Alex Cox
ROTEIRO Alex Cox, Abbe Wool
FOTOGRAFIA Roger Deakins
MÚSICA Pray for Rain
ELENCO Gary Oldman, Chloe Webb, David Hayman
PRODUTOR Eric Fellner

SINDICATO DE LADRÕES (ON THE WATERFRONT)
EUA / 1954 / PB / 108MIN
DIREÇÃO Elia Kazan
ROTEIRO Budd Schulberg
FOTOGRAFIA Boris Kaufman
MÚSICA Leonard Bernstein
ELENCO Marlon Brando, Karl Malden, Lee J. Cobb
PRODUTOR Sam Spiegel

SLEEP
EUA / 1963 / PB / 321MIN
DIREÇÃO Andy Warhol
ELENCO John Giorno

SOLO
BRASIL / 2009 / COR / 72MIN
DIREÇÃO Ugo Giorgetti
ROTEIRO Ugo Giorgetti
FOTOGRAFIA Carlos Ebert

MÚSICA Mauro Giorgetti
ELENCO Antonio Abujamra
PRODUTOR Ugo Giorgetti

SOMBRAS
(SHADOWS)
EUA / 1959 / PB / 87MIN
DIREÇÃO John Cassavetes
ROTEIRO John Cassavetes
FOTOGRAFIA Erich Kollmar
MÚSICA Charles Mingus, Shafi Hadi
ELENCO Ben Carruthers, Lelia Goldoni, Hugh Hurd
PRODUTOR Maurice McEndree

SONHOS DE UM SEDUTOR
(PLAY IT AGAIN, SAM)
EUA / 1972 / COR / 85MIN
DIREÇÃO Herbert Ross
ROTEIRO Woody Allen
FOTOGRAFIA Owen Roizman
MÚSICA Billy Goldenberg
ELENCO Woody Allen, Diane Keaton, Tony Roberts
PRODUTOR Arthur P. Jacobs

SUBMARINO AMARELO
(YELLOW SUBMARINE)
EUA, REINO UNIDO / 1968 / COR / 90MIN
DIREÇÃO George Dunning
ROTEIRO Lee Minoff, Al Brodax, Jack Mendelsohn, Erich Segal
MÚSICA George Martin
ELENCO The Beatles
PRODUTOR Al Brodax

TARTARUGAS PODEM VOAR
(LAKPOSHTHA PARVAZ MIKONAND)
IRÃ, FRANÇA, IRAQUE / 2004 / COR / 98MIN
DIREÇÃO Bahman Ghobadi
ROTEIRO Bahman Ghobadi
FOTOGRAFIA Shahriar Assadi
MÚSICA Hossein Alizadeh
ELENCO Soran Ebrahim, Avaz Latif, Saddam Hossein Feysal
PRODUTOR Babak Amini, Hamid Karim Batin Ghobadi, Hamid Ghavami, Bahman Ghobadi

TAXI DRIVER: MOTORISTA DE TÁXI
(TAXI DRIVER)
EUA / 1976 / COR / 113MIN
DIREÇÃO Martin Scorsese
ROTEIRO Paul Schrader
FOTOGRAFIA Michael Chapman
MÚSICA Bernard Herrmann
ELENCO Robert De Niro, Jodie Foster, Cybill Shepherd
PRODUTOR Michael Philips, Julia Philips

TEMPO DE EMBEBEDAR CAVALOS
(ZAMANI BARAYÉ MASTI ASBHA)
IRÃ / 2000 / COR / 80MIN
DIREÇÃO Bahman Ghobadi
ROTEIRO Bahman Ghobadi
FOTOGRAFIA Saed Nikzat
MÚSICA Hossein Alizadeh
ELENCO Ayoub Ahmadi, Rojin Younessi, Amaneh Ekhtiar-dini
PRODUTOR Bahman Ghobadi

TERRA EM TRANSE
BRASIL / 1967 / PB / 106MIN
DIREÇÃO Glauber Rocha
ROTEIRO Glauber Rocha
FOTOGRAFIA Luis Carlos Barreto
MÚSICA Carlos Monteiro de Souza
ELENCO Jardel Filho, Paulo Autran, José Lewgoy
PRODUTOR Glauber Rocha

TRAPÉZIO
(TRAPEZE)
EUA / 1956 / COR / 105MIN
DIREÇÃO Carol Reed
ROTEIRO James R. Webb (adaptado do romance de Max Catto)
FOTOGRAFIA Robert Krasker
MÚSICA Malcolm Arnold
ELENCO Burt Lancaster, Tony Curtis, Gina Lollobrigida
PRODUTOR James Hill

TRASH
(ANDY WARHOL'S TRASH)
EUA / 1970 / COR / 110MIN

DIREÇÃO Paul Morrissey
ROTEIRO Paul Morrissey
FOTOGRAFIA Paul Morrissey
ELENCO Joe Dallesandro, Holly Woodlawn, Geri Miller
PRODUTOR Andy Warhol

TUDO O QUE VOCÊ QUERIA SABER SOBRE SEXO (EVERYTHING YOU ALWAYS WANTED TO KNOW ABOUT SEX, BUT WAS AFRAID TO ASK)
EUA / 1972 / COR PB / 88MIN
DIREÇÃO Woddy Allen
ROTEIRO Woody Allen (baseado no livro de David Reuben)
FOTOGRAFIA David M. Walsh
MÚSICA Mundell Lowe
ELENCO Woody Allen, John Carradine, Lou Jacobi
PRODUTOR Charles H. Joffe

UMA RUA CHAMADA PECADO (A STREETCAR NAMED DESIRE)
EUA / 1951 / P&B / 122 MIN
DIREÇÃO Elia Kazan
ROTEIRO Oscar Saul (baseado na peça de Tennessee Williams)
FOTOGRAFIA Harry Stradling
MÚSICA Alex North
ELENCO Vivien Leigh, Marlon Brando, Kim Hunter
PRODUTOR Charles K. Feldman

UM CORPO QUE CAI (VERTIGO)
EUA / 1958 / COR / 128MIN
DIREÇÃO Alfred Hitchcock
ROTEIRO Alec Coppel, Samuel A. Taylor
FOTOGRAFIA Robert Burks
MÚSICA Bernard Herrmann
ELENCO James Stewart, Kim Novak, Barbara Bel Geddes
PRODUTOR Alfred Hitchcock

UM HOMEM, UMA MULHER (UM HOMME ET UM FEMME)
FRANÇA / 1966 / COR & PB / 102MIN
DIREÇÃO Claude Lelouch
ROTEIRO Pierre Uytterhoeven, Claude Lelouch
FOTOGRAFIA Claude Lelouch
MÚSICA Francis Lai
ELENCO Anouk Aimée, Jean-Louis Trintignant, Pierre Barouh
PRODUTOR Claude Lelouch

VIAGEM À ITÁLIA (VIAGGIO IN ITALIA)
ITÁLIA, FRANÇA / 1954 / P&B / 97 MIN
DIREÇÃO Roberto Rossellini
ROTEIRO Vitaliano Brancati, Roberto Rossellini
FOTOGRAFIA Enzo Serafin
MÚSICA Renzo Rossellini
ELENCO Ingrid Bergman, George Sanders, Maria Mauban
PRODUTOR Adolfo Fossataro, Alfredo Guarini, Roberto Rossellini

VIAJO PORQUE PRECISO, VOLTO PORQUE TE AMO (I TRAVEL BECAUSE I HAVE TO, I COME BACK BECAUSE I LOVE YOU)
BRASIL / 2009 / COR / 75MIN
DIREÇÃO Marcelo Gomes, Karim Ainouz
ROTEIRO Marcelo Gomes, Karim Ainouz
FOTOGRAFIA Heloísa Passos
MÚSICA Chambaril
ELENCO Irandhir Santos
PRODUTOR João Vieira Jr., Daniela Capelato

VIDEOGRAMAS DE UMA REVOLUÇÃO (VIDEOGRAMME EINER REVOLUTION)
ALEMANHA / 1992 / COR / 106MIN
DIREÇÃO Harun Farocki, Andrei Ujica

VINHAS DA IRA (THE GRAPES OF WRATH)
EUA / 1940 / PB / 128MIN
DIREÇÃO John Ford
ROTEIRO Nunnally Johnson (baseado no romance de John Steinbeck)

FOTOGRAFIA Gregg Toland
MÚSICA Alfred Newman
ELENCO Henry Fonda, Jane Darwell, John Carradine
PRODUTOR Darryl F. Zanuck

VIVER POR VIVER (VIVRE POUR VIVRE)
FRANÇA, ITÁLIA / 1967 / COR / 130MIN
DIREÇÃO Claude Lelouch
ROTEIRO Claude Lelouch, Pierre Uytterhoeven
FOTOGRAFIA Patrice Pouget
MÚSICA Francis Lai
ELENCO Yves Montand, Candice Bergen, Annie Girardot
PRODUTOR Georges Dancigers, Alexandre Mnouchkine

WEEKEND À FRANCESA (WEEK-END)
FRANÇA / 1967 / COR / 105MIN
DIREÇÃO Jean-Luc Godard
ROTEIRO Jean-Luc Godard
FOTOGRAFIA Raoul Coutard
MÚSICA Antoine Duhamel
ELENCO Mireille Darc, Jean Yanne, Jean-Pierre Kalfon
PRODUTOR Ralph Baum, Philippe Senné

Pepi, Luci, Bo
ARMEN
AURA
EVA
SIVA
ALASKA
tras chicas del mont
A PELÍCULA DE PEDRO ALMODO
FÉLIX
ROTAETA

© LEON CAKOFF, 2010

Imprensa Oficial
do Estado de São Paulo
Rua da Mooca 1921 Mooca
03103 902 São Paulo sp Brasil
sac 0800 0123 401
livros@imprensaoficial.com.br
www.imprensaoficial.com.br

Mostra internacional de cinema
rua Antonio Carlos 288
01309-010 São Paulo sp Brasil
TEL [11] 3141-0413
INFO@MOSTRA.ORG
WWW.MOSTRA.ORG

PROIBIDA A REPRODUÇÃO TOTAL
OU PARCIAL SEM A AUTORIZAÇÃO
PRÉVIA DOS EDITORES

DIREITOS RESERVADOS E PROTEGIDOS
(LEI Nº 9.610, DE 19.02.1998)

FOI FEITO O DEPÓSITO LEGAL
NA BIBLIOTECA NACIONAL
(LEI Nº 10.994, DE 14.12.2004)

IMPRESSO NO BRASIL 2010

Biblioteca da Imprensa Oficial do Estado de São Paulo

Mostra Internacional de Cinema de São Paulo (34ª : 2010 : São Paulo)
Os filmes da minha vida 2 / Leon Cakoff organizador –
[São Paulo] : Imprensa Oficial do Estado de São Paulo, [2010].
248 p. il. color.

Vários autores.
Filmografia citada e dados sobre os autores.

ISBN 978-85-7060-926-7

1. Filmes cinematográficos – Apreciação crítica 2. Filmes cinematográficos – Depoimentos 3. Filmes cinematográficos – Comentários I. Cakoff, Leon. II. Título.

CDD 791.43

Índice para catálogo sistemático:
1. Filmes cinematográficos : Apreciação crítica 791.43

formato / 15,5 x 22,5 cm
tipologia / klavika
papel capa / duo design 300 g/m^2
papel miolo / offset 90 g/m^2
páginas / 248
tiragem / 1500

MOSTRA INTERNACIONAL
DE CINEMA

organizador
LEON CAKOFF

produção editorial
RENATA DE ALMEIDA

transcrição dos textos,
filmografia e créditos técnicos
THIAGO STIVALETTI
MARIA FERNANDA MENEZES
PEDRO GUIMARÃES

imagens
fotografias dos autores dos textos
MARIO MIRANDA
cartazes
Todas as imagens cedidas para
divulgação pela Mostra Internacional
de Cinema de São Paulo.

nota
A sequência de apresentação
dos textos corresponde à ordem
em que se deram os testemunhos
de cada depoente por ocasião
da 33ª Mostra Internacional de
Cinema em São Paulo.
Em 2009, os encontros OS FILMES
DA MINHA VIDA 2 tiveram
os testemunhos dos seguintes
depoentes:

27.10_11H	Serginho Groisman
28.10_11H	Luís Carlos Merten
29.10_11H	Sérgio Machado
30.10_11H	Suzana Amaral
31.10_11H	Isay Weinfeld
01.11_11H	Marcelo Gomes
02.11_11H	Ugo Giorgetti
03.11_11H	Eliane Caffé
04.11_11H	Gilberto Dimenstein

med **MONTE**

GOVERNO DO ESTADO
DE SÃO PAULO

governador
ALBERTO GOLDMAN

IMPRENSA OFICIAL
DO ESTADO DE SÃO PAULO

diretor-presidente
HUBERT ALQUÉRES

diretor industrial
TEIJI TOMIOKA

diretor financeiro
FLÁVIO CAPELLO

diretora de gestão de negócios
LUCIA MARIA DAL MEDICO

gerente de produtos
editoriais e institucionais
VERA LÚCIA WEY

coordenação editorial
CECÍLIA SCHARLACH

assistência editorial
EDSON LEMOS

projeto gráfico
WARRAKLOUREIRO

ctp, impressão e acabamento
IMPRENSA OFICIAL
DO ESTADO DE SÃO PAULO